삶의
고비마다
나를
지켜내는

인생공부

삶의
고비마다
나를
지켜내는

인생공부

삶에
내공을 더하는
실용적인
고전 읽기

| 이철 지음 |

원앤원북스

삶에 위기가 올 때면
고전에서 지혜를 얻어라

고전古典이란 옛 책들 중에서도 현대에도 읽을 만한 가치가 있는 책들을 말한다. 시대와 상황을 뛰어넘은 인류 보편의 지혜와 철리를 담고 있기 때문에 고전이 된 것이다. 고전이 그 가치와 효용을 현저히 드러낼 때는 삶이 고비에 처했을 때다. 개인의 한평생은 다양한 패턴을 그리며 진행되지만, 누구도 벗어날 수 없는 철칙은 삶에는 한번쯤 위기가 오기 마련이라는 것이다. 지치거나 힘들 때, 삶의 전망이 불투명해 보일 때, 사람과 사회에 대한 회의가 들 때, 어떤 길을 걸어야 할지 방황할 때마다 사람들은 다양한 방법으로 고비를 벗어나려고 노력한다. 누군가에는 그것이 여행일 수도 있고, 누군가에게는 사람을 만나는 것일 수도 있다. 그러나 단순히 벗어나는 것에만 의미를 둔다면 언젠가는 같은 상황이 반복될 것이고, 그때마다 삶은 위기에 처할 것이다. 같은 위기를 반복하지 않는 힘, 고비를 헤치고 새로운 단계로 나아가는 지혜, 그것은 고전만이 줄 수 있는 힘과 지혜일 것이다.

이 책은 『논어』와 『한비자』의 정수만을 뽑아 거기에 필자만의 참신한 해석과 해설을 담으려 노력한 책이다. 『논어』와 『한비자』가 고전이기는 하지만, 현대인의 삶의 방식과 사상과 정서에 맞지 않는 부분도 적지 않다. 고전연구자가 아닌 이상 그런 부분까지 모두 읽을 필요는 없다.

공자는 "옛것을 익혀서 새로운 것을 알게 되면 스승이 될 수 있다"라고 했다. 고전 속에 숨겨져 있는 새로운 지혜, 당신만의 새로운 길을 찾게 되기를 바란다.

2019년 4월
이철

|1부|
논어에서 배우는 인생공부

2장 처세

3장 자기계발

4장 마음공부

5장 리더십

| 2부 |
한비자에서 배우는 인생공부

6장 한비자의 철학

論語

논어에서
배우는
인생공부

『논어』와 공자의 사상

『논어』는 사서삼경 중 하나로 유가 사상의 기본 경전이다. 최근에는 『논어』를 인류의 삶의 지혜가 농축된 책으로 바라보고 재해석이 활발하게 이루어지고 있다. 『논어』는 정치사상서이자 철학서이자 처세서이자 인격수양과 자기계발을 위한 훌륭한 교과서이기도 하다. 이러한 『논어』의 성격을 잘 드러내는 고사가 송나라 개국공신이자 재상을 지낸 조보趙普의 이야기다. 조보는 "논어 반 권으로 천하를 평정하는 것을 도왔고, 이제 반 권으로 태평성대를 이루도록 하겠다"는 말을 남겼다. 『논어』라는 책이 담고 있는 내용에 대해서는 한나라의 역사서인 『한서』「예문지」에서 가장 잘 설명하고 있다.

"논어는 공자가 제자나 당시 사람들의 질문에 응답한 것과 제자들 간에 서로 토론한 내용을 공자에게 직접 물어 들은 말을 모은 책이다. 당시 제자들이 각자 그것을 기록해 두었다가 공자가 죽은 후 제자들이 함께 모여 각자의 기록을 모으고 토론해 펴낸 것이다. 그래서 '논어'라 하였다."

즉 『논어』는 공자라는 한 인물을 중심으로 오고 간 대화와 공자 또는 공자 제자들의 사상이 담겨 있는 책이다. 또 『논어』라는 책 제목에는 이 책이 담고 있는 사건과 뜻이 처음부터 끝까지 편찬자의 의도에 따라 순서대로 배치되었으며, 만 가지 이치가 모두 담겨 있고, 고금古今의 경륜經綸을 모두 담고 있다고 보는 학자들도 있다.

이처럼 『논어』는 공자가 직접 쓴 책은 아니지만, 그의 사상이 담겨 있으므로 공자를 빼놓고는 말할 수 없다. 공자는 기원전 551년에 태어나 479년에 죽었다. 즉 공자가 살았던 시대는 지금으로부터 2500여 년 전이었다. 당시는 이른바 춘추전국시대 중 춘추시대의 말기로, 중원의 종주국인 주나라의 권위와 무력이 약화되고, 주나라를 떠받들던 제후국들이 서로 천하의 패권을 차지하기 위해 다투던 시기였다. 또한 '왕王－제후諸侯－대부大夫－사士－서인庶人'의 계급적 질서를 기반으로 운영되던 사회가 흔들리던 시기였다. 이러한 시기에 공자는 노나라의 곡부라는 곳에서 태어났으며, 이름은 구丘, 자는 중니仲尼다. 우리가 흔히 부르는 공자孔子는 공孔이라는 성씨 뒤에 '선생님'이라는 뜻을 지닌 자子를 붙인 것이다.

이렇듯 공구는 훗날 '공 선생님'으로 불릴 정도로 성인으로 존숭되었지만, 공자가 태어난 집안은 가난하고 보잘것없었다. 특히 그가 태어나던 해에 아버지가 돌아가셔서 매우 어렵게 살았다고 전해진다. 공자의 신분과 환경을 잘 보여주는 일화가 『사기』「공자세가」에 실려 있다. 공자의 나이 스무 살쯤에 당시 노나라의 대부이자 권력자였던 계씨季氏가 사인士人들을 초청해 연회를 열자 공자도 참석하려 했으나, 계씨의 가신家臣인 양호에게 사인이 아니라는 이유로 문전박대를 당했다고 한다. 또 『논어』「자한」편에 보면 공자가 스스로의 삶을 회상하면서 "吾小也賤오소야천, 나는 젊었을 때 천한 사람이었다"이라고 말하는 장면이 나온다. 공자라는 인물은 어렵고 가난한 환경에도 불구하고 스스로의 의지와 힘으로 어려움을 이겨냈으며, 학문과 자기 수양을 통해 성인으로 존숭받게 되었다.

또한 공자를 더욱 빛나게 하는 점은 공자에게 스승이 없었다는 것이다. 공자 스스로도 "나는 태어나면서부터 알았던 사람은 아니다. 다만 옛것을 좋아해 부지런히 구하여 배운 사람이다"라는 말을 했고, 제자 중 한 사람인 자장이 공자의 스승이 누구냐는 질문에 "누구에게나 배웠으며 일정한 스승이 없었다"라고 답한 점으로 보았을 때 이러한 사실은 자명하다.

그렇다면 공자 스스로가 좋아했다고 밝힌 '옛것'은 무엇일까? 그것은 효·예·인·의를 바탕으로 태평성대를 만들었다고 전해지며 요, 순, 우, 탕, 문, 무로 이어지는 고대 중국의 역사와 문물들이었다. 요와 순은 당나라를, 우는 하나라를, 탕은 은나라를, 문과 무는 주나라를 다스린 군주들로 모두 성군聖君으로 추앙되는 인물들이다.

그래서 공자는 『논어』에서 끊임없이 이들을 칭송하며 그 시대를 그리워한다. 나아가 공자는 춘추시대의 혼란을 극복하기 위해 효孝·예禮·인仁·의義를 겸비한 이상적 인간형인 군자君子를 상정해놓고 모든 인간이 군자가 되도록 노력해야 함을 강조했으며 예악禮樂으로 나라를 다스려 태평치세를 자신의 시대에 다시 실현하게 되기를 소망했다.

물론 공자가 소망만 하고 있었던 것은 아니었다. 실천을 강조했던 인물답게 공자는 열아홉 살에 창고지기의 직을 맡아 관직에 나아간 후 스스로의 이상을 실현하기 위해 노나라에서 대부의 지위에 오르기를 희망했고, 쉰네 살 때는 지금의 법무부 장관에 해당하는 사구司寇의 직에 올랐으며, 그다음 해에는 재상의 자리에 올랐다. 하지만 이를 탐탁지 않게 여긴 노나라의 권력자들과 이웃 나라인 제나라의 모략 때문에 공자는 모든 벼슬에서 물러나게 되었다. 이후 공자는 제자들과 함께 여러 나라를 떠돌며 자신의 이상을 실현할 수 있는 나라를 찾았으나 가는 곳마다 권력자들의 반대로 인해 어느 나라에서도 중용되지 못하고 예순여덟 살에 노나라로 돌아오게 되었다.

이와 같은 공자의 사상과 실천이 과거의 지나가 버린 시대를 현재에 재현하고자 했다는 점에서 복고주의, 보수주의라고 비판하는 사람도 있다. 또 유가 사상가들이 만든 지나치게 엄격화·형식화된 예와 효로 인해 '사람을 죽이는 효와 예'라는 비난을 받을 만큼 공자 사상의 문제가 드러나기도 했다. 지금도 어떤 이들은 예만 없었으면 한국에서도 스티브 잡스 같은 이들이 태어날 수 있을 것이라고 공공연히 말하기도 한다. 이러한 지적과 비판들은 모두 나름의 타당성을 지니고 있어, 『논어』를 읽을 때 우리가 유의해야 할 점이기도 하다.

그렇지만 『논어』가 2500여 년이라는 기나긴 시간을 전해져 오면서도 사라지지 않고 여전히 우리 앞에 존재한다는 점을 생각해본다면, 아무리 공자가 죽은 개 취급받는 것이 현실이라 해도 『논어』가 담고 있는 내용이 그리 간단히 무시할 수 있는 것이 아니라는 점은 분명하다. 이것은 논어가 인간을 그 중심에 놓고, 사람답게 사는 길이란 무엇인가를 논하고 있다는 점에서 더욱 그러하다. 끝으로 송나라 때의 대학자였던 정자^{程子}가 말한 『논어』의 독서방법론을 인용하면서 마친다.

"논어를 읽을 때, 다 읽고도 전혀 아무 일이 없는 자도 있고, 다 읽은 뒤에 한두 구절을 얻어서 기뻐하는 자도 있고, 다 읽은 뒤에 논어를 알고 좋아하는 자도 있고, 다 읽은 뒤에 자신도 모르게 손발이 덩실덩실 춤추는 자도 있다."

"오늘날 사람들은 독서를 제대로 할 줄 모른다. 논어를 읽을 때, 읽기 전에도 이러한 사람이고 다 읽은 뒤에도 또 다만 이러한 사람일 뿐이라면, 이것은 전혀 읽은 것이 아니다."

인 간 관 계

처 세

자 기 계 발

마 음 공 부

리 더 십

1장

인간관계

남의 마음을
나의 마음처럼 헤아려라

내가 원하지 않는 것은 남에게도 시키지 말고
타인과 상생하는 삶을 살아라.

자공이 물었다. "죽을 때까지 평생 실천할 만한 한마디 말이 있습니까?"

공자가 대답했다. "그것은 바로 서恕다. 내가 원하지 않는 것은 남에게

도 시키지 말라."

子貢問曰: "有一言而可以終身行之者乎?"
자 공 문 왈　　유 일 언 이 가 이 종 신 행 지 자 호

子曰: "其恕乎! 己所不欲 勿施於人."
자 왈　　 기 서 호　 기 소 불 욕 물 시 어 인

자공은 공자의 제자 중 한 사람으로 인간관계에서의 친화력과 설
득력, 외교술이 뛰어난 사람이었다. 이러한 능력을 이용해 위기에
처한 노나라를 구하기도 했으며, 또 많은 재물을 모으기도 한 인물
이다. 그가 쌓은 부가 얼마나 어마어마했는지 "천하의 재물은 모두

자공에게로 흘러들어간다"는 말이 있었다고 한다.

　이러한 자공이 평생 실천할 한마디 말을 묻자 공자는 서恕라고 답했다. 서는 '같을 여如'와 '마음 심心'을 합쳐서 만든 글자로 나의 마음을 타인의 마음과 같게 한다는 뜻이다. 하지만 내가 타인이 아닌 이상 타인의 마음과 나의 마음을 같게 할 수는 없다. 그래서 공자는 서의 뜻을 '내가 원하지 않는 것은 남에게도 시키지 말라己所不欲기소불욕, 勿施於人물시어인'는 뜻으로 설명하고 있다. 시施는 '베풀다'라는 뜻으로 주로 쓰이는데 여기서는 '퍼지다', '나누어주다', '시키다'의 뜻으로 보아야 한다. 내가 원하지 않는 것, 내가 싫어하는 말과 행동은 남도 그렇게 여길 것이라 생각해 퍼뜨리지도 시키지도 말라는 것이다.

　하지만 서를 실천하기란 무척 어려운 일이다. 언젠가 자공이 공자에게 "저는 남이 저에게 하지 않았으면 하는 일을 저 역시 남에게 하지 않으려고 합니다"라고 말한다. 공자가 말한 서를 평생 실천하겠다는 약속의 말이었다. 이에 공자는 네가 할 수 있는 것이 아니라며 자공의 다짐을 타이른다. 서의 정신을 실천하기가 매우 어렵기 때문이다.

　공자는 왜 어렵다고 생각했을까? 그 이유는 평범한 인간이 욕심과 욕망을 모두 버리기는 어렵기 때문이다. 하지만 서를 가슴에 새기고 욕심을 버리고 남을 배려한다면, 인간관계가 지금보다 더 나아질 것이다. 자공이 다른 사람과의 관계 맺음과 부의 축적에 뛰어났던 이유는 공자의 가르침을 죽을 때까지 실천하겠다는 다짐을 잘 지켰기 때문이다.

내가 성공하고 싶으면
남도 성공하도록 도와준다

자기가 서고자 하면 남도 세워주고,
뜻을 이루고자 하면 남의 뜻도 이룰 수 있게 해줘야 한다.

자공이 말했다. "만약 백성에게 널리 베풀어서 풍족하게 살 수 있게 한
다면 어떻습니까? 인仁하다 할 수 있습니까?"

공자가 말했다. "어찌 인하다고만 할 수 있겠느냐? 그런 사람이야말로
반드시 성인聖人일 것이다. 요임금과 순임금도 그건 오히려 어렵게 여
기셨다. 무릇 인한 사람은 자기가 서고자 하면 남도 세워주고, 자기의
뜻을 이루고자 하면 남의 뜻도 이루게 해준다. 나와 가까이 있는 것에
서부터 깨달음을 얻을 수 있다면, 이 역시 인을 행하는 방법이다."

子貢曰: "如有博施於民而能濟衆, 何如? 可謂仁乎?"
자 공 왈   여 유 박 시 어 민 이 능 제 중   하 여   가 위 인 호

子曰: "何事於仁! 必也聖乎! 堯舜其猶病諸! 夫仁者, 己欲立而立人,
자 왈   하 사 어 인   필 야 성 호   요 순 기 유 병 저   부 인 자 기 욕 립 이 립 인

己欲達而達人. 能近取譬, 可謂仁之方也已."
기 욕 달 이 달 인   능 근 취 비   가 위 인 지 방 야 이

동료나 후배가 자신보다 먼저 승진을 하거나 부귀와 명성을 얻으면 배 아파하고 꼬투리 잡을 만한 것은 없는지 샅샅이 뒤져 험담을 퍼뜨리고 다니는 사람을 주위에서 흔히 볼 수 있다. 하지만 생각해 보라. 평소에 내가 가지고 있는 지식과 역량을 주위에 나눠주며 그들이 잘될 수 있도록 도와준다면 먼저 출세한 동료나 후배가 나를 이끌어주겠는가, 아니면 잘되는 것을 배 아파한 사람을 도와주겠는가? 물론 그렇다고 해서 나에게 이익이 돌아올 것을 계산해 남을 도와주라는 말은 아니다. 다만 인간 세상의 이치를 설명하고자 간단한 예를 든 것뿐이다. 이익을 생각해 행동하는 것은 인仁을 행하는 방법이 아니다.

아리스토텔레스가 인간은 사회적 동물이라고 말했지만 굳이 그 말이 아니더라도 우리는 혼자서 이 세상을 살아갈 수 없음을 알고 있다. 가까이는 나를 낳아준 부모가 있기에 내가 존재하는 것이고, 친구와 스승과 선배와 후배가 있기에 내가 한 인간으로서 삶을 꾸려나갈 수 있는 것이다. 또 내가 전혀 모르는 사람들이지만 환경미화원이 없다면 나는 쓰레기가 넘쳐나는 곳에서 살아야 할 것이며, 정치 지도자들이 없다면 사회와 국가의 안녕을 바랄 수 없을 것이다. 즉 남이 없다면 나도 없는 것이다. 그러니 당연하게 기욕립이립인 기욕달이달인己欲立而立人 己欲達而達人 해야 하지 않겠는가?

타인의 장점은 빛나도록 돕고
단점은 버리도록 돕는다

타인의 장점은 북돋우고 단점은 버리도록 함으로써
설 수 있도록 도와준다.

공자가 말했다.

"군자는 다른 사람의 장점은 더욱 완성될 수 있도록 북돋우고, 단점은

버리도록 도와준다. 소인은 이와 반대로 한다."

子曰: "君子成人之美, 不成人之惡. 小人反是."
자 왈   군 자 성 인 지 미   불 성 인 지 오   소 인 반 시

사람들이 모이면 오가는 대화의 60%가 남을 욕하는 말이라고 한
다. 60%라는 구체적인 수치가 다소 과장되게 느껴지지만 그만큼
생산적인 대화보다는 다른 사람에 대한 비난과 비평이 대화의 대
부분을 이루고 있다는 뜻으로 보인다. 하지만 욕할 시간에 그 사람
의 장점을 말한다면 이는 장점을 북돋우고 빛나도록 해주는 일이
될 것이다.

이 문장에서 미^美는 아름다움을 뜻하지만 문장의 뜻을 명료하게
드러내기 위해 장점으로 번역했다. 그러므로 굳이 장점에 국한해
생각할 필요는 없고 그 사람이 지닌 인간다움이라고 생각하면 된
다. 오^惡도 단점으로 번역했지만 그 사람이 지닌 비인간적인 면모
로 생각하면 된다.

군자는 사람이 지닌 장점, 미덕, 선행 등 인간으로서의 아름다움
은 북돋우고, 나아가 그것이 더욱 발휘될 수 있도록 격려해준다. 반
면에 그 사람이 지닌 단점이나 못되고 나쁜 면은 버리도록 도와주
어야 한다. 이는 앞서 나왔던 "내가 성공하고 싶으면 남도 성공하
도록 도와준다"는 말의 실천적 방법을 제시한 것이다. 즉 남의 장
점은 북돋우고 단점은 버리도록 함으로써 남이 설 수 있도록 도와
준다. 내가 서고자 할 때도 마찬가지다. 나의 장점은 취하고 단점은
버림으로써 올곧게 설 수 있다.

자긍심을 가지고
남들과 조화롭게 어울려라

스스로 돌이켜 보았을 때 업신여김을 당하거나
다툼이 잦다면 몸가짐을 조심해야 한다.

공자가 말했다.

"군자는 긍지를 지니되 남과 다투지 않으며 사람들과 어울리되 파당
派黨을 이루지 않는다."

子曰: "君子矜而不爭, 群而不黨."
자 왈   군 자 긍 이 부 쟁   군 이 부 당

긍矜은 '자랑하다', '존중하다'의 뜻을 지니고 있는 글자로 자긍
심이란 스스로를 자랑하는 마음, 존중하는 마음이다. 영어로는
pride, self-respect로 번역된다. 여기서의 자랑은 우리가 흔히
사용하는 자랑의 의미가 아니라 스스로에 대해 떳떳하고 당당한
마음가짐을 가리킨다. 공자가 자긍심을 가지라고 하면서도 뒤이어
곧바로 '다투지 말라(不爭부쟁)'고 한 것은 지나친 자긍심으로 인해

타인과의 갈등과 불화가 일어나기 쉽기 때문이다. 스스로를 자랑스러워하되 겸손함을 바탕으로 남과 다툴 만한 까닭을 만들지 말고 남과 어울리는 삶을 살라는 것이다.

사람은 서로 모여 살 때만 사람다운 삶을 누릴 수 있다. 그래서 인간人間이다. 인간은 글자 그대로는 사람 사이다. 사람과 사람 사이에서 존재할 때 비로소 인간인 것이다. 자신을 비천하게 여기는 사람은 남에게도 비천한 대접을 받게 된다. 아무도 비천한 사람과는 관계를 맺고 싶어 하지 않는다. 공자가 자긍심을 강조한 이유다. 내가 먼저 스스로를 자랑스러워해야 남이 나를 자랑스럽게 여긴다. 그럴 때 사람으로서 타인과 어울려 살 수 있게 된다.

한편 공자는 군群과 당黨을 대립되는 것으로 보았다. 군은 커다란 사회 내에서 여러 사람들과 더불어 어울리는 것을 가리키지만 당은 패거리에 불과한 것이다. 패거리는 그들만의 이익을 추구하면서 분란을 일으키며 차별을 일삼는 무리다. 어울리더라도 패거리화되지 않는 것이 바로 공자의 사회생활 원칙이다.

두루 어울리고
차별하지 마라

누구에게든 차별 없이 열린 마음을 가져야
소인이 되지 않는다.

공자가 말했다.

"군자는 두루 어울리지만 배타적 무리를 이루지 않고, 소인은 배타적

무리를 이루지만 두루 어울리지 않는다."

子曰: "君子周而不比, 小人比而不周."
자 왈   군 자 주 이 불 비   소 인 비 이 부 주

이 문장은 바로 앞장의 군이부당群而不黨을 더 구체적으로 설명하고
있는 문장이다. 『논어』에는 군자君子와 소인小人이라는 단어가 자주
등장한다. 군자와 소인은 사회적 지위와는 상관없이 덕德과 인仁을
갖추고 있느냐에 따라 평가되는 개념이다. 따라서 많이 배우고 권
력이 있다고 해도 군자가 아니며, 가난하고 사회적 지위가 낮다고
해서 소인은 아니다.

두루 주周와 친할 비比는 모두 친밀함을 뜻한다. 다만 두 사람이 같은 방향을 향하고 있는 모습을 나타내는 데서 알 수 있듯이 비가 개인적인 친밀함을 뜻한다면 주는 골고루 미치지 않는 곳이 없다는 뜻으로 모두와 공평하게 친하다는 의미다.

하지만 인간이란 자신이 소속된 조직이나 공간 속에서 마음에 맞는 사람들을 만나 친밀한 감정을 쌓아나가는 즐거움을 누리는 존재이기도 하다. 문제는 마음과 사상이 맞는 사람들이 어울릴 때 자연스럽게 나타날 수밖에 없는 배타성이다. 그러므로 우리는 배타성을 넘어 무리에 소속되지 않는 사람들에게도 열린 마음을 가져야 한다. 그래야 무리 속의 소인이 되지 않을 것이다.

공자는 주이불비周而不比를 강조했지만 정작 공자를 성인聖人으로 떠받들었던 중국과 조선에서는 사대부들이 사사로이 당파를 만들고 나뉘어져서 서로 상대 당을 가리켜 소인당小人黨이라 비난했다. 자신들의 당은 군자당君子黨으로 지칭하며 치열한 당파싸움을 벌였던 역사를 돌이켜 보면 주이불비의 정신을 실천하기가 매우 어렵다는 것을 생각하지 않을 수 없다.

자신만의 눈으로
사람을 살펴보라

비범한 사람은 모두가 진실이라 여겨도 끝까지 파고들어,
그 속에서 새로운 사실이나 진리를 발견한다.

공자가 말했다.

"사람들이 모두 그 사람을 싫어하더라도 반드시 그를 살펴보아야 하며, 또한 사람들이 모두 그 사람을 좋아하더라도 반드시 그를 살펴보아야 한다."

子曰: "衆惡之, 必察焉; 衆好之, 必察焉."
자왈   중오지 필찰언 중호지 필찰언

자신만의 가치관으로 다른 사람이나 사물을 공명정대^{公明正大}하게 판단할 수 있을까? 하지만 정보의 부족, 개인적인 습성이나 기질의 차이 등으로 인해 공명정대한 판단은 늘 쉽지 않다. 그렇기 때문에 우리들은 다른 사람들의 판단이나 시각에 쉽사리 좌우된다. '귀가 얇다'는 말은 아마 이럴 때 쓰일 것이다.

이와 달리 비범한 사람들은 모두가 옳다고 해도 자신이 납득하기 전까지는 의문점에 파고드는 것을 멈추지 않는다. 그런 끈질긴 파고듦 속에서 새로운 사실이나 진리를 발견하기도 한다.

또한 모두가 싫다고 해도 나의 이성과 지혜에 비추어 싫다고 할 만한 것인지, 그렇지 않은지를 판단해 혹시 발생할지도 모를 나의 잘못을 방지해야 한다.

다산 정약용은 이를 두고 "대중이 싫어하더라도 더러 혼자만 진실한 자일 수 있으며, 대중이 좋아하더라도 더러 악한 자일 수도 있다"고 했다. 이렇듯 세상에는 온전히 선한 사람도, 온전히 악한 사람도 없는 법이다.

모두에게 인정받고
칭찬받으려 하지 마라

사람마다 고유의 성격과 기질이 있기에
모두에게 인정받기란 불가능하다.

자공이 물었다. "마을 사람들이 모두 그를 좋아하면 어떻습니까?"

공자가 말했다. "좋은 사람이라 할 수 없다."

"마을 사람들이 모두 그를 미워하면 그 사람은 어떻습니까?"

공자가 말했다. "그 역시 좋은 사람이라 할 수 없다. 이는 착한 사람이

그를 좋아하고 착하지 않은 사람이 그를 미워하는 것만 못하다."

子貢問曰: "鄕人皆好之, 何如?"
자 공 문 왈   향 인 개 호 지   하 여

子曰: "未可也."
자 왈   미 가 야

"鄕人皆惡之, 何如?"
향 인 개 오 지   하 여

子曰: "未可也, 不如鄕人之善者好之, 其不善子惡之."
자 왈   미 가 야   불 여 향 인 지 선 자 호 지   기 불 선 자 오 지

이 문장은 자공과 공자가 주고받은 대화다. 대화란 어떤 특정한 상황 속에서 발생하기 마련이다. 즉 자공이 저런 질문을 할 수밖에 없는 어떤 상황이 발생했다는 것이다. 『논어』에는 이런 형태의 대화가 자주 등장하는데, 이러한 점은 논어와 다른 고전들이 확연하게 구분되는 차이점이다.

제자의 질문에 대한 공자의 대답은 그 상황에 맞게, 그리고 그 제자의 기질, 성격, 배움의 정도에 맞게 주어진다. 공자의 대답의 특징은 비유에 있다. 즉 정답을 알려주기보다는 비유를 들어 설명해 질문자 스스로가 깨닫도록 유도하는 데 있다. 따라서 『논어』는 한 번 읽고 지나가는 글들이 아니라 몇 번, 몇십 번을 곱씹어봐야 의미를 깨달을 수 있다.

사회생활이란 결국 다양한 조직과 모임 속에서 다른 사람과의 관계가 핵심이다. 사람마다 그 사람 고유의 유전자가 있듯, 내 주위에 있는 사람 모두가 각자의 성격과 기질을 가지고 있다. 이렇듯 다양한 사람들 모두에게서 인정받고 칭찬받기란 불가능한 일이다. 만약 그런 사람이 있다면 그는 철저한 위선자이며, 기회주의자이고, 자기만의 생각과 가치관이 없는 텅 빈 사람일 것이다.

그러므로 착한 사람이 좋아하는데 나쁜 사람이 미워하지 않는다면, 그는 모두에게 아첨하고 영합하는 사람일 것이다. 또 나쁜 사람이 미워하는데 착한 사람이 좋아하지 않는다면, 그는 좋아할 만한 내용과 행실이 없는 사람이다.

갈 길이 아니면
가지 마라

당장의 유혹에 흔들려
나의 목표와 가치관을 잊지 말아야 한다.

공자가 말했다.

"도道가 같지 않으면 함께 일을 도모하지 말아야 한다."

子曰: "道不同, 不相爲謀."
자왈　　도부동　불상위모

도道는 '쉬엄쉬엄 간다'는 뜻의 '착辶'과 '머리 수首'가 합쳐진 글자로
사람이 머리를 들고 걸어가는 모양이다. 이 모양에서 사람이 걸어
가는 길이라는 뜻이 만들어졌다. 길은 저절로 생기는 것이 아니라
사람이 혼자 가거나 여럿이 갈 때 생성된다. 경험의 축적과 타인과
의 연대를 통해 길이 닦여지는 것이다.

　도는 바라보고 가는 길, 목적지에 인도하는 길을 뜻하기도 하지
만 깨달음을 뜻하기도 한다. 또 궁극적 목표나 사상, 가치관이기

도 하다. 그러므로 도가 같지 않다는 것은 나와 목표나 가치관이 다르다는 뜻이다. 돈을 벌어 성공하고자 하는 사람과 공부를 통해 관직에 나아가고자 하는 사람의 도가 같을 수는 없다. 목표하는 바가 다르면 같이 일을 도모할 수 없다. 또한 어떤 일을 도모하는데 나와 추구하는 바가 다르다면 그 일을 해서는 안 된다는 뜻도 있다.

살아가면서 이런저런 유혹에 시달리기 마련이다. 금전적 이득, 명예, 권력 등의 유혹들이 몇 차례 정도는 다가올 것이다. 하지만 갖고 싶다고 해서 다 갖지는 못하는 법이다. 그럼 무엇을 기준으로 선택해야 할까? 우선 나의 목표, 가치관이 제시된 유혹과 맞는지 살펴보아야 한다. 눈앞의 이익에 흔들려 내 몸과 마음에 맞지 않는 유혹을 받아들이면 실패는 명약관화明若觀火하다.

친구를 사귀는
2가지 방식

내 어리석음을 깨우칠 친구를 사귀는 것과
널리 교제하는 것은 서로 다르다.

자하가 말했다. "친구로 사귈 만한 자와는 사귀고, 친구로 사귈 만한 자

가 아니면 사귀지 않는다."

자장이 말했다. "군자는 어진 이를 존중하되 대중을 껴안아야 하며 착

한 이를 아름답게 여기지만 무능한 이를 가엾게 생각한다. 내가 어질

다면 누구인들 포용하지 못하겠는가? 반대로 내가 어질지 않다면 남

들이 나를 거절할 터인데, 어찌 남을 거절할 수 있겠는가?"

子夏曰: "可者與之, 其不可者拒之."
자 하 왈   가 자 여 지 기 불 가 자 거 지

子張曰: "君子尊賢而容衆, 嘉善而矜不能. 我之大賢與, 於人何所不容?
자 장 왈   군 자 존 현 이 용 중 가 선 이 긍 불 능 아 지 대 현 여 어 인 하 소 불 용

我之不賢與, 人將拒我, 如之何其拒人也?"
아 지 불 현 여 인 장 거 아 여 지 하 기 거 인 야

자하와 자장은 둘 다 공자의 제자다. 어느 날 자하의 제자가 자장에게 친구를 사귀는 방법에 관해 물었다. 자장은 답변을 하기 전에 먼저 "자하는 어떻게 말씀하셨냐?"라고 되물었다. 자하의 제자는 스승이 말한 대로 대답했다. "자하께서는 '친구로 사귈 만한 자와는 사귀고 친구로 사귈 만한 자가 아니면 사귀지 않는다'라고 하셨습니다." 이 말을 들은 자장은 자신이 공자에게 들은 바와는 다르다고 하면서 이 문장에서처럼 공자의 말을 전하고 있다.

친구를 사귀는 데 자하의 말이 그리고 자장의 말이 옳은 것은 아니다. 자장의 말에서 첫 문장에 군자가 나오는 것을 보았을 때 자장은 군자의 친구 사귐을 이야기하는 것이고, 자하의 말은 군자가 되기 전 단계에서의 친구 사귐을 이야기하는 것이다. 그러므로 자신이 어질지 못하다고 생각된다면 당연히 친구를 사귈 때 가려서 사귀어야 한다. 왜냐하면 친구란 내가 더욱 사람다운 사람이 되도록 도와주는 존재여야 하기 때문이다.

다산 정약용은 "우교友交는 자하와 같이 해야 하고 범교汎交는 자장처럼 해야 한다"고 했다. 여기서 우교는 친구를 사귀는 것이고 범교는 널리 교제한다는 의미다.

문화와 학문으로
친구를 사귀어라

친구란 나를 더욱
인간답게 만드는 존재다.

증자가 말했다.

"군자는 글로 친구를 모으고, 친구로 인仁을 덧댄다."

曾子曰: "君子以文會友, 以友輔仁."
증 자 왈   군 자 이 문 회 우   이 우 보 인

증자는 공자의 제자로 증자-자사-맹자로 이어져 내려오는 공자의
도道를 전승한 직계 제자로 손꼽히는 인물이다. 『논어』에는 공자의
말뿐만 아니라 공자의 제자가 말한 문장도 일부 포함되어 있다. 이
러한 특징으로 인해 『논어』는 공자 개인의 사상을 담은 어록이 아
니라 공자를 스승으로 삼은 집단의 사상을 담은 어록집으로 평가
받기도 한다.

이문회우以文會友에서 문文은 문화文化, 문장文章, 학문學文등 다양한

의미를 포함하고 있다. 벗을 사귐에 있어 문화와 학문을 교류해 우정을 쌓으라는 것이다. 조선 시대 선비였던 담헌 홍대용이 남긴 문집 『담헌서』에 수록된 글 중에는 홍대용이 청나라 연경에 가서 청나라 선비들과 나눈 필담을 묶은 『회우록會友錄』이 있다. 『회우록』의 서문은 홍대용의 부탁을 받고 연암 박지원이 썼는데, 연암은 덕보의 벗 사귐이 통달의 지경에 이르렀다고 평가했다.

"덕보는 벗 사귀는 도리를 통달하였도다! 내 이제야 벗 사귀는 도리를 알게 되었도다. 그 벗 삼는 바도 보았고, 그 벗 되는 바도 보았으며, 또한 내가 벗하는 바를 그는 벗하지 않음도 보았도다."

『논어』에서 가장 많이 나오는 단어인 인仁은 사람 인人과 두 이二가 합쳐진 글자로, 사람과 사람 사이의 관계를 뜻한다. 인은 사람 간의 관계에 초점을 맞춘 관계론적 개념인 것이다. 개인이 다양하게 맺고 있는 관계망 속에서 만들어지는 무형의 가치가 바로 인이다. 공자는 인에 대해 정의하기를 사람을 사랑하는 것이라 했다.

이우보인以友輔仁이란 친구와의 진정한 우정은 서로 인仁한 사람이 되도록 돕는 데 있다는 의미다. 보輔는 수레바퀴의 양쪽 가장자리에 덧대는 나무로, 수레가 쓰러지는 것을 막아주는 역할을 한다. 친구란 내가 꿋꿋이 살아갈 수 있도록 지탱해주고 위로해주는 사람인 것이다.

도움이 되는 친구와
해가 되는 친구

정직한 친구는 나의 허물을 알게 하고,
성실한 친구는 나를 성실하게 한다.

공자가 말했다. "나를 이롭게 하는 세 부류의 벗이 있고, 나를 해치는
세 부류의 벗이 있다. 정직한 이와 벗하고, 성실한 이와 벗하고, 들어서
아는 것이 많아 세상일에 밝은 사람과 벗하면 나에게 이롭다. 아첨을
잘하는 이와 벗하고, 착하지만 줏대가 없는 이와 벗하고, 말만 번지르
르하게 하는 이와 벗하면 나에게 해가 된다."

孔子曰: "益者三友, 損者三友. 友直, 友諒, 友多聞, 益矣. 友便辟,
공자왈   익자삼우 손자삼우 우직 우량 우다문 익의 우편벽

友善柔, 友便佞, 損矣."
우선유 우편녕 손의

정직한 사람과 벗하면 나의 허물을 알게 되고, 성실한 사람과 벗하
면 나도 더불어 성실해지고, 박학한 사람과 벗하면 나도 더불어 명

철해진다.

반대로 아첨을 잘하는 사람과 벗하면 나의 허물을 알 길이 없어지고, 착하기만 하고 줏대가 없어 남에게 기대기만 하는 사람과 벗하면 결단력 있는 사람이 되지 못한다. 또 말은 잘하지만 정작 실천이 없는 사람과 벗하면 남에게 미움을 받기 십상이다.

이는 친구 관계뿐 아니라 직장 내에서의 선후배 관계 등 다른 인간관계에서도 마찬가지다. 따라서 친구를 사귀거나 사람을 만날 때도 그 사람이 공자가 말한 6가지 유형 중 어떤 유형에 속하는 사람인지를 판단해 가려 사귀어야 한다.

또한 이 6가지 유형이 내가 친구를 사귐에 있어서 판단기준도 되지만 내가 어떤 사람이 되어야 하는지에 대한 가르침도 된다. 스스로도 정직하고 성실하고 견문이 넓은 사람이 되어야 한다는 것이 공자의 가르침이다.

지나친 충고는
오히려 나에게 해가 된다

친구라도 지나친 충고는
우정을 깨트리고 다툼이 일어나게 한다.

자공이 벗을 사귀는 방도에 대해 물으니, 공자가 말했다. "진심으로 충고하며 바르게 이끌어주다가, 충고를 듣지 않으면 중단해, 스스로를 욕되게 하는 일이 없어야 한다."

子貢問友. 子曰: "忠告而善道之, 不可則止, 無自辱焉."
자공문우 자왈   충고이선도지 불가즉지 무자욕언

벗은 서로를 인⌐한 사람이 되도록 돕는 존재이므로, 상대방을 진심으로 일깨워주고 바른 길로 이끌어주어야 한다. 하지만 좋은 말은 귀에 거슬리고, 오래된 습관과 풍속은 쉽사리 고쳐지지 않는 법이다. 벗이란 본시 의義로 합한 사이기 때문에 충고가 지나치면 의가 상하기 십상이고, 다툼이 일어나 나에게 오히려 욕이 되어 돌아올 것이다. 결국에는 소중한 벗을 잃는 지경에까지 이르게 된다.

인간은 자신의 허물이나 잘못을 스스로 깨달을 때 진정한 반성과 진보가 이루어지는 법이다. 친구를 위하는 마음으로 충고를 해도 지금 당장은 친구가 나의 충고를 받아들이지 않을지도 모른다. 하지만 기다리다 보면 언젠가는 친구가 나의 진심 어린 조언과 충고를 받아들이는 날이 올 것이다. 그때까지 기다리는 것 또한 친구로서의 미덕이다.

충고와 간언을 자주 하면 사람도 잃어버리고 나에 대한 신뢰까지 잃어버리기 쉽다. 그렇다고 해서 충고를 해야 할 때인데도 불구하고 충고를 하지 않는다면 그 사람을 잃어버리기 쉽다. 어떤 일에 몰두해 그 일을 추진할 때는 객관적인 상황 판단이 어려울 때가 많다. 일에 몰입한 사람에게는 어느 시점에서 물러나고 나아가야 할지 그런 상황 자체가 보이지 않는다.

그럴 때는 주위의 사람들이 적절한 시점에 충고를 해주어야 사람도 잃지 않고, 일도 좋게 마무리할 수 있을 것이다. 때를 놓쳐 일을 망친 다음에 충고를 한다면 오히려 관계만 악화되고, 결국 그 사람의 원망만을 사게 될 것이다. 그러므로 적절한 시점을 잡아 그 사람의 수준에 맞게 말을 하는 지혜가 필요하다.

또한 충고해봤자 그 충고를 따를 사람이 아니거나 혹은 상황이 여의치 않음에도 불구하고 충고를 한다면, 헛된 것이 될 뿐이다. 그것은 말을 아껴 나를 지키는 것만 못하게 된다.

간언과 충고도
지혜를 발휘해서 하라

좋은 말도 때와 장소를 가리며,
충고는 더욱 신중을 기해야 한다.

자유가 말했다.

"임금을 섬길 때 간언을 자주 하면 욕을 당하고, 친구에게 충고를 자주

하면 사이가 소원해진다."

子游曰: "事君數 斯辱矣, 朋友數 斯疏矣."
자 유 왈　　사 군 삭 사 욕 의　봉 우 삭 사 소 의

나에게 아무리 좋은 말이라도 자주 들으면 '혹, 이 사람이 지금 나
를 비웃는 거 아냐?'라는 의심이 생기기 마련이다. 비웃기 위해 계
속 말한다고 생각하는 것이다. 그러므로 좋은 말도 때와 장소를 가
려 해야 좋게 들리는 법이다. 하물며 귀에 좋게 들릴 리 없는 간언
과 충고를 남에게 할 때는 더욱 신중히 해야 하며, 때로는 그 효과
를 극대화할 상황의 연출도 필요하다.

늘 명심해야 한다. 나와 부모의 관계는 절대적이어서 옳고 그름이 관계를 그르치지는 않겠지만, 나와 친구, 나와 회사 상사와의 관계는 의義라고 하는 명분으로 연결되어 있기 때문에 자칫하면 단절될 수도 있다. 따라서 윗사람을 섬길 때 간언이 받아들여지지 않으면 그곳을 떠나야 하고, 벗을 인도할 때 올바른 말이 받아들여지지 않으면 바로 멈춰야 한다. 아무리 좋은 말이라고 해도 번거롭고 귀찮은 정도에까지 이르면 말하는 사람은 가벼워지게 되고, 듣는 사람은 지겨워져 짜증스러울 뿐이다.

누구에게나
본받을 점은 있다

착하지 못한 사람조차 스승으로 삼아,
스스로의 발전을 위한 귀감으로 삼아야 한다.

공자가 말했다.

"세 사람이 길을 가면 그 속에 반드시 스승이 있다. 착한 이를 가려 그
를 따르고, 착하지 못한 이는 나를 고치는 귀감으로 삼는다."

子曰: "三人行, 必有我師焉. 擇其善者而從之, 其不善者而改之."
자 왈   삼 인 행 필 유 아 사 언 택 기 선 자 이 종 지 기 불 선 자 이 개 지

세 사람이란 비유적 표현으로 함께 가는 사람이 적다는 의미다. 삼
인행三人行 필유아사언必有我師焉은 사람이 적더라도 어느 곳에나 나
의 스승이 있다는 의미로, 여기서 스승이란 단 한 가지라도 내가
배울 만한 점이 있는 사람을 뜻한다. 설혹 그 사람이 착하지 못한
사람, 혹은 천하에 둘도 없는 못된 사람이라도 말이다.

착한 사람을 선택해 친밀하게 지내는 것은 누구나 그렇게 하려

하고, 할 수 있는 일이기 때문에 쉽다. 하지만 착하지 못한 사람을 가려 나를 고치는 귀감으로 삼는 것은 어려운 일이다. 예를 들어 회사에서 어떤 사람이 실언을 해 상사에게 질책을 받는 경우를 생각해보자. 이때 누구나 그 실언을 한 사람을 비난하고 조롱할 수 있지만, 정작 실언한 사람을 보며 '나는 그러지 말아야지' 하고 자기반성으로 삼는 경우는 드물다.

훌륭한 사람은 착하지 못한 사람조차도 반드시 나의 스승으로 삼아 스스로의 발전을 위한 귀감으로 삼는다.

인간관계의 원칙
_공손, 관용, 믿음, 민첩, 은혜로움

사람을 대하는 5가지의 실천방법은
공손, 관용, 믿음, 민첩, 은혜로움이다.

자장이 공자에게 인仁에 대해 물었다. 이에 공자가 말했다.

"천하의 5가지를 실천할 수 있으면 인이 된다."

"그것이 무엇입니까?"

공자가 말했다.

"공손, 관용, 믿음, 민첩, 은혜로움이다. 공손하면 남이 업신여기지 않고,

관용을 베풀면 민심을 얻고, 믿음이 있으면 남들이 의지하며, 민첩하

면 공로가 있고, 은혜로우면 남들을 부릴 수 있다."

子張問仁於孔子. 孔子曰: "能行五者於天下, 爲仁矣." "請問之."
자 장 문 인 어 공 자   공 자 왈   능 행 오 자 어 천 하   위 인 의   청 문 지

曰: "恭·寬·信·敏·惠. 恭則不侮, 寬則得衆, 信則人任焉,
왈   공   관   신   민   혜   공 즉 불 모   관 즉 득 중   신 즉 인 임 언

敏則有功, 惠則足以使人."
민 즉 유 공   혜 즉 족 이 사 인

인仁은 사람과 사람이 서로 함께하는 것이다. 공자는 다른 사람들을 어떻게 대해야 하는지 구체적인 실천방법으로 5가지를 제시하고 있다.

　공恭은 두 손을 마주 잡은 모양으로 공손한 마음가짐을 뜻한다. 공손한 마음가짐을 지니면 내가 남을 업신여기지 않게 되니 남 또한 나를 업신여기지 않게 된다. 관寬은 마음이 넓고 도량이 크다는 뜻으로 타인의 실수나 허물을 관대히 포용하는 마음가짐을 뜻한다. 남이 내 허물을 감싸준다면 당연히 누구나 그 사람을 신뢰하고 따르게 될 것이다.

　신信은 '사람 인人'과 '말 언言'의 합자로 사람의 말에 거짓이 없어 믿음직스럽다는 뜻이다. 나도 믿음직한 사람이 되어야겠지만 남을 믿어주는 것 또한 신이다. 남을 믿는다면 그들이 나를 의지하게 될 것이다. 민敏은 일에 임해서는 남들보다 재빠르게 처리하면 당연히 칭찬과 공로가 있을 것이라는 뜻이다. 혜惠는 남을 사랑하고 모든 일에 슬기롭게 임한다는 말로 능히 남에게 일을 시킬 수 있다는 뜻이다.

사람과 사람 사이에서
부끄러운 것들

말을 번지르르하게 하고,
얼굴빛을 꾸미는 사람치고 좋은 사람이 드물다.

공자가 말했다. "말을 번지르르하게 하고 얼굴빛을 꾸미며 지나치게
공손한 것을 좌구명은 부끄럽게 여겼는데, 나도 그것을 부끄럽게 여긴
다. 미워하는 마음을 숨기고 그 사람과 벗하는 것을 좌구명은 부끄럽
게 여겼는데, 나도 그것을 부끄럽게 여긴다."

子曰: "巧言令色足恭, 左丘明恥之, 丘亦恥之. 匿怨而友其人,
자왈   교언영색주공   좌구명치지   구역치지   익원이우기인

左丘明恥之, 丘亦恥之."
좌구명치지   구역치지

교언巧言, 영색令色, 주공足恭은 모두 자신의 본바탕을 숨기고 겉모양
을 지나치게 드러내는 것을 경계하는 말이다. 교언영색巧言令色은
『논어』에 두 번 나온다. 「학이學而」편에서 공자는 "말을 번지르르하

052

게 하고, 얼굴빛을 꾸미는 사람치고 인仁한 사람이 드물다"라고 말했다. 여기서는 인한 사람은 교언영색하지 않는다는 의미다. 인은 남을 나와 같이 여겨야만 가능한 것이다. 반면에 자신을 지나치게 꾸미는 사람은 남을 누르고 자기만이 잘되기를 바라는 사람이다. 그런 사람에게 남을 나와 같이 여기는 인이 있는 경우는 드물다.

따라서 세련된 말을 구사하며 지나치게 치장한 사람을 만났을 경우에는 우선 경계하는 것이 마땅하다. 지나치게 공손한 사람일수록 오히려 그 내면은 상대방을 얕잡아보면서, 스스로 자만심이 가득하고 형식적으로 공손한 체하는 태도가 몸에 배어 있는 사람일 경우가 많다. 그것이 아니라면 스스로에 대한 자존감이 결여되어 있는 사람일 것이다. 그러니 공손함을 유지하면서도 자존감을 잃지 않는 것이 중요하다.

익원이우기인匿怨而友其人은 내가 정말 벗하기 싫은 사람임에도 불구하고, 그 싫어하는 마음을 숨기고 벗하는 것을 말한다. 특히 직장 내에서 이런 경우가 많이 발생할 수밖에 없다. 승진을 위해, 아니면 원만한 대인 관계를 유지해야 한다는 강박관념 때문에, 그밖에 여러 가지 사정으로 인해 마주 보기 싫은 상사나 동료들과 같이 일을 해야 하는 불가피한 상황에 놓이게 된다. 이런 상황에서 미워하는 속마음을 숨기고 윗사람에게 지나치게 공손한 척하는 행위를 공자는 부끄럽게 여긴 것이다.

이유안으로
그 사람됨을 파악한다

한 사람을 알아가는 것은
오랜 시간이 필요한 일이다.

공자가 말했다.

"그 의도를 보고, 그 경과를 살피며, 그 지향하는 바를 따져보면 사람
이 어찌 자신을 숨길 수 있겠는가? 사람이 어찌 자신을 숨길 수 있겠
는가?"

子曰: "視其所以, 觀其所由, 察其所安. 人焉廋哉? 人焉廋哉?"
자 왈   시 기 소 이 관 기 소 유 찰 기 소 안 인 언 수 재   인 언 수 재

『명심보감』에 "호랑이를 그릴 때 가죽을 그릴 수는 있어도 뼈를 그
리기는 어렵고, 사람을 알고자 하면 얼굴은 알 수 있어도 마음은
알지 못한다"는 말이 있다. 세상살이를 많이 한 사람일수록 "사람
을 알기란 참 어렵다"는 말을 자주 한다. 또 어떤 사람들은 "사람은
겪어봐야 안다"는 말을 하기도 한다. 여기서 한 발 더 나아가 "겪어

보되, 한 번이 아니라 몇 년에 걸쳐 여러 번 겪어봐야 안다"는 말을 하는 사람도 있다.

공자의 말은 겪어보되 그냥 겪어봐서는 안 되고, 그가 왜 그렇게 행동하는지 살펴보고, 또 그 목적이 무엇이며 추구하는 바가 무엇인지 파악해보면 그 사람의 됨됨이가 드러난다는 것이다. 즉 어떤 사람이 일을 할 때 처음에 어떤 이유로 그 일을 했으며, 중도에 어떠한 길을 거쳤으며, 결국에는 어떠한 곳에 머물 것인가를 꼼꼼히 살펴봐야 한다는 것이다.

이유안以由安의 이以는 과거, 유由는 현재, 안安은 미래다. 그러므로 한 사람을 안다는 것은 짧은 기간에 할 수 있는 것이 아니라 오랜 시간이 소요되는 일이다.

잘못을 살펴보면
어떤 사람인지 알 수 있다

지혜로운 자의 잘못은 지혜 때문에 생기며,
효성스러운 자의 잘못은 효 때문에 생긴다.

공자가 말했다.

"사람의 잘못은 각각 그 부류에 따라 하는 것이니, 잘못을 살펴보면 그
사람이 인仁한지 알 수 있다."

子曰: "人之過也, 各於其黨, 觀過, 斯知仁矣."
자 왈 인 지 과 야 각 어 기 당 관 과 사 지 인 의

중국의 역사서 중 하나인 『후한서後漢書』 「오우전吳祐傳」에는 오우라
는 관리 이야기가 실려 있다. 오우는 "민간에 쟁송爭訟이 있으면 먼
저 스스로를 반성하고 난 후 소송을 막고, 도道로 깨우치고, 직접 민
가에 가서 서로 화해시켰다"라고 전할 정도로 덕德으로써 백성을
다스린 관리였다. 그가 교동후의 상相으로 있을 때의 일이었다. 당
시 그의 밑에 있던 하급관리 중 한 명이었던 손성이라는 사람이 은

밀히 백성들에게 세금을 더 거두었다. 그 이유는 자신의 아버님께 좋은 옷 한 벌을 장만해드리기 위해서였다. 손성이 아버지께 옷을 장만해드리자 이 사실을 알게 된 아버지는 "임금을 모시는 자가 어찌 사기를 칠 수 있느냐"며 손성을 꾸짖고는 옷을 들고 상관을 찾아가 사실대로 아뢰고 벌을 받게 했다.

상관으로서 이 사건을 조사한 오우는 "하급관리 손성이 아버지로 인해 독직瀆職의 오명을 쓰게 되었구나. 논어에서 '잘못을 살펴보면 인仁한지 알 수 있다'라고 말한 것이 바로 이것이구나" 하며 손성에게 그 옷을 다시 아버지에게 가져다 드리고 사죄하게 했다.

지혜로운 자의 잘못은 항상 지혜 때문에 생겨나며 효성스러운 자의 잘못은 항상 효 때문에 생긴다. 그러므로 똑같은 잘못일지라도 잘못이 일어난 전말을 잘 살펴보면 그 사람의 됨됨이를 알 수 있다.

사람을 극단으로
몰지 마라

쉽게 흥분하고 경쟁심이 강한 사람은
적절한 충고로 자제시키는 것이 가장 현명하다.

공자가 말했다.

"용맹을 좋아하면서 가난을 싫어하면 난亂을 일으킨다. 어떤 사람이
인仁하지 않다고 해서 너무 심하게 미워하면 그 사람 역시 난을 일으
키게 된다."

子曰: "好勇疾貧, 亂也. 人而不仁, 疾之已甚, 亂也."
자 왈   호 용 질 빈 난 야 인 이 불 인 질 지 이 심 난 야

사람들 중에는 능력 있고 승부욕이 강해 경기나 경쟁에서 패배했
을 때 스스로를 이기지 못해 화를 내거나, 툭하면 아무 이유 없이
주위 사람들에게 시비를 걸고 흥분해서 싸움을 일으키는 자들이
있다. 이런 사람일수록 주위 사람들이 가까이하기를 꺼리기 마련
이다.

물론 승부욕이 강한 사람이 있다면 경기나 경쟁에서 이길 확률이 높아질 것이다. 하지만 그만큼 그의 비위를 맞춰주어야 하기 때문에 사람들이 다가서지 않는 것이다.

그렇다고 해서 이런 사람들을 지나치게 미워하고 무리에서 따돌리면 안 된다. 왜냐하면 그가 그것에 더욱 흥분해 분란을 일으킬 수 있기 때문이다. 이런 사람들은 배척하고 극단으로 몰아가기보다 사람들이 그를 왜 꺼리는지 적절한 충고를 해줘야 한다. 또한 그의 승부욕을 자제시키는 것이 가장 현명한 방법일 것이다.

사람을 지나치게 미워하지 말라는 공자의 경고는 나와 생각이 다르고, 피부색이 다르고, 고향 등이 다르다는 이유로 편 가르기를 하고, 그것도 모자라 서로 비난하고 싸우기 일쑤인 사람들이 가슴 속에 새겨야 할 금언金言이다.

교만하지도
인색하지도 마라

자기 잘난 줄만 알고 사람들과 함께할 줄을 모르면
결국 어떠한 일도 성취할 수 없다.

공자가 말했다.

"주공周公과 같은 재능과 미덕을 지녔더라도 교만하고 인색하다면 그

나머지는 볼 것도 없다."

子曰: "如有周公之才之美, 使驕且吝, 其餘不足觀也己."
자왈   여유주공지재지미 사교차린 기여부족관야이

주공은 주나라 무왕의 동생으로, 왕이 죽은 후 직접 왕위에 오르라
는 주위의 유혹을 뿌리치고 어린 조카인 성왕을 왕위에 세우고 보
좌해서 주나라의 예악禮樂과 법도法度를 제정했다. 공자는 그를 성인
으로 받들었으며, 주공이 다스리던 주나라 시대를 이상적인 국가
로 간주했다.

주공과 같은 재능이란 한 나라를 평화롭게 다스리고 문물과 제

도를 창시할 만한 능력을 말한다. 하지만 공자는 설령 주공과 같은 능력을 가진 사람일지라도 교만하고 인색하다면, 그 사람의 나머지 됨됨이나 능력은 볼 것도 없다고 말한다.

교만한 사람은 자신을 뽐내고, 타인을 경시하며, 제멋대로 군다. 그렇기 때문에 당연히 인색하게 되어 그것이 물질적인 도움이든 정신적인 도움이든 주위에 베풀 줄을 모르는 것이다. 자기 잘난 줄만 알고 주위 사람들과 함께할 줄을 모르는 사람은 아무도 따르지 않게 된다. 결국 주공과 같은 능력이 있더라도 주위에 사람이 없어 무슨 일이든 성취할 수 없게 되는 것이다.

주공과 같이 성인의 경지에 오른 사람일지라도 교만하고 인색하다면 나머지는 볼 것도 없는데, 하물며 평범한 사람에 지나지 않는 우리들에게 교만과 인색은 반드시 버려야 할 것들이다.

일을 처리할 때의 마음가짐

상대방이 나를 믿게 해 일을 진행시키고,
일을 진행되는 과정을 면밀히 통찰해야 한다.

공자가 말했다.

"남이 나를 속이지 않을까 마음속으로 경계하지 않고, 남이 나를 믿지

않을까 미리 억측하지 않는다. 그럼에도 불구하고 앞일을 먼저 깨닫는

사람이 현명한 사람이다."

子曰: "不逆詐, 不億不信, 抑亦先覺者, 是賢乎!"
자 왈 불 역 사 불 억 불 신 억 역 선 각 자 시 현 호

회사 일로 인해 거래를 해야 하는 자리에서 사람들이 흔히 가지는
마음이 경계심일 것이다. 낯선 회사, 낯선 사람은 거래의 안정성을
확신할 수 없게 하고, 그로 인해 일의 진행에 필요한 내가 알고 있
는 내용을 전부 털어놓을 수 없게 된다.

내가 경계심을 품은 태도를 보이고 진심을 보이지 않는다면, 상

대방도 또한 나와 같은 자세로 나를 대하게 될 것이고 결국 일을
그르치게 된다. 이번에는 일이 잘 안 되었더라도, 만약 상대방에게
믿음직한 인상을 주면 다음 기회라도 모색할 수 있으나, 이도 저도
아니게 되면 그야말로 낭패인 것이다.

　그러므로 호탕하고 활발하게 보여서 상대방이 나를 믿게 해 일
이 차질 없이 진행되게 하면서도, 한편으로는 상대방의 말과 태도
를 유심히 관찰해 일이 진행되는 과정을 면밀히 통찰하는 자세를
가져야 할 것이다.

차라리 미친 사람이나
고집이 센 사람과 함께하라

일을 반드시 이루고자 한다면
열정적이고 고집스러운 사람과 함께하라.

공자가 말했다.

"중용을 실천할 수 있는 사람과 함께할 수 없을 바에야 반드시 미친 듯
이 열정적인 사람이나 고집이 센 사람과 함께하겠다. 미친 듯이 열정
적인 사람은 진취적이고, 고집스런 사람은 하지 않는 일이 있다."

子曰: "不得中行而與之, 必也狂狷乎! 狂者進取, 狷者有所不爲也."
자 왈   부 득 중 행 이 여 지   필 야 광 견 호   광 자 진 취   견 자 유 소 불 위 야

주위에 있는 수많은 사람 중에서 어떤 사람과 함께 인생의 희로애
락을 나누고, 일을 할 때 더불어 할 수 있을지 결정하는 것은 참으
로 어려운 문제다. 뜻이 같다고 해도 성품과 기질의 차이로 인해
더불어 일할 수 없는 사람이 있고, 그 반대의 경우도 왕왕 존재하
기 때문이다.

이에 대해 공자는 첫째로 선택해야 하는 사람을 중용을 실천할 수 있는 이로 꼽았다. 중中은 '가운데'가 아니라 '적당히'의 뜻이다. 만물은 극단에 이르면 변화해 다시 아래로 떨어지기 마련이다. 따라서 극단에 이르지 않는 상태를 중이라 한다.

그다음으로 미친 사람이나 고집이 센 사람과 함께하라고 한다. 세상의 상식과 이성적 기준에서 벗어난 행동을 하는 사람들을 미친 사람이라고 한다. 하지만 지금 우리가 알고 있는 상식과 이성은 과거의 미친 사람들이 만들어낸 것이다. 새로운 역사는 남들이 가지 않는 길을 가는 미친 사람들이 쓴다.

또한 고집이 세고 자기 뜻을 쉽사리 굽히지 않는 사람들은 시류에 휩쓸리는 사람보다 낫다. 남들이 뭐라 하든 자기 길을 꿋꿋이 감으로써, 이랬다저랬다 하는 사람들이 저지르는 판단의 실수를 줄일 수 있으니 말이다.

원한은 올곧음으로 갚고
은혜는 은혜로 갚는다

나에게 은혜를 베푼 사람은 좋게 대하고
해를 끼친 사람은 상대하지 않는다.

어떤 사람이 물었다. "원한을 은혜로 갚는 것은 어떻습니까?"

이에 공자가 말했다. "그러면 은혜는 무엇으로 갚는단 말이냐? 원한은

올곧음으로 갚고, 은혜는 은혜로 갚아라."

或曰: "以德報怨, 何如?"
혹왈   이 덕 보 원   하 여

子曰: "何以報德? 以直報怨, 以德報德."
자왈   하 이 보 덕   이 직 보 원   이 덕 보 덕

흔히 『논어』에서 인仁, 덕德, 예禮를 이야기한다고 해서 기독교의 '원
수를 사랑하라'처럼 자기에게 해를 끼치는 사람에게까지도 인과
덕을 베풀어야 한다고 생각하기 쉽다. 하지만 공자는 원한을 은혜
로 갚으면 은혜는 무엇으로 갚을 것이냐고 되물으며 원한은 올곧

음으로 갚으라고 한다. 이런 되갚음은 '이에는 이, 눈에는 눈'처럼 내가 당한 만큼 갚아주는 방식은 아니다. 그렇다고 자신을 미워하는 사람까지 모두 껴안으라는, 모두가 성인처럼 굴어야 한다는 것도 아니다.

올곧음(直)이란 나에게 원한을 산 사람을 사랑하고 미워하기를 사사로움 없이 매우 공정하게 하는 것이다. 착한 것은 착하게 여기고 착하지 않은 것은 착하지 않은 것으로 여겨서, 나에게 은혜를 베푼 사람에게는 당연히 좋게 대하고, 나에게 해를 끼친 사람은 상대하지 않는다는 것이다. 공자의 이직보원以直報怨은 원한을 잊지 않고 갚으면서도, 스스로 지나친 미움에 사로잡히지 않도록 하는 오묘한 방식이다.

많은 사람들이 직장에서 터무니없이 사소한 일로 동료나 윗사람에게 모욕을 당하는 일을 겪어봤을 것이다. 이런 경우 대다수는 집에 돌아가 잠자리에 누워서까지 모욕당한 일을 생각하며 스스로 분을 삭이지 못하거나, 어떻게 복수할까 하는 생각에 사로잡혀 잠을 설치기가 일쑤다. 결국 원한 갚는 일에 몰두하다 보면 스스로에게 더 큰 상처만을 안겨주기 십상이다. 이직보원은 감정의 소모를 방지하면서도, 그 원한을 갚게 하는 공자의 가르침인 것이다.

사랑한다면
고생시켜라

엄마가 사준 참고서를 보고, 골라준 회사를 지원하고,
면접 볼 때 엄마가 동행하는 자식은 결국 불행해진다.

공자가 말했다.

"내가 누군가를 진심으로 사랑한다면 그를 고생시키지 않을 수 있겠
는가? 내가 누군가를 진심으로 대하고 있다면 그를 깨우쳐주지 않을
수 있겠는가?"

子曰: "愛之, 能勿勞乎? 忠焉, 能勿誨乎?"
자왈　애지 능물로호　충언 능물회호

사랑하는 사람이 편안히 지내고 잘되기를 바라는 것은 옛날이나
지금이나 인지상정일 것이다. 내 자식이, 내 연인이 고생한다는 소
식을 들으면 눈물 흘리지 않을 사람이 어디 있겠는가? 하지만 사랑
이란 아픔을 참고 견디는 것이다. 내가 나의 아픔을 다스려 사랑하
는 사람을 참고 지켜볼 때 사랑하는 사람이 고생을 통해 더욱 사람

다운 사람이 되는 것이다. 엄마가 사주는 참고서를 보고 엄마가 골라주는 회사를 지원하고 면접을 볼 때도 엄마가 동행하는 자식은 결국 불행해진다. 그러므로 내 자식을 사랑한다면 고생을 시켜야 하고, 내 제자를 사랑한다면 엄격한 채찍질을 아끼지 말아야 하고, 내 연인을 사랑한다면 격렬한 비판을 아끼지 말아야 한다.

삐뚤어진 사랑이 넘치는 시대, 사랑이 아닌 집착이 넘치는 시대에 '애지 능물로호愛之 能勿勞乎'는 우리가 가슴에 새겨야 할 아포리즘 aphorism, 깊은 진리를 간결하게 표현한 말이나 글이다.

충忠은 군주나 국가를 향한 일방적 희생을 의미하지 않고 곧은 마음, 진실한 마음을 일컫는다. 사랑도 마찬가지다. 누군가를 진심으로 대하는데 어찌 충고와 깨우침을 아끼겠는가?

말을
신중히 하라

입술 위에 칼날을 올려놓은 것처럼
말은 항상 신중히 해야 한다.

사마우가 인에 대해 묻자, 공자가 말했다.

"인자仁者는 말을 신중히 한다."

사마우가 다시 물었다.

"말을 신중히 하면 그것을 인이라고 할 수 있습니까?"

공자가 말했다.

"실천하기가 어려우니 말을 신중히 하지 않을 수 있겠는가."

司馬牛問仁. 子曰: "仁者, 其言也訒."
사 마 우 문 인 자 왈   인 자 기 언 야 인

曰: "其言也訒, 斯謂之仁矣乎?"
왈   기 언 야 인 사 위 지 인 의 호

子曰: "爲之難, 言之得無訒乎?"
자 왈   위 지 난 언 지 득 무 인 호

인訒은 '말 언言'과 '칼날 인刃'이 합쳐져 만들어진 글자로, 입술 위에 칼날을 올려놓듯이 해서 함부로 말을 하지 않는다는 뜻이다. 함부로 입을 놀리거나 쓸데없는 말을 많이 하다가는 언젠가 입술 위의 칼날이 입술을 벨지 알 수 없으니, 말을 신중히 할 수밖에 없는 것이다. 인訒은 곧 인訒이라 할 수 있다.

하지만 진정한 인訒은 칼날을 두려워해 입을 다무는 것이 아니다. 항상 마음이 평안하기 때문에 일을 할 때 떳떳하고, 일이 떳떳하기 때문에 자연스레 말을 많이 할 필요가 없는 것이다. 또한 말을 많이 하지 않으니 지키고 실천해야 할 일이 줄어들어 나의 떳떳함을 보존할 수 있는 것이다.

사마우는 공자의 제자 중 한 명으로, 사마천이 『사기史記』에서 "말이 많고 성미가 조급하다"고 평가한 사람이다. 위의 대화는 공자가 말이 많은 사마우에게 말을 함부로 하지 않도록 하기 위해 가르침을 주는 대화다.

올바른 약속만을 하고
예에 맞는 공손함을 가져라

자신이 지킬 수 있는 약속만 하는 것이 아니라
올바른 일, 마땅한 일을 약속해야 한다.

유자가 말했다. "약속이 의義에 가까우면 그 약속한 말을 실천할 수 있으며, 공손함이 예禮에 가까우면 치욕을 멀리할 수 있다. 그렇게 함으로써 가까운 사람들을 잃지 아니하면 또한 존경할 만하다."

有子曰: "信近於義, 言可復也. 恭近於禮, 遠恥辱也. 因不失其親,
유 자 왈   신 근 어 의 언 가 복 야 공 근 어 례 원 치 욕 야 인 불 실 기 친

亦可宗也."
역 가 종 야

신信은 그 사람의 말에 거짓이 없다는 뜻이므로, 다른 사람과 한 약속도 신이라고 할 수 있다. 약속이 의義에 가깝다는 것은 그 약속한 일이 올바르다는 것이다. 올바른 일과 해야 마땅한 일을 약속했다면 그 말은 실천할 수 있는 것이며, 올바르지 않은 일과 해서는 안

되는 일을 약속했다면 그 말은 당연히 실천하기가 어려울 것이다.

또 의가 아니고 이익을 보고 한 약속은 대부분 지켜질 가능성이 없다. 정치인들이 선거 때마다 내거는 공약公約을 보자. 공약의 대부분이 지켜지지 않는 까닭은 정치인들이 올바른 일, 실제로 해야 마땅한 일을 약속하는 것이 아니라 오로지 자신의 당선만을 위한 공약을 내걸기 때문이다. 그러므로 약속을 할 때는 반드시 자신이 지킬 수 있는 약속만을 해야 하는 것이 아니라 올바른 일, 마땅한 일을 해야 하는 것이다.

과공비례過恭非禮는 정도에서 벗어난 지나친 공손함은 오히려 예禮가 아니라는 뜻이다. 굴욕스러울 정도로 공손하게 사람을 대한다면 오히려 그 공손함이 나에게 치욕을 가져올 수도 있다. 또 사회적 처지나 상황으로 보았을 때 분명 나를 아랫사람으로 보고 대우해도 될 만한 사람이 오히려 나보다 더 지나치게 공손하다면 그런 사람은 공손을 가장한 오만한 사람이다.

올바른 약속만을 하고, 예에 맞는 공손함을 가지는 자세를 유지한다면 나와 가까운 사람을 잃어버리는 일은 없겠거니와, 더불어 그들에게 존경을 받을 수 있을 것이다.

슬기롭고 인한 사람을
가까이하라

장인에게 예리한 도구가 필요하듯
나를 우뚝 세워줄 사람이 필요하다.

자공이 인仁을 실천하는 방법을 묻자, 공자가 말했다.

"장인은 그 일을 잘하기 위해 먼저 자신의 연장을 예리하게 다듬는다.
마찬가지로 내가 살고 있는 나라의 대부들 가운데 슬기로운 사람을
선택해 섬기고, 선비들 가운데 인仁한 사람을 선택해 사귀어야 한다."

子貢問爲仁. 子曰: "工欲善其事, 必先利其器. 居是邦也,
자 공 문 위 인 자 왈   공 욕 선 기 사 필 선 리 기 기 거 시 방 야

事其大夫之賢者, 友其士之仁者."
사 기 대 부 지 현 자 우 기 사 지 인 자

새로운 회사에 취직하면 사람들의 기질과 성향을 몰라 어떤 사람
과 가까이해야 할지 결정하기 위해 한동안 사람들을 관망해보게
된다. 그러다가 대부분의 사람들은 자신과 코드가 맞는 사람을 선

택해 친하게 지내거나, 빠른 승진이나 회사 생활의 편안함을 위해 특정 라인에 줄을 서기도 한다.

뛰어난 장인은 도구를 탓하지 않는다지만, 형편없는 도구라도 벼려야 장인이 보유한 기술을 펼치는 데 적합하다. 즉 예리하게 다듬어진 도구가 장인을 있게 하듯이 나에게도 나를 우뚝 세워줄 사람들이 필요하다. 승진이나 편안함을 나쁘다고 할 수는 없지만, 정당한 방법으로 얻은 것이 아니면 가져서는 안 된다. 지금 누구와 가까이해야 할지 망설여진다면 회사 내에 있는 현자賢者나 인자仁者를 찾아 그들과 가까워져 보자. 그러면 승진과 성공이 그 안에서 저절로 이루어질 것이다.

사랑이란
긍정과 부정의 총합이다

사랑이란 무조건 긍정하는 것이 아니라
좋아함과 미워함이 균형을 이뤄야 한다.

공자가 말했다.

"오직 인(仁)한 사람만이 다른 사람을 좋아할 수 있고 오직 인한 사람만

이 미워할 수 있다."

子曰: "惟仁者能好人, 能惡人."
자 왈　　유 인 자 능 호 인　능 오 인

인(仁)이란 사람을 널리 사랑하는 것이다. 타인을 진정으로 사랑할
때 우리는 그 사람이 잘되기를 바라며 나아가 완성된 사람이 되기
를 원한다. 사람됨의 완성은 스스로의 잘못된 행동을 고치고 고난
과 시련을 겪고 이겨냄으로써 이루어지기 때문에 사랑이 무조건적
인 긍정이 될 수는 없다.

　내가 사랑하는 사람이 잘되기를 원하면서 그 사람의 잘못을 비

판하지 않는다면, 이는 사랑하지 않는 것이다. 그 사람이 잘못을 고치지 않는 것을 미워하지 않는다면 또한 사랑하지 않는 것이다. 사랑을 바탕으로 하는 비판과 그렇지 않은 비판은 확연히 구별된다. 따라서 사랑이란 좋아함과 미워함이 균형을 이뤄야 한다.

부모가 자식을 사랑하는 것도 마찬가지다. 조선시대 정조 대의 선비였던 이덕무는 부모와 자식 간의 사랑의 도道에 대해 다음과 같이 말했다.

"너무 엄격하면 사나운 자식은 멀어지게 되고, 너무 사랑하면 영리한 자식은 방자하게 된다. 부모가 자식을 대하는 방법은 엄격함과 사랑함이 균형을 이루는 것이다."

부모가 자식을 대하는 마음만큼 사랑이 넘치는 것은 없을 것이다. 하지만 부모와 자식 간에도 좋아함과 미워함이 균형을 이뤄야 하니 다른 종류의 사랑에는 말할 것도 없다.

믿음직한 사람이
되라

믿음은 사람과 사람 사이의 멍에와 같아서
믿음이 없으면 같이 걸어갈 수 없다.

공자가 말했다.

"사람이 믿음이 없으면 그런 사람을 어디에 써야 할지 모르겠다. 소나

말이 끄는 수레에 멍에가 없는 것과 같으니, 어떻게 수레가 굴러 갈 수

있겠는가?

子曰: "人而無信, 不知其可也. 大車無輗, 小車無軏, 其何以行之哉"
자왈   인 이 무 신 부 지 기 가 야 대 거 무 예 소 거 무 월 기 하 이 행 지 재

아무리 능력이 탁월한 사람이라도 아침에 한 말을 저녁에 뒤집고
엊그제 한 말이 어제 한 말과 다르다면 누가 그 사람과 일을 같이
하려고 하겠는가? 어떤 일을 추진할 때는 계획을 세우게 마련이고,
그 계획 속에서 다른 사람과 협력해 일을 과감하게 밀고 나가야 한
다. 하지만 믿음이 없는 사람은 예측 불가능이라 아무리 잘 세운

계획도 쓸모없는 공염불로 만들기 마련이다.

　중요한 프로젝트를 본격적으로 추진하기 위해 전체 팀원 미팅을 오전 9시에 잡았는데 어느 한 부분을 담당하기로 했던 직원이 1시간이나 늦게 회의에 참석한다면 누가 그 사람을 신뢰할 수 있겠는가? 그런 지각이 자주 반복된다면 결국 아무도 그 사람과 일을 하려 하지 않을 것이다.

　소와 수레는 본질이 다른 물건이라 서로 연결시킬 때는 멍에가 꼭 필요하다. 멍에로 단단히 연결시킨 후에야 소와 수레가 흐트러짐 없이 앞으로 나아갈 수 있다. 믿음은 사람과 사람 사이의 멍에와 같은 것이다. 믿음으로 굳게 결속되지 않으면 같이 걸어갈 수 없다.

인적 네트워크를 쌓고 싶으면
덕을 갖추어라

홀로 있을 때는 덕이 겉으로 드러나기 어렵지만
여럿일 때 덕이 있는 사람은 빛나게 되어 있다.

공자가 말했다.

"덕德이 있는 사람은 결코 홀로 외롭지 않으며, 반드시 그 옆에 이웃이
있다."

子曰: "德不孤, 必有隣."
자 왈　덕 불 고　필 유 린

덕德은 '조금 걸을 척彳'과 '곧을 직直'과 '마음 심心'으로 구성된 글
자로, 마음을 올곧게 하고 천천히 앞으로 나아가는 모양이다. 외부
의 거짓 유혹에 흔들리지 않고 오로지 바른 실천과 수양을 통해 자
신의 내면에 인仁과 의義가 가득 차게 한다는 뜻이다. 그래서 그런
마음 상태에서 세상을 다스리는 것이 덕치德治이고, 타인에게 베푸
는 마음이 은덕恩德이다.

홀로 있을 때는 덕을 겉으로 드러내기가 어려워, 그 사람에게 덕이 있는지 없는지 알 수 없다. 하지만 여럿이 함께 있으면 그중에 덕이 있는 사람은 반드시 빛나게 되어 있다. 덕이 있는 사람을 중심으로 자연스럽게 인적 네트워크가 형성되기 때문이다.

우리는 타인에게 신세를 지고 난 후 고마움을 표현하기 위해 '덕분德分에, 덕택德澤'이라는 표현을 쓴다. 평소에 '덕분에'와 '덕택에'라는 표현을 자주 듣는 사람이 있다면, 그 사람은 인적 네트워크가 발달한 사람일 것이다.

용기 있는 자보다는
신중한 사람과 함께하라

공자는 용맹한 자로를 깨우치기 위해
언제나 신중함과 계획성을 강조했다.

자로가 물었다.

"선생님께서 세 군단을 거느리는 지휘관이 되어 전쟁에 나아간다면
누구와 함께하시겠습니까?"

공자가 말했다.

"맨손으로 호랑이를 잡으려 하고 맨몸으로 큰 강을 건너려 하면서도
죽어도 후회가 없다고 하는 자와는 함께 가지 않겠다. 반드시 일에 임
해서는 신중하고 계획하기를 좋아해 성공하는 자와 함께할 것이다."

子路曰: "子行三軍, 則誰與?"
자로왈　　자행삼군, 즉수여

子曰: "暴虎馮河, 死而無悔者, 吾不與也. 必也臨事而懼,
자왈　　포호빙하　사이무회자　오불여야　필야림사이구

好謀而成者也."
호모이성자야

스스로를 가리켜 "힘은 산을 뽑을 만하고, 기개는 세상을 덮을 만하다"고 일컬었던 항우는 나이 마흔이 될 때까지도 동네 건달에 지나지 않았던 유방에게 져 역사의 패자로 기억되고 있다. 장수로서의 항우는 그 힘과 용기가 남달랐다. 진나라의 마지막 군대였던 장한이 거느리고 있던 30만 대군에 맞서 고작 2만의 병력으로 싸워 이긴 거록鉅鹿 전투는 항우의 이름과 용기를 천하에 알리게 된 전투가 되었고, 지금도 중국 역사상 최고의 무예와 용기를 가진 장수로 인정받고 있다. 하지만 그의 시신은 유방의 휘하 장수들에게 난도질당해 산산조각이 났을 정도로 비참하게 죽었다.

반면에 유방 군대의 최고 사령관인 대장군으로 임명되어 항우 군軍을 패배시키는 데 결정적 공로를 세운 한신은 젊었을 적 동네 건달의 가랑이 사이를 기어 다니며 개처럼 멍멍 짖어야 하는 굴욕을 당했던 적도 있는 사람이었다. 한신은 칼을 차고 있었음에도 동네 건달들에게 무시당했을 정도로 무예에는 능하지 못한 인물이었다. 그렇지만 그는 어려서부터 많은 공부를 한 지략형 장수로 오직 지혜와 책략으로 항우를 물리치고 한나라 건국의 일등 공신이된다.

자로는 공자의 제자 중 가장 용맹스러웠던 사람이었다. 공자의 말은 용맹한 자로를 깨우치기 위해 신중함과 계획성을 강조한 것이다. 마찬가지로 이를 항우와 한신에게 비추어 보았을 때 어떤 자질이 성공의 기반이 되겠는가?

남이 나의 잘못을 지적하면
오히려 기뻐하라

잘못을 지적당하고 변명으로 일관하기보다
솔직하게 인정할 줄 알아야 한다.

공자가 말했다.

"나는 행복한 사람이다. 내가 잘못을 저지르면 사람들이 반드시 지적

해주는구나."

子曰: "丘也幸, 苟有過, 人必知之."
자왈   구야행 구유과 인필지지

내가 미처 깨닫지 못한 잘못을 지적받으면 공자처럼 "나는 행복한
사람이다"라고 말할 수 있을까? 그것도 제자나 아랫사람이 그 잘못
을 이야기했는데도 말이다. 그런 점에서 잘못을 지적당하고 변명
으로 일관하기보다 솔직하게 인정하고 오히려 기뻐한 공자는 참으
로 위대한 사람이다.

　공자와는 다르게 우리 사회에서는 학식과 지혜가 높은 사람일수

록 자신의 잘못을 인정하지 않으려 한다. 아니 처음부터 자신의 잘못을 알고 있으면서도 그 잘못을 덮기 위해 더 큰 잘못을 저지르다 결국 패가망신하는 길로 가는 것이 요즘 많이 배웠다는 사람들의 꼬락서니다.

성인은 없다. 성인은 사람들이 끊임없이 그리워하고 갈구하는 유토피아와 같은 존재일 뿐이다. 유가에서는 공자를 성인으로 추앙하지만 공자도 잘못을 저지르는 인간에 불과하다. 자신이 완전 무결한 인간이라고 착각하는 사람들은 잘못을 지적당하면 기뻐하는 공자와 같은 솔직한 태도를 본받아야 할 것이다.

함부로
말을 하지 마라

약속이나 책임질 말을 함부로 하지 말아야 하는 것은
지키지 못하면 부끄럽게 여겨야 하기 때문이다.

공자가 말했다.

"옛 사람들이 말을 함부로 하지 않은 것은 실천이 그 말을 따르지 못할

것을 부끄럽게 여겼기 때문이다."

子曰: "古者言之不出, 恥躬之不逮也."
자 왈　　고 자 언 지 불 출　치 궁 지 불 체 야

언言은 '자기의 일을 직접 말한다'를, 어語는 '남의 질문에 답한다'를
뜻한다. 어와 언을 합친 언어言語는 말하고, 듣고, 생각하고, 대화하
는 인간의 행위를 통칭하는 것이다. 말은 인간의 행위와 불가분의
관계다. 실천과 행동을 통해 인간의 언어와 사고력이 더욱 풍부해
지기 때문이다.

　앞에서 공자가 말한 말은 약속을 가리킨다. 약속이나 책임질 말

을 함부로 하지 말아야 하는 것은 그 말을 지키지 못하면 부끄럽게 여겨야 하기 때문이다. 하지만 대부분의 사람들은 약속을 제대로 지키지 않아도 부끄러움을 느끼지 않는다. 부끄러움은커녕 지키지 못할 말을 뻔뻔스럽게 내뱉는 것을 자랑스럽게 여기는 사람들도 있다. 이런 상황에서는 믿음을 기반으로 한 관계가 이루어지기 어렵다. 그러므로 꼭 지킬 수 있는 말만 해야 하는 것은 나에 대한 믿음을 돈독하게 하기 위해서다. 믿음이 있어야 나 자신이 올바로 설 수 있는 것이다.

비슷한 말이 『논어』 「헌문憲問」편에도 있다.

"군자는 그 말이 그 행동보다 과한 것을 부끄럽게 여긴다(君子恥其言而過其行 군자치기언이과기행)."

2장

처세

말보다 행동을
먼저 하라

사람이란 늘 실천보다 말이 앞서기 마련이므로,
말이 적으면서 묵묵히 실천하는 사람은 드물다.

자공이 군자에 대해 묻자, 공자가 말했다.

"먼저 몸소 실천하라. 그런 후에 말이 그 실천을 따르게 하라."

子貢問君子. 子曰: "先行其言, 而後從之."
자 공 문 군 자 자 왈   선 행 기 언 이 후 종 지

군君은 손에 지팡이를 들고 있는 모양을 하고 있는 글자로 나이가
많은 사람을 뜻한다. 자子는 선생님이란 뜻이다. 따라서 군자君子는
나이 많은 사람을 존칭하는 단어였다. 부족사회에서는 가장 나이
가 많은 사람이 그 무리의 지배자가 되기 때문에 군자는 곧 임금을
뜻하는 단어로 해석되었다. 한편으로 군자는 덕德과 인仁을 함양한
사람, 깨달은 사람, 참된 사람, 이상적인 사람 등으로 다양하게 해
석되고 있다.

흔히 우리는 어떤 말을 하면 반드시 그 말을 실천한다는 의미의 언행일치言行一致의 중요성을 강조하지만 공자는 그것보다 선행기언先行其言을 중요하게 여겼다. 사람이란 늘 말이 실천보다 앞서기 마련이므로 말이 적으면서도 묵묵히 자신이 해야 할 바를 실천하는 사람은 드물기 마련이다. 그러므로 선행기언을 마음에 새겨 부단히 노력한다면 그 추구하는 바에는 못 미칠지라도 최소한 언행일치의 단계에 이를 수 있지 않겠는가?

『논어』에서는 말을 신중히 하고 먼저 실천하라는 언급이 자주 등장한다. 그렇다고 공자가 말을 잘하는 달변가를 미워했다고 보기는 어렵다. 공자가 진실로 경계하고자 한 것은 실천 없는 말, 공허한 말이다.

많이 듣고 보되,
확실한 것만 실행하라

내 생각대로 하기보다 많이 듣고 보며,
확실한 것들만 말하고 실행하라.

자장이 관직에 올라 급여를 받을 방법을 배우려 했다. 이에 공자가 말했다. "많이 듣되 의심스러운 것은 빼고 확실한 것만 신중히 말한다면, 허물이 적을 것이다. 많이 보되 판단하기 어려운 것은 빼고 믿을 만한 것만 신중히 행한다면, 후회가 적을 것이다. 말에 허물이 적고 행실에 후회가 적다면, 관직과 급여는 저절로 따라올 것이다."

子張學干祿. 子曰: "多聞闕疑, 愼言其餘, 則寡尤. 多見闕殆,
자장학간록 자왈   다문궐의 신언기여 즉과우 다견궐태

愼行其餘, 則寡悔. 言寡尤, 行寡悔, 祿在其中矣."
신행기여 즉과회 언과우 행과회 녹재기중의

이제 막 학교를 졸업한 젊은이가 찾아와 취업을 위해 무엇을 해야 할지 묻는다면 다들 이렇게 되물을 것이다. "토익 점수가 몇 점인

가?", "영어가 아닌 제2외국어는 무엇을 할 줄 아는가?", "자격증은 몇 개나 있는가?" 이처럼 스펙을 얼마나 쌓았는지 물어볼 것이다. 물론 회사가 요구하는 능력을 쌓는 것은 취업을 위해 필요한 일이다. 하지만 그것만으로 충분할까?

취업에 성공했다고 해서 모든 것이 끝나는 것은 아니다. 지금까지 쌓은 스펙을 바탕으로 얼마나 더 노력하느냐가 중요하다. 이러한 점에서 공자의 말은 일에 임하는 자세를 갈파하는 소중한 처세훈이다.

공자가 말하는 핵심은 '多聞闕疑다문궐의 多見闕殆다견궐태'다. 먼저 내 생각을 이야기하기보다는 많이 듣고 많이 보는 것이다. 그중에 의심나는 것들에 대해서는 판단을 유보하고 확실한 것들만 말하고 실행하라. 그러면 취업과 승진이 자연히 따라올 것이다.

이익만을 좇으면
원망이 많아진다

살아 있을 때의 누군가의 원한보다
죽고 난 후의 원망을 더욱 두려워해야 한다.

공자가 말했다.

"이익을 위해 행동하면 원망을 많이 사게 된다."

子曰: "放於利而行 多怨."
자 왈　　방 어 리 이 행　다 원

주위에 이익만을 좇아서 끝내 성공한 사람들이 있을 것이다. 또 죽을 때까지 이익만을 좇다 부귀와 명예를 누리고 죽은 사람도 있을 것이다. 사람은 죽어서 이름을 남긴다고 했다. 그 이름이 누구나 존경하고 그리워하는 이름이 되었든, 누구나 욕하기를 마다하지 않는 이름이 되었든, 어쨌든 사람은 이름을 남긴다.

수십억 원의 재산을 쌓은 한 노인이 어느 날 갑자기 심근경색으로 죽었다. 평상시 건강했던 터라 유언장을 써놓지 않은 상태였다.

자식들은 아버지를 묻자마자 무덤가에서 서로 주먹질을 하며 재산 문제로 다툼을 시작했다. 그런 모습을 본 주위 사람들은 "그러게, 재산을 뭐하러 쌓아두었노, 좋은 일에 쓰고나 가지" 하는 원망을 했고, 자식들 또한 각자에게 유리한 유언장을 작성해 놓지 않은 아버지를 원망했다.

살아 있을 때의 누군가의 원한보다 죽고 난 후의 원망을 더욱 두려워해야 한다. 부귀와 명예를 쥐고 있다면 살아 있을 때는 누구나 칭찬하고 아부하기에 급급하지만, 죽으면 누구나 드러내놓고 원망을 할 수 있기 때문이다. 정승집 개가 죽으면 문상객이 넘치지만, 정승이 죽으면 아무도 찾지 않는 법이다. 살아서 정승이었더라도 죽어서 자기가 기르던 개만도 못한 대우를 받고 싶은가?

지혜롭기보다
어리석기가 어렵다

도가 없을 때 어리석을 정도로 우직함을 보이는 것은
지극한 충성과 사랑이 없으면 어렵다.

공자가 말했다.

"영무자는 나라에 도道가 있을 때는 지혜로웠고, 나라에 도가 없을 때
는 어리석었다. 지혜로움에는 이를 수 있지만 그 어리석음에는 이를
수 없다."

子曰: "寧武子, 邦有道 則知, 邦無道 則愚. 其知可及也,
자 왈　영 무 자　방 유 도 즉 지　방 무 도 즉 우　기 지 가 급 야

其愚不可及也."
기 우 불 가 급 야

영무자는 춘추전국시대 위나라의 신하였다. 영무자가 관직에 있었
던 시기는 주로 위나라 성공이 군주로 있던 시기였다. 당시 위나라
는 강대국인 초나라와 진나라 사이에 놓여 있어 자주 시달림을 당

하고 있었으며, 지배계급도 초나라파와 진나라파로 갈려 정쟁을 일삼아 나라가 위태로웠다.

그러던 어느 날 진나라가 위나라 성공을 감금한 후 죽이려 하였으나, 영무자의 지혜로운 보필과 충성으로 목숨을 건지게 되었다. 이런 영무자의 노력 덕분에 성공은 다시 위나라로 돌아와 군주의 자리에 오를 수 있었다. 그 후 위나라가 다시 태평스러워지자 영무자는 있는 듯 없는 듯 자신을 드러내지 않았다.

스스로를 지혜롭다고 여긴 이들은 모두 자신의 목숨을 보전하기 위해 급급했지만, 어리석게도 영무자는 자신보다 나라를 먼저 앞세웠던 것이다. 나라에 도道가 있을 때 지혜롭기는 쉽지 않아도 이를 수는 있다. 하지만 나라에 도가 없을 때 어리석을 정도로 우직함을 보이기란 지극한 충성과 사랑이 없으면 어렵다. 그래서 그 어리석음에는 이를 수가 없다고 한 것이다.

요즘으로 비유하자면 회사에서 남들이 다 꺼리는 일을 홀로 떠맡는 자는 크게 어리석은 사람일 테지만, 그 어리석음은 누구의 지혜로움과도 비교할 수 없는 것과 같은 이치다.

자신의 능력과 공로를
자랑하지 마라

진정한 인정은 타인의 자율적 동의를 근거로 하며,
남이 먼저 알아주는 것이다.

공자가 말했다. "맹지반은 자기 공로를 자랑하지 않는 사람이다. 그는
군대가 퇴각할 때 맨 뒤에서 추격하는 적을 막으며 후퇴했다. 마지막
으로 성문에 들어설 때는 타고 있는 말에 채찍질을 하며 말하기를 '내
가 용감해서 뒤를 맡은 것이 아니라 이 말이 달리지 않아서 그랬다'고
하는 사람이다."

子曰: "孟之反不伐, 奔而殿, 將入門, 策其馬, 曰: '非敢後也,
자왈   맹지반불벌 분이전 장입문 책기마 왈   비감후야

馬不進也.'"
마부진야

아무리 강한 군대라도 전투에 져서 후퇴할 때는 죽음에 대한 공포
로 인해 오합지졸이 되기 쉽다. 그럴 때 군대의 후미에 서서 적군

의 추격을 막아내며 무사히 후퇴한다는 것은, 공격할 때 필요한 용력用力보다 더욱 큰 용기와 지혜가 필요한 일이다.

맹지반은 노나라의 대부로 제나라와의 전쟁에서 지휘관으로 참여했는데 퇴각할 때 후미를 맡아 많은 병사들이 무사히 성으로 들어갈 수 있도록 했다. 그럼에도 자신의 공을 자랑하지 않았을 뿐만 아니라 겸손하기까지 했다.

타인에게 인정받고자 하는 욕망이 강한 사람은 사소한 것이라도 으스대며 뽐내고자 한다. 이런 사람들은 남 위에 서고자 하는, 남들보다 우월하고자 하는 욕심이 많은 사람이다. 하지만 진정한 인정은 타인의 자율적 동의를 근거로 한다. 내가 자랑하기 전에 남이 먼저 알아주는 것이 최고다. 또한 남이 나의 공로를 알아주지 않아도 걱정하지 말라. 내게 덕德이 있다면 언젠가 그 공로가 빛날 날이 올 것이다. 어찌 맹지반에게만 그를 인정해주는 공자 같은 이가 있겠는가? 나의 주위에도 분명 나를 인정해줄 공자 같은 이가 있을 것이다.

지나침은
미치지 못함과 같다

적절한 간격을 유지할 때 사랑은 사랑이 되고,
아름다움은 아름다움으로 남아 있을 수 있다.

자공이 물었다. "자장과 자하 중에 누가 더 낫습니까?"

공자가 말했다. "자장은 지나치고 자하는 미치지 못한다."

자공이 말했다. "그렇다면 자장이 더 낫습니까?"

공자가 말했다. "지나침은 미치지 못함과 같다."

子貢問: "師與商也孰賢?"
자 공 문   사 여 상 야 숙 현

子曰: "師也過, 商也不及."
자 왈   사 야 과 상 야 불 급

曰: "然則師愈與?"
왈   연 즉 사 유 여

子曰: "過猶不及."
자 왈   과 유 불 급

자장과 자하는 둘 다 공자의 제자였다. 자장은 재주가 뛰어나고 관심 분야가 넓어 어려운 일 하기를 좋아하는 성격의 소유자였고, 자하는 공자의 제자 중 문학에 뛰어난 인물로 꼽힌 사람으로 관심의 규모가 좁았다. 그러한 두 제자에 대해 공자는 한 명은 지나치고 또 다른 한 명은 미치지 못한다고 평가했다. 공자의 평가를 들은 자공은 지나친 것인 더 나은 것이라 생각해 자장이 더 훌륭하냐고 물었지만, 공자의 대답은 그런 자공의 기대와는 다른 것이었다.

흔히 사랑은 아무리 지나쳐도 괜찮다고 생각한다. 하지만 사랑이 지나치면 집착이 되고, 그 집착이 지나치면 결국은 스스로를 해치게 된다. 적절한 간격을 유지할 때 사랑은 사랑이 되고, 우정은 우정이 되고, 아름다움은 아름다움으로 남아 있을 수 있다.

젊으나 늙으나 모든 사람들이 세상을 살아가는 처세에 대해 고민한다. 한 가지 확실한 점은 적절한 때에 만족해 그칠 줄 안다면 적어도 불행하지는 않을 것이다. 재테크도, 사랑도, 자식 교육도 모두 과유불급인 것이다.

서두르지 말고
작은 이익에 연연하지 마라

조급한 리더는 평판이 나빠지고 내부 반발을 일으켜,
오히려 일을 망치고 불명예 퇴진하는 경우가 많다.

자하가 거보 지방의 읍재가 되어 정치를 묻자 공자가 말했다.

"서두르지 말고 작은 이익에 연연하지 말라. 서두르다 보면 정해놓은
목표를 달성하지 못하고 작은 이익에 연연하면 장차 큰일을 이루지
못한다."

子夏爲莒父宰, 問政. 子曰: "無欲速 無見小利. 欲速 則不達,
자 하 위 거 보 재 문 정 자 왈   무 욕 속 무 견 소 리 욕 속 즉 부 달

見小利 則大事不成."
견 소 리 즉 대 사 불 성

거보는 노나라의 작은 읍이다. 공자의 제자인 자하가 거보읍을 다
스리는 읍재가 되자 공자에게 정치에 대해 물었다. 그러자 공자는
"서두르지 말고 작은 이익에 연연하지 말라"고 했다. 작은 일이든,

큰일이든 서두른다고 이루어지는 것은 아니기 때문이다. 리더가 안달복달하면서 직원들을 압박하면, 오히려 직원들은 리더의 재촉 때문에 빨리 일하느라 대충할 것이며 결국 일을 망치게 된다. 그리 되면 처음부터 일을 다시 하게 되어, 애초부터 차근차근 일을 하는 것보다 못한 결과가 될 것이다.

특히 정치인이나, 경영실적에 대한 이사회의 압박을 받는 CEO 는 일이 빨리 이루어지기를 원하고 작은 성과라도 쌓기를 원하는 경우가 많다. 그렇지만 조급한 리더는 결국 내부의 반발을 불러일으키거나 평판이 나빠져 오히려 일을 망치고, 불명예 퇴진하는 경우가 많다. 그러니 지위에 얽매여 작은 이익에 연연하지 않는다면 큰일을 이룰 수 있을 것이다.

공손함, 성실함,
진실함을 가져라

성공은 공손함, 성실함, 진실함을 기반으로 해야
오래갈 수 있으며 행복할 수 있다.

번지가 인仁에 대해 물으니 공자가 말했다.

"일상생활에서는 말과 행동을 공손히 하고, 일을 할 때는 성실히 하며,
대인관계에서는 진실해야 한다. 이는 오랑캐 땅에 가더라도 버려서는
안 된다."

樊遲問仁. 子曰: "居處恭, 執事敬, 與人忠. 雖之夷狄, 不可棄也."
번 지 문 인 자 왈   거 처 공 집 사 경 여 인 충 수 지 이 적 불 가 기 야

『논어』에 가장 많이 나오는 인仁은 일상에서 동떨어져 있는 철학적
개념이 아니다. 그렇지만 실천하기가 쉬운 것도 아니다. 공손과 성
실과 진실은 우리 모두가 어려서부터 자주 들어 모두 알고 있지만
이 세 단어를 실천하는 사람은 극히 드물다.

성공학이나 재테크 등을 잘 알고 있다고 해서 성공한 사람이 될

수는 없다. 로또 당첨으로 수십, 수백억 원을 벌어들인 사람들의 대다수가 몇 년도 채 되지 않아, 그 많은 돈을 모두 탕진하고 빈털터리가 된다. 반면에 스스로의 노력과 힘으로 막대한 재력을 구축한 사람들을 실제로 만나보면 거의 대다수가 공손하고 성실하고 진실한 것을 알 수 있다.

성공은 공손함과 성실함과 진실함을 기반으로 해야 오래갈 수 있으며, 행복할 수 있는 것이다. 그렇지 않은 성공은 그야말로 일장춘몽一場春夢에 불과하며, 결국은 스스로를 파멸과 절망으로 이끌 뿐이다.

지나치게 신중하면
아무 일도 못한다

판단이 섰다면 마음속에 있는 의심을 지워내고
과감하게 실행하는 것이 필요하다.

계문자는 무슨 일이든 세 번 생각한 후에야 실행했다. 공자가 이 말을

듣고 말했다.

"두 번 생각하면 충분하다."

季文子三思而後行 子聞之. 曰: "再, 斯可矣."
계 문 자 삼 사 이 후 행 자 문 지 왈   재 사 가 의

일을 세 범주로 나누자면 마땅히 해야 할 일과 그렇지 않은 일이
있다. 또 해야 할지, 하지 말아야 할지 결정하기 애매한 일도 있다.
마땅히 해야 할 일을 앞에 두고도 결단을 내리지 못하고 계속 생각
만 하다가는 언젠가 반드시 낭패를 볼 것이다. 반면에 마땅히 하지
말아야 할 일을 추호의 망설임도 없이 실행한다면 이는 생각이 충
분치 않은 것으로, 또한 낭패를 볼 것이다. 그러므로 해야만 하는

일과 하지 말아야 할 일을 모두 두 번 정도 생각해 본다면 낭패를 면할 수 있을 것이다.

결정하기 애매한 일도 마찬가지다. 모든 조건과 상황, 그리고 그 일을 함으로써 얻어지는 것들, 그 일을 하지 않음으로써 얻어지는 것들을 모두 펼쳐놓고 두 번씩 생각해본다면 판단이 서게 될 것이다. 판단이 섰다면 마음속에 있는 의심의 그림자를 깨끗이 지워내고 과감하게 실행하는 것이 필요하다. 그럼에도 불구하고 한 번 더, 한 번만 더를 주장하는 것은 결국 자신의 결단력이 없음을 드러내는 것이다.

함부로
남을 평가하지 마라

나는 스스로 갈고닦기에 바빠
남을 평가하고 앉아 있을 겨를이 없다.

자공이 사람들을 비교해 평가하자, 공자가 말했다.

"자공은 현명한가 보다. 나는 그럴 겨를이 없는데!"

子貢方人. 子曰: "賜也, 賢乎哉. 夫我則不暇!"
자 공 방 인 자 왈   사 야 현 호 재 부 아 즉 불 가

어느 날 공자의 제자인 자공이 대청에 앉아 "이 사람은 말은 잘하
는데 실천하지 않고, 저 사람은 똑똑하기는 한데 덕德이 없다"라며
자기 혓바닥 위에 올려놓고 여러 사람들을 뒷담화하기 시작했다.
그 말을 들은 공자가 "넌 참 똑똑한 놈이구나. 나는 스스로 갈고닦
기에 바빠 남을 평가하고 앉아 있을 겨를이 없다"며 자공을 비꼬
았다.

　예나 지금이나, 동양이든 서양이든, 지위가 높건 낮건 간에 사람

들이 모이면 자연스레 뒷담화가 시작되기 마련이다. 나아가 요즈음의 세태는 '적당한 뒷담화는 스트레스를 해소해 건강에 좋다'며 권장하는 분위기다. 물론 뒷담화가 전부 다른 사람 이야기를 하는 것은 아니겠지만, 거의 대부분은 연예인들의 스캔들부터 가까운 사람들을 비난하는 내용이다.

공자처럼 성인이 아닌 다음에야 뒷담화를 하지 않을 수는 없겠지만, 지나치게 뒷담화만 즐기지 말고, 때로는 앞담화를 하는 적극적이고 당당한 태도가 필요하다.

일이 생기면 먼저
해결 방안을 모색하라

자신의 능력을 넘어서는 일이 생겼을 때
그 이후의 대처하는 모습을 보면 그 사람을 알 수 있다.

공자가 말했다.

"'어떻게 하지, 어떻게 하지?'라고 말을 하지 않는 자는 나도 어쩔 수 없다."

子曰: "不曰 '如之何, 如之何' 者, 吾末如之何也已矣."
자 왈   불 왈   여 지 하   여 지 하   자   오 말 여 지 하 야 이 의

사람이 "어떻게 하지"라고 말할 때는 2가지 의미가 있다. 하나는 걱정되고 속상해서 내뱉는 말이고, 또 하나는 어떻게 대처할지 궁리할 때 쓴다. 공자가 말한 의미는 후자다. "어떻게 하지"라고 말은 하면서 해결 방안을 모색하지 않는 사람은 어쩔 수 없다는 것이다. 이후의 행동도 2가지로 나누어진다. 똑같이 "어떻게 하지" 하면서도 대처 방안을 모색하지 않고 포기하는 사람과 대응 방안을 모색

해 해결하는 사람으로 나누어진다.

사람은 누구나 경험하지 못했던 문제가 생기거나 자신의 능력을 넘어서는 일이 생기면 "어떻게 하지"를 자연스럽게 연발하게 된다. 그럴 때 대처하는 모습을 보면 그 사람을 알 수 있다. 도움이 필요할 때 주위의 능력 있는 사람에게 도움을 요청하지 않고 혼자서 끙끙대는 사람들이 있다. 도움을 받는 건 부끄럽거나 나의 무능력을 드러내는 일이 아니다. 세상 모든 일을 혼자서 다 할 수는 없지 않은가? 어려운 일이 생기면 적극적으로 '어떻게 하지'를 외쳐보자.

윗사람에게
아부하지 마라

원칙을 지키고, 사익을 추구하지 않는다면
인재라 할 수 있다.

자유가 무성의 읍재가 되자 공자께서 물었다. "너는 인재를 얻었느냐?"

자유가 대답했다.

"담대멸명이라는 사람이 있습니다. 그는 지름길로 다니는 법이 없고,
공적인 일이 아니면 제 집무실에 온 적이 없습니다."

子游爲武城宰. 子曰: "女得人焉爾乎?"
자 유 위 무 성 재 자 왈   여 득 인 언 이 호

曰: "有澹臺滅明者. 行不由徑, 非公事, 未嘗至於偃之室也."
왈   유 담 대 멸 명 자 행 불 유 경 비 공 사 미 상 지 어 언 지 실 야

공자의 제자 중 한 명인 자유가 무성이라는 지방의 읍재가 되어 그
곳을 다스리고 있었다. 공자가 인재人材를 얻었는지 묻자 자유가 담
대멸명이라는 사람이 있다고 답했다. 그가 왜 인재인지에 대한 자

유의 답변이 참으로 단순하다. 지름길로 다니지 않고 사적인 일로 자기를 찾아온 적도 없으니, 그가 인재라는 것이다. 여기서 지름길 이란 원칙을 벗어난 편법을 뜻한다. 즉 담대멸명은 정치를 하는 데 원칙에서 벗어난 적도 없고, 출세와 아부를 위해 윗사람인 자유를 찾은 적도 없다는 것이다.

공자가 살아 있던 시절에도 출세와 사적인 이익을 위해 윗사람 에게 잘 보이려는 처세가 극심했을 것이다. 1년에도 수백 차례나 전쟁이 끊이지 않을 정도로 혼란한 시대였으니, 자기 한 몸을 위한 처세가 얼마나 심했을지 짐작할 수 있다. 그러한 상황에서 담대멸 명의 처세는 분명 빛나지 않을 수 없었을 것이다.

물론 담대멸명이 원칙적이고 윗사람에게 아부하지 않는 것만으로 인재라고 한 것은 아니다. 『사기열전』에서는 담대멸명의 제자가 300명에 달했다고 하니 그가 얼마나 큰 인물이었는지 짐작할 수 있다. 그 출발점은 바로 원칙을 지키고 나만을 위한 처세를 하지 않는 것에서 비롯되는 것이다.

살아 있을 때
올바른 길을 걸어라

살아서는 명성을 추구하지 말고
죽어서 명성이 휘날리지 않을까 걱정하라.

공자가 말했다.

"군자는 자신이 죽은 이후에 이름이 불리지 않을까 걱정한다."

子曰: "君子疾沒世而名不稱焉."
자 왈　　군 자 질 몰 세 이 명 불 칭 언

『논어』에서 공자는 남이 나를 알아주지 않을까 걱정하지 말라고
여러 번 강조했다. 즉 살아서는 명성을 추구하지 말고 죽어서 명성
이 휘날리지 않을까 걱정하라는 것이다. 죽어서 이름을 남기려면
어떻게 해야 할까?

『논어』「계씨편」에 공자의 답변이 있다. 제나라의 제후였던 경공
은 말을 4천 필이나 소유한 부자였지만 죽었을 때 그의 덕을 칭송
한 백성이 없었다. 반면에 백이와 숙제는 수양산에서 굶어 죽었지

만 죽은 이후에 오히려 사람들이 칭송하고 있다는 예를 들고 있다.

백이와 숙제는 은나라의 제후국이었던 고죽국의 왕자였다. 고죽국의 왕은 죽기 직전 숙제를 후계자로 지명했으나 숙제는 백이에게 왕위를 양보하려고 했다. 이에 백이는 거부하고 나라 밖으로 달아났으며 숙제 또한 왕이 되기를 거부하고 역시 나라 밖으로 도망쳤다. 그 후 이 두 형제는 폭정을 자행하는 은나라 주왕을 정벌하기 위해 주나라 무왕이 군대를 일으키자 무왕을 찾아가 "아버지가 돌아가신 후 아직 장례도 지내지 않았는데 전쟁을 일으키는 건 효가 아니며 신하가 임금을 주살하려는 것은 인이 아니다"라며 전쟁을 반대했다.

그럼에도 끝내 주나라 무왕이 은나라를 정복하고 주왕을 죽이자 두 형제는 은나라에 대한 충을 지키기 위해 수양산에 들어가 고사리를 캐먹고 살다가 그마저도 거부하고 끝내 굶어 죽었다. 『논어』에서 공자가 그 이름을 칭송하면서부터 백이와 숙제가 이름을 남기게 되어 지금은 지조와 절개의 대명사로 불리고 있다.

사람들이 칭송하는 것은 부귀가 아니고 의로움과 같은 올바른 행실이므로 공자는 죽어서 이름을 남기려면 살아 있을 때 올바른 길을 걸으라는 조언을 한 것이다.

작은 것을 참지 못하면
큰일을 그르친다

천하는 무예에 능하지는 않았지만 잘 참고
유능한 인재를 부릴 줄 알았던 유방의 품에 들어갔다.

공자가 말했다.

"교묘한 말은 덕을 어지럽힌다. 작은 것을 참지 못하면 큰일을 그르
친다."

子曰: "巧言亂德, 小不忍, 則亂大謀."
자왈   교언난덕   소불인   즉란대모

진나라가 멸망한 이후 천하를 두고 항우와 대적했던 유방에게 한
신이라는 대장군이 있었다. 한신은 원래 항우의 부하였는데 항우
밑에서 중용되지 못하자, 유방에게 그의 밑에서 일하기를 청하면
서 그 이유를 다음과 같이 말했다. "항우는 사람을 만날 때 공경하
고 자애로우며 말이 매우 자상합니다. 그런데 공로가 있는 자에게
봉작封爵, 제후로 봉하고 관작을 줌을 줄 때는 그 인수印綬, 중국에서 쓰이던 관인의 끈

가 다 닳도록 만지작거리면서 아까워 선뜻 내주지 못했습니다. 게다가 항우가 고함을 한 번 지르면 모든 사람이 몸을 움츠립니다. 현명하고 유능한 장수에게 임무를 맡길 줄을 모르니 필부의 용맹일 뿐입니다." 즉 항우는 작은 것을 아까워해 큰일을 이루지 못한다는 것이다.

유방은 항우와 달랐다. 유방 휘하에서 대장군이 되어 큰 공을 세운 한신이 어느 날 제나라의 가짜 왕으로 봉해달라는 편지를 보내왔다. 그 편지를 읽은 유방은 화를 참지 못하고 외쳤다. "에이, 빌어먹을 놈." 그때 곁에 있던 장량이 다리를 툭툭 치자 그 뜻을 알아채고는 말을 바꾸었다. "에이, 빌어먹을 놈. 대장부가 제나라를 평정했으면 진짜 왕이 되어야지, 가짜 왕으로 봉해달라냐" 하면서 한신을 진짜 왕에 봉했다.

결국 천하는 무예에 능하지는 않지만 작은 것을 잘 참고 유능한 인재들을 부릴 줄 알았던 유방의 품에 들어갔다.

말을 해야 할
타이밍과 자세

말을 해야 할 타이밍과 자세를 생각해보면
우리가 저지르는 잘못의 대부분은 말에서 비롯된다.

공자가 말했다.

"군자를 모실 때 저지르기 쉬운 3가지 잘못이 있다. 아직 말할 때가 아
닌데도 말하고자 조급해하고, 말할 때가 되었는데도 말하지 않고 숨기
려 하고, 안색을 살피지도 않고 아무 말이나 하는 것을 장님이라 한다."

孔子曰: "侍於君子有三愆. 言未及之而言 謂之躁, 言及之而不言
공자왈   시어군자유삼건   언미급지이언 위지조 언급지이불언

謂之隱, 未見顏色而言 謂之瞽."
위지은 미견안색이언 위지고

이 글은 군이 군자를 모실 때의 잘못으로 이해하기보다는 타인과
대화할 때 저지르기 쉬운 3가지 잘못으로 이해하면 된다. 법가 사
상을 집대성한 책 『한비자』는 다음과 같은 문장으로 시작한다.

"저는 알지 못하면서 말하는 것은 무지無知이며, 알고 있으면서도 말하지 않는 것은 불충不忠이라 들었습니다. 남의 신하가 되어 불충함은 죽어도 마땅하며, 말이 도리에 맞지 않거나 실제와 맞지 않다면 이 또한 죽어야 마땅합니다."

법가답게 무시무시하다. 이 말은 한비자가 진시황을 처음 만나 올린 글의 서두로 말을 조심스레 꺼내면서도 자신이 하고 싶은 말은 하겠다는 결기가 느껴진다. 한비자의 이 말도 공자의 말처럼 사람이 말을 해야 할 타이밍과 그때의 자세는 어떠해야 하는지를 알려준다. 이것을 마음속에 새긴다면 살면서 저지를 잘못이 크게 줄어들 것이다. 우리가 저지르는 잘못의 대부분은 말에서 비롯된 것이기 때문이다.

눈치란 '남의 마음을 그때그때 상황을 미루어 알아내는 것'이다. 그러니 남의 안색을 살피지 않으며 눈치 없이 분위기 못 맞추고 아무 말이나 내뱉는 사람은 장님과 다름없다.

환득환실하지 마라

군자는 자리를 얻기 전에는 펼치고자 하는
뜻을 즐기고, 얻고 나서는 그 정치를 즐긴다.

공자가 말했다.

"비루한 사람과 함께 정치를 할 수 있겠는가? 얻지 못했을 때는 어떻
게 얻을 수 있을까 걱정하고, 얻고 나서는 잃는 것을 걱정한다. 진실로
잃을까봐 걱정하면 못하는 짓이 없게 된다."

子曰: "鄙夫, 可與事君也與哉? 其未得之也 患得之, 旣得之 患失之.
자왈   비부 가여사군야여재   기미득지야 환득지   기득지 환실지

苟患失之 無所不至矣."
구환실지 무소부지 의

'자기 이익만을 따진다'는 뜻의 환득환실患得患失이라는 성어의 출처
가 된 문장이다. 정치꾼들이 얻지 못할까 걱정하는 것은 자리와 그
자리가 주는 권력이 첫째이고, 그다음이 부귀와 명예일 것이다. 정

치꾼들만 그러한가? 권력과 부귀와 명예를 얻지 못하는 사람은 바보 취급받는 세상이다. 조그마한 회사에서도 장長 자리를 서로 맡지 못해 이전투구를 벌이는 것이 오늘날의 세태다.

공자에 따르면, 군자는 자리를 얻기 전에는 자신이 펼치고자 하는 뜻을 즐기고, 얻고 나서는 정치를 즐긴다. 그러므로 평생의 즐거움은 있지만 하루의 근심은 없다.

반면에 소인은 얻기 전에는 얻지 못할까봐 걱정하고, 얻은 후에는 잃을까봐 걱정한다. 그러므로 평생의 근심은 있지만 하루의 즐거움은 없다.

평생 즐겁게 살 것인지, 걱정만 하고 살 것인지는 스스로의 선택에 달렸다. 나의 뜻을 확실하게 세우고 즐겁게 능력을 펼친다면, 걱정하지 않아도 자리와 권력이 언젠가는 나에게 다가오지 않겠는가.

군자가
미워하는 것들

남의 단점을 들추지 말고, 헐뜯지 말고,
용기와 예의를 갖추며, 과감성과 융통성을 길러라.

자공이 물었다.

"군자도 미워하는 것이 있습니까?"

공자가 말했다.

"미워하는 것이 있다. 남의 단점을 들추는 자를 미워하며, 아랫자리에
있으면서 윗사람을 헐뜯는 자를 미워하며, 용기만 있고 예의가 없는
자를 미워하며, 과감하기만 하고 융통성이 없는 자를 미워한다."

子貢曰: "君子亦有惡乎"
자 공 왈   군 자 역 유 오 호

子曰: "有惡. 惡稱人之惡者, 惡居下流而訕上者, 惡勇而無禮者,
자 왈   유 오 오 칭 인 지 악 자 오 거 하 류 이 산 상 자 오 용 이 무 례 자

惡果敢而窒者."
오 과 감 이 질 자

군자는 성인이 아니고 누구나 수양을 하면 도달할 수 있는 이상적 인간형일 뿐이다. 인간이므로 당연히 미움과 증오를 가지고 있다. 그 대상이 소인배들과 다를 뿐이다.

남의 단점을 들추는 자는 인덕이 없는 사람이고, 윗사람 헐뜯기를 좋아하는 자는 공경하고 충성스런 마음이 없는 사람이다. 또 용기만 있고 예의가 없는 자는 스스로를 단속하지 않음으로써 난리를 일으킬 사람이고, 과감하기만 하고 융통성이 없는 사람은 함부로 행동하는 사람이다. 주위에 이런 사람이 있다면 언젠가는 그 사람으로 인해 피해를 입을 것이므로 멀리 하는 것이 좋다.

이 문장은 공자가 알려주는 인간으로서 갖추어야 할 자질과 삶의 지침이다. 즉 남의 단점을 들추지 말고 헐뜯지 말고 용기와 예의를 동시에 갖추며 과감성과 융통성을 기르라는 것이다.

잘못을 감추려고
하지 마라

잘못이나 실수가 없는 완벽한 인간이란 없다.
누구나 실수를 하게 마련이고, 또 실수를 해야만 발전이 있다.

자하가 말했다.

"소인은 잘못을 저지르면 반드시 그 잘못을 그럴듯하게 꾸며대며 감
춘다."

子夏日: "小人之過也必文."
자 하 왈   소 인 지 과 야 필 문

누구나 잘못이나 실수를 저지르면 부끄러워하고 잘못을 비난받기
싫어 감추고 싶은 마음이 들게 마련이다. 자신의 능력을 인정받고
싶지 비난받고 싶지 않은 것은 인지상정이다. 그렇다고 해도 저질
러진 잘못을 감출 필요는 없다. 괜스레 감추었다가 들통이 나면 더
욱 가혹한 비난을 받을 뿐이다.

　잘못이나 실수가 없는 완벽한 인간이란 없다. 누구나 실수를 하

게 마련이고, 또 실수를 해야만 발전이 있다. 과학기술 분야에서는 실수가 새로운 발견으로 이어지기도 한다. 잘못을 솔직하게 공개하는 것은 나에게 발전을 가져온다. 또한 잘못을 솔직히 털어놓은 사람을 탓하고 벌주기보다는 그 솔직함을 칭찬하고 포용해주는 자세가 우리 모두에게 필요하다.

잘못을 저지르면 그럴듯한 말과 글로 잘못을 포장하는 것은 특히 많이 배웠다는 사람들에게 나타나는 전형적인 행태다. 학식이 높을수록 더욱 자신의 잘못을 인정하지 않으려는 것이 우리 사회의 가장 큰 병폐다. 많이 배울수록 소인배가 되는 사회가 우리 사회인 것이다. 공자가 "곧게 태어났으니 곧게 살라"고 말하지 않았던가? 이것은 지식인들이 특히 새겨야 할 금언이다.

꿋꿋이 자신의
길을 가라

세상살이는 온갖 역경과 고난으로 가득 차 있다.
그 속에서 굽히지 않는 소나무 같은 삶을 살아야 한다.

공자가 말했다.

"날이 추워진 뒤에야 비로소 소나무와 잣나무가 늦게 시들고 있음을
알게 된다."

子曰: "歲寒, 然後知松柏之後彫也."
자 왈　세 한　연 후 지 송 백 지 후 조 야

이 문장은 추사 김정희가 그린 세한도로 인해 더욱 널리 알려졌다.
세한도를 그릴 당시 추사는 제주도에 유배 중이었는데, 그의 심경
과 처지는 곤궁함과 외로움으로 가득 차 있었을 것이다. 그런 추사
에게 제자인 이상적은 청나라에 다녀오면서 구해온 서적을 두 차
례에 걸쳐 보내주었다. 세한도는 추사가 스승인 자신을 잊지 않고
책을 보내준 이상적에게 답례하기 위해 그린 그림이다.

126

세한도에서 추사는 이상적을 소나무와 잣나무에 빗대어 묘사했다. 그러면서 권세와 이익으로 뭉친 자들은 권세와 이익이 다하면 그 사귐이 시들해지지만 이상적은 그렇지 않았음을 칭송했다. 그와 동시에 점점 추워지는 날씨처럼 유배 중인 자신을 둘러싼 싸늘한 인심을 한탄했다.

사람의 세상살이는 온갖 역경과 고난으로 가득 차 있다. 그 속에서 자신의 뜻을 굽히지 않는 삶이야말로 늘 푸른 소나무 같은 삶일 것이다. 단테의『신곡』에 다음과 같은 말이 있다.

"너의 갈 길을 가라. 남들이 뭐라 하든지 간에Follow your own path, let the others talk."

공자의
마지막 가르침

명을 깨닫지 못하면 생이 허무하다고 생각하게 되고,
명을 깨달으면 꿈과 목표를 명확히 설정하게 된다.

공자가 말했다.

"명을 알지 못하면 군자가 될 수 없으며, 예를 알지 못하면 설 수 없으
며, 말을 알지 못하면 사람을 알 수 없다."

子曰: "不知命 無以爲君子也, 不知禮 無以立也,
자 왈   부 지 명 무 이 위 군 자 야   부 지 례 무 이 립 야

不知言 無以知人也."
부 지 언 무 이 지 인 야

이는 『논어』의 마지막 문장으로 공자의 가르침을 세 글자로 압축
해 제시하고 있다. 명命은 내가 나아가야 할 길로 사람이 태어남과
삶은 아무 목적이 없는 것이 아니라 하늘에게 부여받은 명을 실천
하기 위해서 살아야 하는 것이다. 명을 깨닫는 것, 그것은 나의 꿈

과 목표를 명확히 설정하는 것이다. 명을 깨닫지 못하는 사람들은 인생이 허무하다고 생각하고, 더 나아가서는 아무렇게나 살아가고, 인간사회에 해악을 끼치는 삶을 살기도 한다. 그러므로 명을 알지 못하면 인간이 될 수 없다.

　예禮는 내가 인간답게 살 수 있도록 해주는 규범으로, 예가 있어야 사회 속에서 타인과 화합하며 조화롭게 살 수 있다. 공자는 예가 아니면 보지도, 듣지도, 말하지도, 움직이지도 말라고 했다. 보고, 듣고, 말하고, 움직이는 것은 인간이면 누구나 하는 것인데, 그것이 예의 범위를 넘지 말아야 한다는 뜻이다.

　마지막 문장은 타인의 말(言)을 듣고 그 말의 옳고 그름을 분별할 수 있어야 그 사람을 알 수 있다는 뜻이다. 나의 명을 알고 나를 세우고 나면 삶 속에서 타인과 부대끼며 살아가야 하는데, 타인은 전부 나와 같지 않으니 그 사람됨을 판단해야 하지 않겠는가? 그 사람됨의 일차적 판단 기준을 말에 둔 것이다.

실력이 먼저다

실력도 없이 정치에 뛰어들어서 고민하지 말고
실력을 키워 기다리다 보면 출세할 날이 오지 않겠는가?

공자가 말했다.

"지위가 없음을 걱정하지 말고, 어떻게 똑바로 설 것인가를 걱정하라.
아무도 나를 알아주지 않음을 걱정하지 말고, 알아줄 만한 실력을 갖
춰라."

子曰: "不患無位, 患所以立. 不患莫己知, 求爲可知也."
자 왈   불 환 무 위 환 소 이 립 불 환 막 기 지 구 위 가 지 야

위位는 벼슬자리다. 사람(人)이 똑바로 선(立) 모양이 벼슬(位)이니
벼슬이 없으면 사람 취급도 못 받아서 지금도 공무원을 최고의 직
업으로 여긴다. 하지만 요즘은 봉건시대가 아니므로 '위'는 다양하
게 해석될 수 있다. 조그만 동호회에서도 꼭 대표나 총무부장 같은
직책을 맡고 싶어 안달하는 사람들이 있다. 물론 그 사람이 능력과

자질을 가지고 있다면 대표를 하고 싶다고 해서 탓할 일은 아닐 것이다. 문제는 그런 사람들 대부분이 능력과 자질이 부족하다는 점이다.

조그마한 동호회를 넘어서 일정 규모의 조직으로 가면 자리싸움은 점점 더 치열해지고 복잡해진다. 동호회에서처럼 명예직이 아니라 이제는 돈과 권력까지 같이 걸려 있다. 사내 정치는 그러한 싸움을 더 고급스럽게 포장하기 위한 용어일 뿐이다. 공자의 말을 약간 비틀어 본다면 실력도 없이 사내 정치에 뛰어들어 어느 라인에 줄을 설까 고민하지 말고 실력을 키우다 보면 언젠가는 그 실력을 바탕으로 출세할 날이 오지 않겠는가?

스스로를 단속하라

나의 몸과 마음을 단속하면 방자해지지 않고
방자하지 않으니 잘못을 할 기회도 적어진다.

공자가 말했다.

"스스로를 단속해 잘못되는 사람은 드물다."

子曰 : "以約失之者, 鮮矣."
자 왈　　이 약 실 지 자　선 의

'맺을 약約'은 '끈으로 감아 단단히 묶다', '다발 짓다'의 뜻이 있다.
스스로를 단속한다는 것은 나의 몸과 마음을 단속해 방자하게 행
동하지 않는 것이다. 방자하게 굴지 않으니 잘못을 할 기회도 적어
지고, 설령 잃는 것이 있다 해도 적게 잃는다.

　우리 주위에서 흔히 볼 수 있는 사람 중에 말을 하면서 과다한
몸짓을 하는 사람들이 있다. 손이 얌전히 있지 못하고 말과 함께
손짓으로 말의 표현을 뒷받침하려고 하는 것이다. 그런 사람들은

물 잔을 엎지르는 등의 실수를 자주 저지른다. 스스로의 몸짓을 단속하지 못해 잘못되는 경우다. 손짓 때문에 실수를 자주 저지른다는 것을 안다면 손짓을 단속하면 될 텐데, 이미 습관화된 손짓은 가만히 있어주질 않는다.

목소리가 크거나 행동이 큰 사람도 그렇다. 시도 때도 없이 목소리를 크게 하면 싸움이 일어나기 쉽고, 행동이 커서 옆 사람에게 불편을 주는 사람은 민폐를 끼친다. 모두 스스로 무엇을 단속해야 하는지 모르는 사람들이다. 지금 한번 돌아보라. 나는 스스로 단속해야 할 것이 없는지 말이다.

스스로 좋아하는 일을 하라

부자 되기를 추구하지 말고 각자가 좋아하는 일을 하면
역설적으로 모두가 부자이지 않겠는가?

공자가 말했다.

"노력해서 언젠가 부자가 될 수 있다면 비록 채찍 잡는 마부라도 내가

하겠지만, 노력해서 될 것이 아니라면 내가 좋아하는 일을 하겠다."

子曰: "富而可求也, 雖執鞭之士, 吾亦爲之. 如不可求, 從吾所好."
자왈   부이가구야 수집편지사 오역위지 여불가구 종오소호

부모에게 재산을 물려받지도 않고 정당한 방법만으로 부자가 될
가능성은 얼마나 있을까? 주식이나 부동산 투자 등 재테크가 유
행한 지 20여 년이 넘었지만 그런 방식으로 모두 부자가 된 것은
아니다.

『논어』 전체를 통틀어 볼 때 공자는 부자가 되는 것을 비난하지
않았다. 물론 그렇다고 예찬하지도 않았다. 다만 정당한 방법을 사

용하라고 했을 뿐이다. 하지만 이러한 재테크에 의존하지 않고 자신의 노동과 노력만으로 부자가 되기는 어렵다. 물론 사업을 하는 길이 있지만 모두가 사업을 할 수는 없는 것이다.

이처럼 열심히 노력한다고 해서 부자가 되는 것이 아니라면 내가 좋아하는 일을 하는 것이 진정한 행복이 아니겠는가? 모두가 지금처럼 부자 되기를 추구하지 않고 각자가 좋아하는 일을 한다면 역설적으로 모두가 부자이지 않겠는가?

3장

자기계발

삶의
기쁨과 즐거움

인생의 즐거움은 내가 배우고 깨우친 것들을
뜻을 같이하는 벗들과 나눔에 있다.

공자가 말했다.

"배우고 때맞춰 실천하니 또한 기쁘지 아니한가? 뜻을 같이하는 벗이
먼 곳에서 찾아오니 또한 즐겁지 아니한가? 사람들이 알아주지 않아
도 서운해하지 않으니 또한 군자답지 아니한가?"

子曰: "學而時習之, 不亦說乎? 有朋自遠方來 不亦樂乎?
자 왈 　 학 이 시 습 지　불 역 열 호　유 붕 자 원 방 래　불 역 락 호

人不知而不慍, 不亦君子乎?"
인 부 지 이 불 온　불 역 군 자 호

공부를 하다가 기쁜 적은 언제인가? 내가 궁금해하던 새로운 것을
알게 되었을 때, 또 배우기만 하고 외우기만 했던 것들의 의미를
마음으로 깨달았을 때일 것이다. 새로운 것을 알게 되었을 때 공부

의 희열을 느끼게 되고, 미처 몰랐던 뜻을 깨달았을 때 새로운 경지에 다다르는 기쁨을 느끼게 된다.

또한 인생의 즐거움은 내가 배우고 깨우친 것들을 뜻을 같이하는 벗들과 나누는 데 있다. 각자의 길을 걷다가 오랜만에 만나 그동안 얻은 깨달음을 서로 나누고, 그 만남과 대화를 통해 더욱 새로운 것들을 배우고 깨닫는다면 즐거운 것이다.

공자가 공부를 했던 이유는 뜻을 세워 그 뜻을 세상에 펼치기 위한 것이었다. 하지만 나를 알아주는 이를 만나지 못해 세상에 내 뜻을 펼칠 기회를 얻지 못해도, 서운해하거나 노여워하지 않는 초월의 자세를 가지라는 것이다.

화를 남에게 옮기지 말고,
잘못을 되풀이하지 마라

남을 상처 입히는 화를 내지 말고,
같은 잘못을 두 번 다시 반복하지 말아야 한다.

애공이 물었다.

"제자 중에 누가 배우기를 좋아합니까?"

공자가 말했다.

"안회라는 제자가 배우기를 좋아했습니다. 화를 남에게 옮기지 않으며, 같은 잘못을 되풀이해 저지르지 않았습니다. 하지만 불행히도 명이 짧아 일찍 죽었습니다. 그리하여 지금은 안회와 같은 제자가 없으니, 아직 배우기를 좋아한다 할 만한 사람을 알지 못합니다."

哀公問: "弟子孰爲好學?"
애 공 문   제 자 숙 위 호 학

孔子對曰: "有顏回者好學. 不遷怒, 不貳過. 不幸短命死矣.
공 자 대 왈   유 안 회 자 호 학 불 천 노 불 이 과 불 행 단 명 사 의

今也則亡, 未聞好學者也."
금 야 즉 무 미 문 호 학 자 야

공자가 말한 배움의 실체는 지식이나 지혜가 아니라 '불천노不遷怒 불이과不貳過'다. 배움이란 궁극적으로 자기 내면의 수양을 통해 쌓는 그 무엇을 가리키는 것이다. '불천노不遷怒'는 화를 내지 말라는 것이 아니라 화를 남에게 옮기지 말라는 것이다. 물론 사람은 희로애락의 감정을 가진 존재다. 희로애락이 없다면 사람은 사람다움이 없는 존재일 것이다. 화를 낸다는 것은 그가 감정이 살아 있는 사람이라는 증거다. 화를 내야 할 상황에서는 화를 내야 한다.

하지만 화를 내는 것과 화를 남에게 옮기는 것은 다르다. 거의 모든 사람들이 화를 남에게 옮길 줄만 알지 제대로 화를 내는 방법은 모른다. 그 차이점은 내가 화냄으로써 남에게 상처를 입히느냐 아니냐다. 따라서 진정으로 화를 낸다는 것의 의미는 인仁의 자세로 남의 잘못을 지적하고, 올바르지 않은 것들에 대해 올바르게 돌아갈 수 있도록 행동하는 것이다.

'불이과不貳過'는 잘못을 저지르지 말라는 것이 아니라 한 번 저지른 잘못은 두 번 다시 반복하지 말라는 것이다. 사람이라면 누구나 허물이 있다. 문제는 무엇이 허물이고, 잘못한 것인지 그 기준이 서 있어야 하는 것이다. 그 기준을 세우기 위해 공부하고 스스로 성찰해야 하는 것이다. 잘못이라고 생각하지 않았던 나의 잘못을 남들이 가르쳐준다면 왜 그것이 잘못인지 스스로 성찰해봐야 한다. 무엇 때문에 그런 잘못이 생겼는지 전후사정을 파악한다면 다시는 같은 잘못을 저지르지 않을 것이다.

반드시 잠들기 전에
하루를 성찰하자

잘하고 잘못한 것과 편하고 그렇지 못한 것을
매일의 반성으로 깨달아야 한다.

증자가 말했다.

"나는 날마다 3가지로 자신을 성찰한다. 남을 위해 일할 때 진실된 마음으로 최선을 다했는가? 벗을 사귀면서 믿음이 없지 않았는가? 가르침 받은 것을 실천하지 않고 있는가?"

曾子曰: "吾日三省吾身. 爲人謀而不忠乎? 與朋友交而不信乎?
증 자 왈   오 일 삼 성 오 신   위 인 모 이 불 충 호   여 붕 우 교 이 불 신 호

傳不習乎?"
전 불 습 호

『일성록日省錄』이라는 조선왕조 시대에 편찬된 역사서가 있다. 이 책은 정조 시대부터 조선의 마지막 왕인 순종 대까지 151년간 매일 일어난 국정의 주요 사항들을 기록한 책이다. 일종의 국정일기

인데, 이 역사서의 시작은 정조가 세자로 있을 때부터 쓴 일기였다.

정조대왕이 일기를 쓰기 시작한 것은 증자의 오일삼성오신^{吾日三}^{省吾身}이란 구절을 읽고 크게 감명을 받으면서부터였다. 정조대왕은 일기를 쓰기 시작한 것에 대해 "바쁘고 번거로운 중에도 반드시 잠자기 전에 일기를 써 일삼성^{日三省}의 뜻을 따르고자 했으니 이는 반성하는 것에 그치는 것이 아니라 심력^{心力}을 기르고자 한 것이다"라고 했다.

일기에 『일성록』이라는 제목을 붙인 이유에 대해 "밤에는 하루에 한 일을 점검했고, 월말에는 한 달에 한 일을 점검했고, 연말에는 한 해에 한 일을 점검했다. 이와 같이 여러 해를 하니 정령^{政令}과 일 처리하는 과정에서 잘하고 잘못한 것과 편리하고 그렇지 못한 것을 마음속에 묵묵히 깨달은 것이 많다. 이 역시 일성^{日省}의 한 방도다"라고 밝혔다.

정조대왕의 치세가 후대에까지도 칭송의 대상으로 남을 수 있었던 것은 바로 매일의 성찰에서부터 시작된 것임을 알 수 있다.

당신의 삶은
어떠한가?

인간으로서 우뚝 서려면 인생의 뜻을 세우고
어떻게 살 것인지에 대한 고민을 해야 한다.

공자가 말했다.

"나는 열다섯 살에 학문에 뜻을 두었고, 서른 살에 확고하게 섰으며, 마흔 살에는 미혹됨이 없었고, 쉰 살에는 천명을 알았으며, 예순 살에는 귀가 순해졌고, 일흔 살에는 마음이 욕망하는 대로 해도 법도에 어긋남이 없었다."

子曰: "吾十有五而志于學, 三十而立, 四十而不惑, 五十而知天命,
자왈   오십유오이지우학 삼십이립 사십이불혹 오십이지천명

六十而耳順, 七十而從心所欲 不踰矩."
육십이이순 칠십이종심소욕 불유구

공자는 열다섯 살에 배움에 뜻을 둔 후 스스로 지향하는 바를 확고히 해 한 인간으로서 완벽히 서기까지 15년의 세월이 걸렸다. 반면

에 요즘의 청년들을 보자. 여덟 살에 학교에 입학해 길게는 대학원이나 유학으로 서른 살이 될 때까지 공부를 하는 사람들이 늘고 있지만, 20여 년간 공부를 해도 스스로의 힘으로 세상을 살아나갈 수 있는 사람은 드물다. 혹자는 일자리가 적어 취업이 어렵기 때문이라고 반박할지도 모른다. 하지만 인간으로서 우뚝 선다는 것은 취업과 돈의 문제만은 아니다. 인생의 뜻을 세우지 못했기 때문이며, 어떻게 살 것인지에 대한 고민이 부재했기 때문이다.

서른 살에 우뚝 선 공자는 뜻을 펼치기 위해 10여 년간 이리저리 좌충우돌하며 다양한 세상사를 경험하고 나서야 옳고 그름을 가릴 수 있게 되었고, 인간과 세상을 보는 안목이 생겨 마흔 살이 되니 미혹됨이 없어지게 되었다. 즉 내가 배운 것을 경험을 통해 실천하고 보충하는 것을 10년이나 한 후에야, 비로소 이론과 경험을 바탕으로 자신을 더욱 확고히 할 수 있다는 것이다.

그 후 또 10년이 지나서야 천명을 알게 되었고, 또 10년이 지나서야 예순 살에는 귀가 순해져 어떤 말이라도 마음에 거슬리는 법이 없었다. 누가 내 욕을 하거나, 예전 같으면 화를 냈을 일도 이제는 감정의 흔들림 없이 대처할 수 있다는 것이다. 마침내 일흔 살에는 스스로 원하는 대로 해도 법도를 거슬리지 않는 경지에 다다르게 된 것이다.

공자의 나이에 따른 변화 단계를 꼭 그 나이에 그래야 한다는 것으로 여길 필요는 없다. 서른이라도 '종심소욕 불유구從心所欲 不踰矩'의 최고 경지에 다다를 수 있다면 훌륭한 사람일 것이다.

창의적인
인간이 되라

미래가 새롭기 위해서는 과거를 고찰하고
새로운 것을 창조하기 위해 노력해야 한다.

공자가 말했다.

"옛것을 익혀서 새로운 것을 알게 되면 스승이 될 수 있다."

子曰: "溫故而知新, 可以爲師矣."
자 왈　　온 고 이 지 신　가 이 위 사 의

현재 우리가 누리고 있는 삶의 모든 것은 모두 과거의 것들을 바
탕으로 하고 있다. 이는 부모가 없었으면 내가 세상에 태어나지 못
하는 것과 같은 이치다. 또한 내가 태어남은 과거의 것을 바탕으로
한 새로운 것의 탄생이다. 즉 현재 속에 과거와 미래가 모두 담겨
져 있는 것이다.

　미래未來는 글자 그대로 아직 오지 않은 것이지, 새로운 것이 아
닐 수도 있다. 즉 과거의 재현이 미래일 수도 있다. 미래가 정말로

새로운 것이 되기 위해서는 과거의 것들을 고찰하면서 의식적으로 새로운 것을 창조하기 위해 노력해야 가능하다. 그러므로 온고지신溫故知新이 우리에게 주는 메시지는 창의적, 창조적 인간이 되라는 것이다.

스승이란 남을 가르치는 사람이다. 남을 가르치기 위해서는 옛것을 많이 안다고 해서 되는 것이 아니라 스스로 새로운 것을 창조하는 능력이 있어야 한다. 20~30년 동안 교사나 교수로 있으면서도 몇십 년 전에 배운 것만을 계속 가르치는 사람은 스승의 자격이 없는 것이다.

두루 통달하라

인간은 그 쓰임새가 정해져서 태어나지 않으므로,
다양한 기능과 사상을 습득해 갈고닦아야 한다.

공자가 말했다.

"군자는 한 가지 용도로만 쓰이는 그릇이 아니다."

子曰: "君子不器."
자 왈   군 자 불 기

그릇은 애초에 만들 때 그 쓰임새가 정해져 있다. 국그릇, 밥그릇,
찻잔, 술잔처럼 그 쓰임새를 생각해 모양과 재질을 결정해서 만든
다. 하지만 인간은 그릇처럼 쓰임새가 정해져 태어나지 않는다. 커
가면서 개개인의 자질과 정신, 주위의 환경과 교육 등에 따라 어떤
사람이 되는지 결정된다. 또 한 번 결정되었다고 해서 그것으로 고
착되지 않고, 죽을 때까지 스스로의 노력과 의지에 따라 다양하게
변화할 수 있는 것이 바로 인간이다.

공자가 말하는 것은 인간이 그릇처럼 쓰임새가 정해져서 태어나지 않으므로 다양한 기능과 사상을 습득하고 갈고닦아야 한다는 뜻이다. 이는 당시의 교육과목이 육예六藝였던 것을 생각하면 쉽게 수긍이 간다. 육예는 예(禮), 음악(樂), 활쏘기(射), 수레 몰기(御), 글쓰기(書), 셈하기(數)다. 인간이 문무文武를 두루 갖추는 것을 목표로 한 교육과정이었다.

요즘은 한 분야만 파는 전문가가 되어야 성공할 수 있다고 한다. 하지만 전문도 보편을 기반으로 해야 확고히 할 수 있는 것이며, 보편도 전문으로 나가야만 깊이를 갖출 수 있다.

내용과 형식을
조화시켜라

본바탕이 겉꾸밈을 압도하면 거칠어지고
겉꾸밈이 본바탕을 압도하면 사치스러워진다.

공자가 말했다.

"질質이 문文을 압도하면 거칠어지고, 문이 질을 압도하면 사치스러
워진다. 그러므로 문과 질이 조화롭게 어우러진 뒤에야 군자라 할 수
있다."

子曰: "質勝文則野, 文勝質則史. 文質彬彬然後君子."
자 왈   질 승 문 즉 야   문 승 질 즉 사   문 질 빈 빈 연 후 군 자

질質은 인간 내면의 질박함이요, 본성이요, 본질이요, 내용이다. 문文
은 외면의 겉꾸밈이요, 표현이요, 형식이다. 본바탕이 겉꾸밈을 압
도하면 거칠어지고, 겉꾸밈이 본바탕을 압도하면 사치스러워진다.
또한 형식 없는 내용은 알맹이만 있는 격이고, 내용 없는 형식은 껍
데기만 있는 격이다.

사람은 진국인데 그에 걸맞은 표현 양식을 찾지 못해 행동이 거칠어 누구나 회피하는 사람은 질이 문을 압도한 사람이고, 누구나 재수 없어 하는 교양미만 철철 넘치는 사람은 문이 질을 압도한 사람이다. 따라서 문과 질은 어느 한쪽이 더 압도적이어서는 안 되고, 2가지가 조화롭게 어울려야 한다.

　그렇지만 질이 문을 압도하는 사람은 배움이나 깨달음을 통해 조화로움으로 나아갈 수 있지만, 거꾸로 문이 질을 파멸시킨 사람은 인간다움을 찾아볼 수 없으니 근본이 없는 것과 마찬가지다. 비록 문이 있다한들 소용이 없게 된 것이다. 그러니 사치스럽기보다는 차라리 거친 것이 더 낫다.

앎이란 무지를
깨닫는 데서 출발한다

아는 것을 안다고 하는 것은 쉽지만
모르는 것을 모른다고 하는 것은 어렵다.

공자가 말했다.

"유야, 앎에 대해 가르쳐주겠다. 아는 것을 안다고 하고 모르는 것을 모
른다고 하는 것, 이것이 아는 것이다."

子曰: "由, 誨女知之乎. 知之爲知之, 不知爲不知, 是知也."
자왈   유 회여지지호 지지위지지 부지위부지 시지야.

유由는 『논어』에서 자로라는 이름으로 자주 등장하는, 공자의 제자
다. 자로에 대해 공자는 용맹스럽기는 자신보다 낫다고 평가했던
제자였다. 용맹한 사람은 대체로 모르는 것을 안다고 우기는 경우
가 많기 때문에, 자로의 이런 품성을 감안해 공자가 앎에 대해 가
르침을 준 것이다. 그런데 꼭 용맹한 사람만이 모르는 것을 안다고
우기는 것은 아니다.

아는 것을 안다고 하는 것은 쉽다. 반면에 모르는 것을 모른다고 하는 것은 어렵다. 왜냐하면 무엇을 모르는지 알지 못하기 때문이다. 설령 무엇을 모르는지 안다고 해도 모른다고 솔직하게 이야기하지 않는 게 우리들의 병폐다. 이 병폐는 고등교육을 받은 사람일수록 더하다. 하지만 한 개인이 완벽하게 알기란 애초에 불가능하므로 사람은 평생 지知와 무지無知 사이에 있는 것이다. 또한 앎은 무엇을 모르는지 깨닫는 것에서부터 시작된다.

소크라테스도 비슷한 말을 했다. "너 자신을 알라!" 이 금언을 흔히 '네 주제를 알아라'라는 의미로 사용하는데 그것은 틀린 해석이다. 소크라테스는 무지의 자각을 강조한 것이며, 그것을 위해 먼저 자기 인식을 분명히 하라는 것이다.

사물의 양면을
통찰하라

내가 이미 알고 있는 것도 다시 되새김질하면
다른 깨달음을 얻을 수도 있다.

공자가 말했다.

"내가 아는 것이 있는가? 아는 것이 없다. 비천한 사람이 나에게 멍청
한 질문을 하더라도 그 질문의 양쪽 끝을 자세히 살펴 이해할 수 있도
록 설명해줄 뿐이다."

子曰: "吾有知乎哉? 無知也. 有鄙夫問於我, 空空如也,
자왈　오유지호재　무지야　유비부문어아　공공여야

我叩其兩端而竭焉."
아 고 기 양 단 이 갈 언

공자가 지닌 앎에 대한 자세가 드러나는 문장이다. 촌스럽고 무지
한 시골 사람이 공자에게 어처구니없을 정도로 쉬운 질문을 하더
라도, 존재의 천박함과 질문의 단순성 때문에 그 질문을 무시하지

는 않아야 한다는 것이 공자의 자세인 것이다. 오직 절대적인 것은 앎 그 자체일 뿐이다. 그러므로 앎 앞에서 겸허한 마음을 잃지 않는 것이 중요하다.『논어』와 같은 고전들이 그러하듯, 내가 이미 알고 있는 것도 다시 되새김질할 때 다른 깨달음을 얻을 수 있다. 또 단순한 것에서 진리를 깨달을 수도 있는 것이다.

　질문을 받으면 그 질문을 둘러싼 모든 상황을 종합적으로 고찰해야 한다. 사물의 근본과 말단, 정면과 이면, 현상과 본질 등 양쪽 끝을 자세히 살펴보고 궁리해 그 사물의 근본 이치를 깨달아야 한다. 이것이 바로 공자의 학문적 방법론이다. 또한 앎에서 질문과 답변, 즉 대화만큼 효과적인 방법이 없다. 남들이 보기에는 단순하게 보일지라도 나에게는 풀리지 않는 의문이라면, 남의 시선은 상관하지 말고 과감하게 질문을 던져라.

배고픔과 근심을
잊어버릴 정도로 몰입하라

자기가 좋아하는 것을 일찍 깨닫고 그 일을 하게 되면,
언젠가는 그 분야에서 최고가 될 수 있을 것이다.

섭공이 자로에게 공자의 사람 됨됨이에 대해 물었는데 자로가 대답하
지 않았다. 이에 공자가 말했다.

"너는 왜 말하지 않았느냐? 그 사람됨은 분발하면 먹는 것도 잊고, 즐
거움을 느끼면 근심을 잊어버려, 늙음이 다가오는 것도 모르는 그런
사람이라고 말이다."

葉公問孔子於子路 子路不對. 子曰:"女奚不曰, 其爲人也, 發憤忘食,
섭 공 문 공 자 어 자 로 자 로 부 대   자 왈   여 해 불 왈 기 위 인 야 발 분 망 식

樂以忘憂, 不知老之, 將至云爾!"
낙 이 망 우 부 지 로 지 장 지 운 이

공자가 분발하고 즐거워하는 대상은 배움이다. 배움에 몰두하면
배고픔도 느끼지 못하고 깨달음의 즐거움으로 인해 근심조차 잊어

버리니, 세월이 흘러가는 것도 잊어버리는 것이 바로 공자의 모습이다.

자기가 좋아하는 일에 몰입해 시간 가는 줄 모르고 일을 해본 경험은 누구나 가지고 있다. 최고의 집중력을 발휘하면 주위의 시끄러운 소리도 들리지 않게 되고, 배고픔과 같은 인간 본능의 욕구조차 느끼지 못하게 된다.

사람마다 좋아하는 일은 모두 다르다. 공자는 학문을 좋아했지만 모두가 배우기를 좋아하는 것은 아니다. 자기가 무엇을 좋아하는지를 일찍 깨닫고, 좋아하는 일을 하게 되면 언젠가는 그 분야에서 최고가 될 수 있을 것이다. 본인이 가장 좋아하는 일을 하되, 일에 임하는 자세는 '발분망식發憤忘食, 무엇을 할 때 끼니마저 잊고 힘씀', '낙이망우樂以忘憂, 즐겨서 시름을 잊음', '부지로지不知老之, 나이 먹는 것도 잊어버림'를 핵심으로 삼아라.

스스로의 능력에
한계를 긋지 마라

해보지도 않고 나의 능력에
스스로 한계를 긋지 마라.

염구가 말했다.

"선생님의 도道를 좋아하지 않는 것은 아니지만 저는 능력이 부족합

니다."

공자가 말했다.

"참으로 능력이 부족한 사람은 중도에라도 포기하게 된다. 하지만 지

금 너는 스스로 한계를 긋고 있는 것이다."

冉求曰: "非不說子之道, 力不足也."
염구왈　　비불열자지도　역부족야

子曰: "力不足者, 中道而廢, 今女劃."
자왈　　역부족자 중도이폐 금여획

역부족은 물리적으로 힘이 부족해 나아가려고 노력해도 도저히 나아갈 수 없는 상태다. 획畫은 땅에 선을 그어놓고 스스로 한계를 긋는 것으로, 나아갈 수 있는데 나아가려고 하지 않는 상태다.

참으로 힘이 부족한 사람은 처음부터 힘이 부족해 할 수 없다는 소리는 하지 않는다. 해보지도 않고 힘이 부족한지 알 수 없기 때문이다. 해보지도 않고 할 수 없다고 하는 사람은 결국 스스로 능력에 한계를 긋는 것이다.

거의 대부분의 사람들이 죽을 때까지 자신이 발휘할 수 있는 능력을 제대로 발휘하지도 못하고 죽는다. 자신의 능력이 무엇인지조차 모르기 때문이다. 내가 나의 능력을 모르는데 해보지도 않고 스스로 한계를 그을 필요가 있을까?

유가 경전 중 하나인 『중용』에 앞의 공자의 말과 비슷한 의미의 문장이 있다. "배우지 않을지언정 일단 배우기 시작하면 잘 알게 될 때까지 중도에 그만둘 수 없다. 묻지 않을지언정 일단 물은 후에 답을 얻지 못하면 중도에 멈출 수 없다."

미치지 못할 것을
두려워하라

미친 듯이 하면 언젠가 성공에 이르니,
오로지 두려워할 것은 미치지 못함이다.

공자가 말했다.

"배움은 미치지 못할 듯해야 하며, 배운 것을 잃을까 두려워해야 한다."

子曰: "學如不及, 猶恐失之."
자 왈   학 여 불 급   유 공 실 지

배움에 완벽한 이해나 깨달음이란 있을 수 없다. 내가 무엇을 안다
는 것이 진정으로 그 대상을 아는 것일까? 배움은 미치지 못할 듯
해야 한다는 것은 끊임없이 궁구窮究해야 한다는 것이다. 마치 달리
기에서 나를 앞지른 사람을 따라잡기 위해 죽을 듯이 달리는 것처
럼 해야 하는 것이 배움인 것이다.

이 문장을 사자성어로 정리하면 유공불급猶恐不及이 된다. '미치지
못할 것을 두려워하라'는 뜻이다. 한때 『미쳐야 미친다』라는 제목

의 책이 발간되어 베스트셀러가 된 적이 있었다. 책의 제목인 '미쳐야 미친다'는 한문으로 불광불급不狂不及이다. 직역하면 '미치지 못하면 미치지 못한다'이다. 앞의 미침과 뒤의 미침이 같은 미침은 아니지만 같은 음을 이용해 읽는 이의 궁금증을 불러일으키고, 묘한 울림을 주는 멋진 문장이다.

미쳐야 미치니, 미치지 못할 것을 두려워하라不狂不及불광불급 猶恐不及유공불급. 학문하는 자세뿐만 아니라 어떤 일이든 미친 듯이 하면 언젠가는 성공에 다다를 것이다. 그러니 오로지 두려워할 것은 미치지 못함이다.

내가 멈추는 것이고
내가 가는 것이다

무엇이든 1만 시간을 채우는 것은 필수이며,
또 그 채움은 연속적이어야 한다.

공자가 말했다.

"비유하자면 흙을 쌓아 산을 만들면서 마지막 한 삼태기의 흙을 붓지
않아 산을 완성시키지 못했다면 내가 그만두었기 때문이다. 또 비유하
자면 구덩이를 메워 평평한 길을 만들기 위해 한 삼태기의 흙을 부었
다면 길을 내는 것은 내가 시작한 것이다."

子曰: "譬如爲山, 未成一簣, 止, 吾止也. 譬如平地, 雖覆一簣,
자왈   비여위산 미성일궤 지 오지야 비여평지 수복일궤

進, 吾往也."
진 오왕야

하루 3시간을 들여 10년이라는 세월 동안 한 가지에 집중하면 한
분야의 대가가 될 수 있다는 1만 시간 이론이 있다. 이 이론은 다니

엘 레비틴 교수가 독일 베를린 음악학교에서 다섯 살에 바이올린을 배우기 시작한 학생이 스무 살이 되었을 때까지의 연습한 시간을 계산한 결과 나온 것이다.

연구에 따르면 스무 살이 넘었을 때 뛰어난 연주자가 된 학생의 총 연습시간은 1만 시간이 넘었지만, 그저 좋은 연주자로 평가를 받은 학생은 총 연습시간이 8천 시간 정도에 머물렀다고 한다. 이 결과를 토대로 다니엘 교수는 하루 3시간씩 10년을 노력하면 1만 시간이 된다고 했다. 이 연구의 핵심은 한 분야의 대가가 되기 위해서는 최소 1만 시간이 필요한데 그것은 정신적으로나 육체적으로 완전히 습득하는 데 걸리는 시간을 의미한다.

그러니 어찌되었든 어떤 한 분야의 대가가 되기 위해서는 1만 시간을 채우는 것이 필수이며, 또 그 채움은 연속적이어야 한다. 노력을 게을리해 8천이나 9천 시간에 머무른다면 1천 시간 차이로 대가가 되지 못하는 것이다. 물론 1만 시간이 많다고 볼 수도 있다. 하지만 지금이라도 뜻을 세워 하루에 3시간씩 투자하다 보면 언젠가는 1만 시간이 되지 않겠는가?

충고를 들으면
잘못을 고쳐라

모두 『논어』를 읽을 줄만 알지 참뜻을 깨닫지 못하고,
자신의 잘못을 반성하고 고치지 않는다.

공자가 말했다.

"바른 말로 나를 깨우쳐 주니 따르지 않을 수 있겠는가? 자신의 허물을 고치는 것이 중요하다. 귀에 거슬리지 않는, 부드럽게 타이르는 말을 듣고 기쁘지 않을 수 있겠는가? 하지만 그 말 속에 숨은 참뜻을 찾아내는 것이 중요하다. 하지만 기뻐하기만 하고 그 말의 참뜻을 찾지 않고, 따르면서도 허물을 고치지 않는 사람들은 나도 어쩔 수가 없다."

子曰: "法語之言, 能無從乎? 改之爲貴. 巽與之言, 能無說乎
자 왈   법 어 지 언 능 무 종 호 개 지 위 귀 손 여 지 언 능 무 열 호

繹之爲貴. 說而不繹, 從而不改, 吾末如之何也已矣."
역 지 위 귀 열 이 불 역 종 이 불 개 오 말 여 지 하 야 이 의

격언이나 나를 바르게 이끌어주는 좋은 말들로 가득 찬 책을 백 번 천 번 읽고 외운들 실행에 옮기지 않는다면 그 말이 다 무슨 소용인가? 험하게 나를 비난하는 말보다 부드럽게 타이르는 말을 좋아하지 않는 사람이 누가 있겠는가? 하지만 말이 부드럽다고 해서 나를 비판하지 않는 건 아니다. 말의 형식만 보고 내용을 보지 않는다면 내 삶의 발전은 없다.

자기계발서를 읽는 사람은 많지만 자기계발에 성공한 사람은 드물다. 2천여 년 동안 『논어』를 읽은 사람도 많지만 공자가 요구한 이상적 인간형에 다가간 사람은 더욱 드물다. 모두 읽을 줄만 알지 그 말의 참뜻을 깨닫지 못하고, 나아가 자신의 잘못을 반성하고 고치지 않기 때문이다.

허물이 있으면
반드시 고쳐라

허물을 짓지 말라는 완벽함을 요구하지 않는다.
다만 허물을 알면 고쳐라.

공자가 말했다.

"허물을 고치지 않는 것, 그것이 바로 허물이다!"

子曰: "過而不改, 是謂過矣!"
자 왈　　과 이 불 개　시 위 과 의

누구나 허물은 있다. 허물이 있어야 인간이다. 아주 맑은 물에는 고기가 살 수 없듯, 모든 일에 꼼꼼하고 완벽한 인간은 따르는 사람이 없기 마련이다. 공자라고 허물이 없지는 않았다.

『논어』를 보면 제자를 조롱하는 말을 던졌다가, 정색을 한 제자가 비판하고 나서자 무안해하며 "허허허. 아까 한 말은 농담이었다"라고 말하는 공자의 모습이 나온다. 또 제자들의 반대에도 불구하고 음탕한 여자로 소문난 위나라의 남자南子를 만나기도 했다. 이에 제자들이 불쾌해하자 "아이고, 억울해라. 내가 만약 하지 말아야 할 짓을 했다면 하늘이 나를 버릴 것이다"라며 펄펄 뛰며 소리치는 공자의 모습도 나온다.

공자는 허물을 짓지 말라는 완벽함을 요구하지 않는다. 어쩔 수 없는 인간의 불완전성과 한계성을 인정한 것이다. 대신 허물을 알면 고치라고 요구한다. 자기반성과 자기성찰, 공자가 원하는 것은 바로 이것이다.

나에게 유익한 3가지와
해가 되는 3가지

나에게 유익한 것과 해가 되는 것을 본다면
내가 지금 어떤 길을 걷고 있는지 분명히 보일 것이다.

공자가 말했다. "좋아하면 유익한 3가지가 있고, 좋아하면 해가 되는 3가지가 있다. 예악을 절도 있게 하기를 좋아하고, 남의 장점을 말하기를 좋아하고, 현명한 벗을 많이 사귀기를 좋아하면 유익하다. 교만함을 좋아하고, 안일하고 게으른 것을 좋아하고, 질펀하게 어울려 향락하기를 좋아하면 해가 된다."

孔子曰: "益者三樂 損者三樂. 樂節禮樂 樂道人之善, 樂多賢友, 益矣.
공 자 왈   익 자 삼 요 손 자 삼 요 요 절 례 악 요 도 인 지 선 요 다 현 우 익 의

樂驕樂, 樂佚遊, 樂宴樂, 損矣."
요 교 락 요 일 유 요 연 락 손 의

좋아해서 나에게 도움이 되는 것과 해가 되는 것이 딱 3가지만은 아닐 것이다. 그럼에도 각각 3가지씩 꼽는 것은 추구해야 할 것과

그러지 말아야 할 것이 있다는 것을 알려주기 위한 것이다.

스스로 돌이켜 생각해보라. 당신은 어떤 사람인가? 무엇을 좋아하고 무엇을 싫어하는가? 남의 장점보다는 단점을 말하기를 좋아하지 않는가? 스스로를 낮춰 겸손하기보다는 잘난 척하고 뽐내기를 좋아하지는 않는가? 현명한 사람들과 어울리기보다는 질편하게 놀기를 좋아하는 사람들만 주변에 가득하지는 않은가?

이 6가지에 자신을 비추어본다면 내가 지금 어떤 길을 걷고 있는지 분명히 보일 것이다. 지금 걷고 있는 길이 어떤지에 따라 나의 1년 후, 10년 후가 결정된다.

반드시 경계해야 할
3가지

성욕과 투쟁심과 탐욕을
경계하라.

공자가 말했다.

"군자가 경계해야 할 3가지가 있다. 어릴 때는 혈기가 아직 안정되지

않았으니 성욕을 경계해야 한다. 커서는 혈기가 한창 강하니 투쟁심을

경계해야 한다. 늙어서는 혈기가 이미 쇠잔해졌으니 탐욕을 경계해야

한다."

孔子曰: "君子有三戒. 少之時, 血氣未定, 戒之在色. 及其壯也,
공 자 왈　　군 자 유 삼 계　소 지 시　혈 기 미 정　계 지 재 색　급 기 장 야

血氣方剛, 戒之在鬪. 及其老也, 血氣旣衰, 戒之在得."
혈 기 방 강　계 지 재 투　급 기 로 야　혈 기 기 쇠　계 지 재 득

우리 몸은 혈血과 기氣로 이루어져 있다. 혈은 육체이고 기는 정신

이다. 어리다는 것은 아직 육체와 정신이 완전히 자라지 않은 상태

170

다. 그런 상태에서 혈과 기를 소모하는 성욕에 지나치게 몰입하게 되면 성장에 방해가 된다. 그렇다고 인간의 본성인 성욕을 그냥 두었다가는 분별없이 다가가게 된다. 성 교육이 필요한 이유다.

혈기가 조화롭게 안정되고 나면 세상을 향한 투쟁심이 끓어오른다. 도전과 저항의 정신은 젊음의 특성이다. 그렇다고 해서 방향 없이 이리저리 치받기만 하고 분란만 일으킨다면 그 젊음은 좌절과 나락의 길에 빠져들 것이다. 과유불급過猶不及이다. 지나친 투쟁심을 경계하되 도전과 저항의 정신을 놓치지 말아야 한다.

사람의 육체는 스물다섯 살이 넘으면 성장을 멈추며 노화의 길에 들어서기 시작하고 마흔이 넘어가면 급격하게 혈기가 쇠잔해지기 시작한다. 힘도 없으면서 지나친 탐욕을 부리는 것은 노망이고 아직 자신은 젊다고 생각하는 것은 어리석은 착각일 뿐이다.

머리가 나쁘면
그만큼 열심히 배워라

중요한 것은 누가 더 열심히 배우느냐다.
머리가 나빠도 열심히 배워 깨달음을 얻어야 한다.

공자가 말했다.

"태어나면서부터 아는 사람이 으뜸이고, 배우는 족족 아는 사람이 그

다음이고, 잘 이해가 되지 않더라도 열심히 배우는 사람이 또 그다음

이고, 머리도 나쁘면서 배우지도 않는 사람은 가장 아랫사람이 되는

것이다."

孔子曰: "生而知之者, 上也. 學而知之者, 次也. 困而學之, 又其次也.
공자왈   생 이 지 지 자 상 야 학 이 지 지 자 차 야 곤 이 학 지 우 기 차 야

困而不學, 民斯爲下矣."
곤 이 불 학 민 사 위 하 의

태어나면서부터 아는 사람은 없다. 그러므로 이 글에서 말하는 으

뜸의 사람은 존재하지 않는 사람이다. 배우는 족족 아는 사람도 드

물다. 이런 사람들은 천재 중에서도 천재에 속하는 사람들이다. 대부분의 사람들은 곤이학지困而學之하는 사람들이다. 머리가 좋지는 않지만 열심히 배워서 깨달음을 얻는 사람들인 것이다. 핵심은 누가 더 열심히 배우느냐다. 머리가 좋은가 나쁜가는 중요하지 않다.

조선시대에 김득신이란 사람이 있었다. 그는 자신의 서재를 억만재億萬齋라 했는데, 이는 김득신이 한 권의 책을 읽기 시작하면 만 번이 넘도록 읽었다고 해서 붙인 이름이다. 그가 평생 만 번 이상 읽은 책이 36권에 달했다고 한다. 이처럼 상상을 초월할 정도로 책을 읽은 이유는 머리가 매우 나빠서였다. 그는 열 살이 되어서야 글을 배우기 시작했으나 배우고 돌아서고 나면 바로 잊어버리는 기억력을 지녔다. 이를 만회하기 위해 남들보다 더 많이 책을 읽기 시작했고 이러한 노력으로 결국 쉰아홉 살에 과거에 급제하고 뛰어난 시인이라는 명성을 얻었다.

문제는 머리가 나쁘면서도 배우지 않는 사람들이다. 대부분의 사람들은 머리가 나쁘다고 생각되면 지레 자포자기하기 마련이다. 하지만 김득신처럼 끊임없이 노력하다 보면 언젠가는 성공할 수 있지 않겠는가?

스스로 분발하는 것이
먼저다

배움에서 가장 중요한 요소는 배움에 대한 욕구다.
욕구가 클 때 최고의 집중력을 발휘할 수 있다.

공자가 말했다.

"알고 싶어서 분발하지 않으면 깨우쳐주지 않는다. 표현하지 못해 안

달하지 않으면 촉발시켜주지 않는다. 사물의 한 면을 들어 설명해주었

는데 나머지 세 면까지 돌이켜 생각하지 못하면 깨달을 때까지 다시

알려주지 않고 기다린다."

子曰: "不憤不啓, 不悱不發. 擧一隅不以三隅反, 則不復也."
자 왈　　불 분 불 계　불 비 불 발　거 일 우 불 이 삼 우 반　즉 불 부 야

배움에서 가장 중요한 첫째 요소는 나의 배움에 대한 욕구다. 그

욕구가 클 때만이 배움에 최고의 집중력을 발휘할 수 있다. 집중과

몰입은 배움에 대한 나의 절절한 욕구가 있는 상태에서만 가능한

상황이다. 물에 빠져 죽을 지경에 처했다고 상상해보자. 수영할 줄

모른다 하더라도 살기 위해 누구나 죽을힘을 다해 헤엄치려고 노력할 것이다.

배움도 그와 같이 해야 한다. 내가 모르는 것을 알고 싶어서 젖 먹던 힘을 다해 분발해야 한다. 알 듯 말 듯 하면서도 명료하지 않아 말로 표현하지 못하는 생각이 있다면 그 생각이 뚜렷해질 때까지 집중해야 한다.

누군가를 가르치는 것에서 가장 중요한 것은 처음부터 끝까지 다 퍼붓는 것이 아니라 처음만 가르쳐주고 나머지는 스스로 깨닫게 하는 것이다. 다른 사람에게 배워서 아는 것보다 스스로 깨닫게 될 때 그 지식은 참지식이 된다.

항심을 지녀라

자기계발은 항심을 유지하는 것이 중요하다.
그러려면 젠체함을 버리고 나를 낮추는 것이 필요하다.

없으면서 있는 체하고, 비어 있으면서 가득 차 있는 체하고, 곤궁하면

서도 태평한 체한다면 항심恒心을 지니기 어렵다.

亡而爲有, 虛而爲盈, 約而爲泰, 難乎有恒矣.
무 이 위 유   허 이 위 영   약 이 위 태   난 호 유 항 의

공자는 완성된 인간의 범주에 4가지 인간형을 들고 있다. 성인聖人,
군자君子, 선인善人, 유항자有恒者가 그것이다. 이 중 성인, 군자, 선인
은 만나기가 매우 어려우니 꾸준한 마음을 가진 유항자라도 만날
수 있으면 좋겠다고 했다. 4가지 인간형 중 유항자가 가장 하급의
인간형이지만 쉽게 만날 수 있는 사람은 아니다. 하지만 보통 사람
이라도 노력한다면 도달할 수 있는 경지라 할 수 있다.
　공자는 그 유항자가 되기 위해 젠체함을 버릴 것을 요구했다. 가

진 건 쥐뿔도 없으면서 남들 앞에서는 무언가 있는 체하고, 속으로
는 텅텅 비어 있으면서 많이 아는 체하고, 어려운 형편이면서 남들
앞에서는 여유로운 체하는 이런 허영심을 버리라는 것이다. 나아
가 늘 꾸준한 마음, 항심을 가진 사람은 이랬다저랬다 하지 않으면
서 자기만의 원칙이 바로 서 있고, 외부의 유혹에 쉽사리 흔들리지
않는다.

자기계발은 항심을 유지하는 것이 중요하다. 그러기 위해서는
젠체함을 버리고 나를 낮추는 자세가 필요하다.

사람이 갖춰야 할
9가지 태도

분명하게 보고 듣는 것은 인식의 첫걸음이다.
이는 사람이 가져야 할 태도의 핵심이다.

공자가 말했다.

"군자에게는 9가지 생각이 있다. 볼 때는 분명하게 보기를 생각하고, 들을 때는 명확하게 듣기를 생각하며, 얼굴빛은 온화하게 가지기를 생각하고, 행동거지는 공손하게 하기를 생각하며, 말은 진심에서 우러나오기를 생각하고, 일할 때는 신중할 것을 생각하며, 의심이 생기면 묻기를 생각하고, 분노가 치밀 때는 어려움이 생길 것을 생각하며, 이득을 보면 의로운 것인지 생각한다."

孔子曰: "君子有九思. 視思明, 聽思聰, 色思溫, 貌思恭, 言思忠,
공 자 왈　　군 자 유 구 사　시 사 명　청 사 총　색 사 온　모 사 공　언 사 충

事思敬, 疑思問, 忿思難, 見得思義."
사 사 경　의 사 문　분 사 난　견 득 사 의

사람이 가져야 할 태도의 핵심이다. 분명하게 보고 듣는 것은 세계와 인간을 제대로 인식하는 첫걸음이다. 하지만 눈이 있어도 제대로 보지 못하는 사람이 많고, 귀가 있어도 듣지 못하는 사람이 많다. 눈과 귀가 아무짝에도 쓸모없는 사람들인 것이다.

웬만큼 세상살이를 겪으면 의심나는 것이 있어도 묻지 않는 경우가 늘어난다. 자신의 안위를 위해서거나 아니면 묻는 것이 창피하다는 이유다. '왜'는 어린아이들만이 명심해야 할 의문사가 아니다. 왜라는 질문을 던지기 어려운 상황일수록 왜를 던지는 자세야말로 군자가 가져야 할 태도다.

분노가 치밀어 오른다는 것은 비이성적, 감정적 상태가 되어 간다는 것이다. 이럴 때는 앞으로 닥쳐올 어려움은 생각하지 않고 미친 듯이 행동하기 쉽다. 그럴수록 완전히 분노가 끓어오르는 상태가 되기 전에 앞일을 생각해 분노를 다스릴 수 있어야 한다.

널리 배우고
뜻을 도탑게 하라

두루두루 배움을 넓히더라도
그 배움을 바탕으로 뜻을 도탑게 세워야 한다.

자하가 말했다.

"널리 배우고 뜻을 도탑게 하며, 묻기를 절박하게 하고 생각을 가까운 것에서부터 하라. 그리하면 인(仁)이 그 안에 있다."

子夏曰: "博學而篤志, 切問而近思. 仁在其中矣."
자 하 왈　　박 학 이 독 지　절 문 이 근 사　인 재 기 중 의

『논어』에서 가장 유명한 문장 중 하나다. 지식이 해박한 사람은 오히려 그 뜻이 옅을 수 있다. 우리 주위에서 흔히 볼 수 있는, 아는 것은 많은데 깊이가 없는 유형의 사람이 바로 그렇다. 두루두루 배움을 넓히더라도, 그 배움을 바탕으로 뜻을 도탑게 세워야 한다. 그렇지 않다면 그 배운 것이 한낱 쓸모없는 지식에 불과하니, 성취할 수 있는 것이 아무것도 없다.

묻기를 절박하게 하라는 것은 궁금한 것을 지금 당장 알지 못하면 무슨 큰일이라도 날 것처럼 하라는 것이다. 대부분의 사람들은 궁금증이 일어났다가도 얼마 못 가 그 궁금증이 사라진다. 조금 더 지나면 무엇을 궁금해했는지조차 까마득히 잊어버린다. 그러니 묻기를 절박하게 해야 궁금한 것을 잊어버리지 않으며, 잊어버리지 않아야 그 답을 찾을 수 있다.

그리고 가까운 것에서부터 생각하라는 것은 모든 생각의 시작을 나부터, 내 가까이에서부터 출발하라는 것이다. 나를 중심에 놓고 사고해야 한다.

스스로를 위해
배워라

스스로를 위한 배움이란 배움과 깨달음을
내면에 농축시켜 스스로의 덕성을 쌓아나감을 뜻한다.

공자가 말했다.

"옛날의 배우는 사람들은 스스로를 위해 배웠고, 오늘날의 배우는 사
람들은 남을 위해 배운다."

子曰: "古之學者爲己, 今之學者爲人."
자 왈　　고 지 학 자 위 기　금 지 학 자 위 인

위 문장을 줄여서 '위기지학爲己之學 위인지학爲人之學'이라 한다. 위기
지학은 스스로를 위해 배우는 것을, 위인지학은 남에게 알려지기
위해 배우는 것을 뜻한다. 위기爲己에서 위爲는 '되다, 만들다'의 뜻
이 있으므로, 위기지학은 '나를 만들기 위한 배움'이란 뜻도 된다.

　스스로를 위한 배움이란 내가 출세해 명성이나 권력을 얻는 데
도움이 되는 그런 배움이 아니라, 배움과 깨달음을 내면에 농축시

켜 스스로 덕성德性을 쌓아나감을 뜻한다. 스스로 높은 덕을 지녔는데, 그 이름이 널리 알려지지 않을 리가 없다. "덕이 있는 사람은 홀로 외롭지 않고, 반드시 이웃이 있다"라고 공자가 말했다.

반면에 위인지학이란 남에게 나를 알리기 위해, 즉 사회에서 이름을 드높이기 위해 하는 학문이다. 위인만을 목표로 삼는 사람들은 벼슬길에 오르지 못해 안달하고, 또 올라가서도 더 높은 자리에 오르지 못해 안절부절못한다. 이런 사람들은 결국 자기 한 몸만을 위해 배운 것이다. 그러므로 배움은 나를 위한 학문에서 출발해 남을 위한 학문으로 귀결되어야 한다.

썩은 나무는
쓸모가 없다

게으르고 나태한 자세로는
그 어떠한 성취도 이룰 수 없다.

재여가 낮잠을 자고 있었다. 공자께서 그 모습을 보고 말씀하셨다.

"썩은 나무에는 조각을 할 수 없고, 거름에 쓰는 흙으로는 담장을 쌓을

수 없다. 내가 재여를 꾸짖어 무엇 하겠는가?"

공자께서 이어 말씀하셨다.

"내가 처음에는 사람에 대해 그의 말을 듣고 그 행실을 믿었으나, 지금

은 그의 말을 듣고 난 후 그 행실을 살펴본다. 재여 때문에 내 태도를

고쳤다."

宰予晝寢. 子曰: "朽木不可雕也, 糞土之牆不可杇也. 於予與何誅"
재여주침   자왈   후목불가조야   분토지장불가오야   어여여하주

子曰: "始吾於人也 聽其言而信其行, 今吾於人也 聽其言而觀其行.
자왈   시오어인야 청기언이신기행   금오어인야 청기언이관기행

於予與改是."
어여여개시

재여는 공자의 제자다. 단순히 낮잠을 자고 있다고 해서 공자가 제자를 이처럼 단호히 꾸짖지는 않았을 것이다. 매우 피곤하면 낮잠을 잠깐이라도 잘 수 있다. 이 문장의 핵심은 '낮잠을 자지 말라'가 아니라 '빈둥거리지 마라'에 있다. 게으르고 나태한 태도를 썩은 나무와 거름에 쓰는 흙에 비유한 것이다. 거름에 쓰는 흙은 푸석푸석해 단결력이 없어 담장을 만들 수 없고, 썩은 나무는 끌칼을 대자마자 부서지므로 어떠한 조각도 할 수 없다. 게으르고 나태한 자세로는 그 어떠한 성취도 이룰 수 없다는 준엄한 꾸짖음인 것이다.

그다음 문장은 만고의 진리다. 한 사람에 대해 판단할 때 그 말을 듣고 하는 것이 아니라 그 행동을 보고 판단하라는 뜻이다. 그래야 그 사람이 말만 뻔지르르한 사람인지, 자신의 말을 지키기 위해 최소한의 노력이라도 하는 사람인지, 말과 행동을 일치시키는 사람인지 알 수 있다.

짐은 무겁고
갈 길은 멀다

굳센 마음과 의지로 묵묵히 길을 가는 자만이
성취의 환희를 느낄 수 있다.

증자가 말했다.

"선비는 마음이 드넓고 의지가 굳세지 않으면 안 된다. 왜냐하면 맡은
임무는 중대하고 갈 길은 멀기 때문이다. 인(仁)의 실천을 임무로 삼으니
어찌 막중하지 않겠는가? 죽어서야 끝날 길이니 어찌 멀지 않은가?"

曾子曰: "士不可以不弘毅, 任重而道遠. 仁以爲己任, 不亦重乎?
증 자 왈　　사 불 가 이 불 홍 의　임 중 이 도 원　인 이 위 기 임　불 역 중 호

死而後已, 不亦遠乎?"
사 이 후 이　불 역 원 호

흔들리고 나태해지는 마음을 다잡는 데 맞춤인 문장이다. 한 번 뜻
을 세웠으면 굳센 의지로 길을 개척해나가야 한다. 굳센 의지를 유
지하기 위해서는 한편으로는 바다와 같은 넓은 포용력을 지녀야

186

한다. 넓음 속에서만 날카로운 굳셈이 꺾이지 않기 때문이다. 넓고 굳센 마음을 가져야 비로소 막중한 임무를 단단히 부여잡고 먼 길을 걸어갈 준비가 된 셈이다.

이 문장은 함부로 뜻을 세웠다가 중도에 쉽게 포기하는 사람들에게 증자가 내려치는 죽비다. 공부든 성공이든 쉽게 성취하는 것은 이 세상에 없다. 드넓고 굳센 마음과 의지로 기치를 굳세게 부여잡고 묵묵히 길을 걸어가는 자만이 성취의 환희를 느낄 수 있다. '임중도원'은 2018년 「교수신문」이 뽑은 올해의 사자성어이기도 하다.

묻는 것을
부끄러워하지 마라

모르는 것은 우선 나에게 먼저 물어보고
남에게 묻는 것을 부끄럽게 여기지 말아야 한다.

자공이 물었다.

"공문자는 어떻게 문文이라는 시호를 받았습니까?"

공자가 대답했다.

"민첩하게 배우기를 좋아했고, 아랫사람에게 묻는 것을 부끄러워하지

않았다. 그러므로 문이라고 했다."

子貢問曰: "孔文子何以謂之文也?"
자 공 문 왈   공 문 자 하 이 위 지 문 야

子曰: "敏而好學, 不恥下問, 是以謂之文也."
자 왈   민 이 호 학   불 치 하 문   시 이 위 지 문 야

시호諡號는 한 사람이 죽은 후 그 사람이 살아 있을 당시의 업적을
평가해 붙이는 이름이다. 그렇기에 이 시호를 통해 그가 어떤 사람

이었으며, 어떤 삶을 살았는지 알 수 있다. 시호법에 따르면 문文이라는 시호는 가장 최상에 속하는 것이라 한다. 문을 시호로 받은 사람은 그 사람의 업적이 뛰어났음을 알 수 있다. 문장에 등장하는 공문자의 경우 문文은 시호이고, 그의 이름은 어였다. 역사서에 따르면 공문자는 그렇게 뛰어난 인물이 아니었다. 그러니 자공이 의아해한 것이다. 이에 대한 공자의 답변은 의외지만 명쾌하다. 민이호학敏而好學 불치하문不恥下問.

아랫사람에서 아래는 무엇을 기준으로 구분할 수 있을까? 나이, 학력, 지위, 명예, 학식, 지혜 등 이런 것으로 과연 아래와 위를 진정으로 가를 수 있을지 의문이 든다. 보통 사람들은 나이를 먹어갈수록, 자신의 학력이 높을수록 남에게 묻는 것을 부끄러워한다. 자기가 모르는 게 있다는 것이 드러남을 꺼리기 때문이다. 위아래 구분 없이 남에게 묻는 것 자체를 싫어하는 것이다.

그러므로 여기서의 '아래'란 나를 포함한 모든 사람이라고 봐야 한다. 모르면 우선 나에게 먼저 물어보고, 그래도 모르겠거든 아랫사람이든 윗사람이든 남에게 묻는 것을 부끄럽게 여기지 말아야 한다. 학문學問이란 문학問學이다. 배우고 묻고, 묻고 배우는 것이다.

후생이라고
무시하지 마라

나보다 나은 후배들을 진정 경외하고,
나아가 배움과 깨달음의 한계를 알아 정진해야 한다.

공자가 말했다.

"나의 뒤에 태어난 사람들은 경외할 만하다. 그들이 지금의 사람들보다 못하다고 할 수 있겠는가? 나이 사오십이 되어도 이름이 알려지지 않는다면 이 또한 두려워할 것이 없는 자들이다."

子曰: "後生可畏, 焉知來者之不如今也? 四十五十而無聞焉,
자 왈   후 생 가 외   언 지 래 자 지 불 여 금 야   사 십 오 십 이 무 문 언

斯亦不足畏也已."
사 역 부 족 외 야 이

조선의 대유학자인 율곡 이이는 젊어서 독학으로 성리학을 공부하고, 선배 유학자들을 찾아가 가르침을 청하곤 했다. 그가 스물세 살이 되던 해에 안동의 도산서원에 머물던 쉰다섯 살의 퇴계 이황을

찾아가 학문을 논했다. 이때 율곡에게 깊은 감명을 받은 퇴계는 제자인 조목에게 보낸 편지에서 "며칠 전에 한양의 유생 이이가 찾아와 비 때문에 사흘을 머물다 떠났다. 그 사람은 머리가 밝고 마음이 맑으며 두루 지식이 넓어 자못 나의 학문에 뜻을 품고 있었다. 후생後生을 경외할 만하니 공자의 말이 나를 속이지 않았음을 알겠다"고 했다.

지금 사람들은 선생先生만 존경할 줄 알고 후생은 무시하기 일쑤다. 하지만 나보다 나은 후배들이 있다면 진정 경외할 만하다. 나아가 경외만 하지 말고, 후배를 보고 나의 배움과 깨달음의 한계를 알아 더욱 정진해야 한다.

배우는 이의
자세

사람은 죽을 때까지 배움이 끝나지 않으므로,
자기계발과 자기혁신을 멈추지 말아야 한다.

공자가 말했다.

"군자는 배부르게 먹는 것과 편안한 거처를 바라지 않는다. 일에 임해
서는 신중하게 말하되 민첩하게 행동한다. 道도가 있는 사람에게 나아
가 자신을 바르게 한다. 이만하면 배움을 좋아한다고 말할 수 있다."

子曰: "君子食無求飽, 居無求安, 敏於事而愼於言, 就有道而正焉,
자 왈   군 자 식 무 구 포   거 무 구 안   민 어 사 이 신 어 언   취 유 도 이 정 언

可謂好學也已."
가 위 호 학 야 이

위 문장에서 공자는 학문하는 자세를 이야기하고 있다. 배움에 몰
두하다 보면 자연스럽게 배부름이나 안락함 등 내 몸의 안위를 추
구할 겨를이 없다. 또한 배울 시간이 부족하지 않을까 하는 걱정으

로 민첩하게 행동하며, 아직 깨닫지 못한 바가 많으니 말을 신중히 한다. 또한 자신을 가르쳐줄 만한 지식과 지혜가 있는 스승을 만나 나를 끊임없이 각성시켜 올바른 학문의 길로 나아가려 노력한다.

학문이란 학교에서 배우는 공부만을 가리키는 것이 아니다. 인간은 생각하는 동물이므로 죽을 때까지 배움을 놓을 수 없다. 학교를 졸업해서도 사회에 진출해 다양한 인간관계와 수많은 경험을 통해 인생의 진리를 깨우쳐 가는 과정에 있는 것이다. 자기계발과 자기혁신을 멈추지 않는 사람이야말로 진정한 호학자好學者라 할 수 있다.

글쓰기의 4단계

초고를 작성하고 토론을 거쳐
문장을 가다듬고 문체를 더하다.

공자가 말했다.

"정나라에서는 중요 문서를 작성할 때, 비침이 초고를 작성하고, 세숙
이 그것을 가지고 토론하고, 행인 벼슬에 있는 자우가 문장을 더 좋게
가다듬고, 자산이 문채를 더했다."

子曰: "爲命, 裨諶草創之, 世叔討論之, 行人子羽修飾之,
자 왈   위 명 비 침 초 창 지 세 숙 토 론 지 행 인 자 우 수 식 지

東里子産潤色之."
동 리 자 산 윤 색 지

공자가 말하는 글쓰기의 4단계는 초창^{草創}, 토론^{討論}, 수식^{修飾}, 윤색
^{潤色}이다. 초창은 머릿속에서 구상한 내용을 꺼내 초고를 작성하는
단계다. 초^草는 '들판에 나는 풀', '거칠다', '처음', '시작하다'라는 뜻

을 가지고 있다. 창創은 창작, 창조와 같은 쓰임새에서 알 수 있듯이 '시작하다', '만들다'라는 뜻이다. 그래서 초창은 세련되지는 못하지만 머릿속에만 담겨 있는 문장을 거칠게나마 간략하게 풀어놓으면서 새로운 글을 짓는 것이다.

토론은 초창한 글을 두고 여럿이 함께 의논하면서 비판적으로 검토하는 것이다. 토討는 '치다', '없애다', '탐구하다'의 뜻이고, 론論은 의논하는 것이다. 지은 글이 목적에 부합하는지 초고 작성자와 상대방의 논의와 탐구를 통해 검토하면서 글을 더 정교하게 다듬어 완성하는 과정이다.

수식에서 수修는 '닦다', '손질하다'의 뜻이고, 식飾은 '꾸미다', '치장하다'의 뜻이다. 수식은 초창과 토론의 단계를 거쳐 내용적으로 완성된 글의 형식을 아름답게 꾸미는 과정이다.

윤색은 글에 색감을 더해 윤기를 내는 과정이다. 앞의 단계를 거쳐 내용과 형식에서 완성된 글을 처음부터 다시 가다듬으면서 적절치 못하거나 어울리지 않는 단어들을 솎아내어 글 전체가 더 훌륭한 문장이 되도록 다듬는 과정이다.

인 간 관 계

처 세

자 기 계 발

마 음 공 부

리 더 십

4장

마음공부

인한 사람은
편안한 삶을 누린다

진정으로 인한 사람만이 가난하든 부유하든 상관없이,
어떠한 상황 속에서도 오랫동안 편안하게 지낸다.

공자가 말했다.

"인仁하지 못한 사람은 곤궁한 생활을 오래 견디지 못하고 안락한 생
활도 오래 즐기지 못한다. 인자仁者는 인에서 편안하며, 지자知者는 인
에서 이로움을 얻는다."

子曰: "不仁者不可以久處約, 不可以長處樂. 仁者安仁, 知者利仁."
자 왈   불 인 자 불 가 이 구 처 약 불 가 이 장 처 락   인 자 안 인   지 자 이 인

인하지 못한 사람은 곤궁한 생활이 오래가면 반드시 가난을 벗어
나기 위해 올바르지 못한 일을 하게 된다. 거꾸로 안락한 생활도
오래 즐기지 못하는데, 그 까닭은 처음의 성공과 부귀에 만족하지
못하고 더 많은 성공을 추구하기 때문이다. 이렇게 되면 성공을 즐
기는 게 아니라 성공의 노예가 되는 것이다. 그러니 인하지 못한

사람은 성공과 부귀가 가져다주는 안락한 생활도 오래 즐기지 못하게 된다.

그러므로 진정으로 인한 사람만이 가난하든 부유하든 상관없이 어떠한 상황 속에서도 오랫동안 편안하게 지낼 수 있다. 즉 안인^{安仁}, 인에 만족하고 마음이 흔들리지 않음하는 사람이 인자^{仁者}인 것이다. 지자^{知者}는 지혜로운 사람으로 인^仁 속에서 자신의 지혜를 보태줄 이로움을 얻는다.

지, 호, 락은
한 몸이다

알게 되면 좋아하게 되기를,
좋아하게 되면 즐기게 되기를 추구해야 한다.

공자가 말했다.

"안다는 것은 좋아하는 것과 같지 못하고, 좋아하는 것은 즐기는 것과

같지 못하다."

子曰: "知之者 不如好之者, 好之者 不如樂之者."
자 왈　　　지 지 자 불 여 호 지 자　호 지 자 불 여 락 지 자

안다는 것은 미처 알지 못한 무언가를 알게 되는 것이고, 좋아한다
는 것도 무언가를 좋아하는 것이고, 즐기는 것도 무언가를 좋아하
는 것이다. 앎과 좋아함과 즐김은 사람의 행위로, 모두 투정 대상을
전제로 하는 행위다.

앎은 그 대상을 인식해가는 과정이며, 좋아함은 알기는 하지만
아직 그 대상과 내가 분리되어 있는 상태이고, 즐김은 대상과 내가

한 몸처럼 어울리는 상태다. 이렇게 앎과 좋아함과 즐김의 과정은 서로 분리되어 있는 것이 아니다. 앎에서 즐김의 길로 나아가면서 연속된다.

따라서 알게 되면 좋아하게 되기를, 좋아하게 되면 즐기게 되기를 추구해야 한다. 반면에 스스로 즐기지 못하면 좋아하지 않게 되고, 좋아하지 않는 것은 관심도 없게 되니 결국 알지도 못하게 된다. 그래서 무지한 사람들은 좋아하는 것도, 즐기는 것도 없는 것이다.

지자이면서
인자인 사람

지자와 인자는 서로 다른 사람을 가리키는 것이 아닌,
인간 존재의 순간적 양태를 말하는 것이다.

공자가 말했다.

"지자知者는 물을 좋아하고 인자仁者는 산을 좋아한다. 지자는 활발하

고 인자는 고요하다. 지자는 삶을 즐겁게 살며 인자는 오래 산다."

子曰: "知者樂水 仁者樂山. 知者動 仁者靜. 知者樂 仁者壽."
자 왈　　　지 자 요 수 인 자 요 산　지 자 동 인 자 정　지 자 락 인 자 수

지知라는 것은 매우 적극적이고 치열한 과정을 수반하는 행위다.
지를 위해서 책상에 앉아 끈질기게 하는 공부도 필요하지만, 이는
지의 첫걸음일 뿐이다. 지를 제대로 알기 위해서는 다양한 경험을
통한 깨달음이 필수적이다. 세상을 둘러보며 책상 앞에서는 할 수
없고, 알 수 없는 경험을 해야 한다. 그러니 지자知者는 활발할 수밖
에 없으며 끊임없이 흘러가는 물과 같은 사람이다.

인은 개인이 다양하게 맺고 있는 관계망 속에서 만들어지는 어떤 가치다. 그것은 지처럼 활발하게 움직이기보다는 관조와 사색을 통해 만들어진다. 인자는 조용히 머물러 한 걸음 물러나 앉아 세상사를 바라보며 스스로 깨우쳐 달관의 경지에 오른다. 그러니 인자는 고요할 수밖에 없으며 산과 같은 사람이다.

하지만 지자와 인자는 서로 다른 사람을 가리키는 것이 아니다. 지자, 인자라는 개념은 인간 존재의 순간적 양태인 것이다. 우리는 지자이면서 인자이고, 인자이면서 지자인 사람이 되어야 한다.

공자가 하지 않은
4가지

무의, 무필, 무고, 무아를 가슴에 새겨 경계한다면
어리석은 인간이 되지는 않을 것이다.

공자께서는 평소 4가지를 전혀 하지 않으셨다. 억측이 없었고, 꼭 그래
야만 한다는 자세가 없었고, 고집을 부리며 불통함이 없었고, 나라는
집착이 없었다.

子絶四: *母意, 母必, 母固, 母我.*
자 절 사 무 의 무 필 무 고 무 아

의意는 여러 가지 해석이 있다. 억측이나 무리한 추측, 개인적인 의
견이나 의도 등이다. 여기서는 의견보다 억측으로 해석하는 것이
전체 맥락에 더 적합하다. 필必은 반드시 무리하게 나의 주장을 관
철시키려는 것이다. 고固는 단단하게 굳어진 생각이나 관념을 뜻하
며, 아我는 자신을 내세우며 욕망을 채우려는 사심이다. 공자는 이
4가지를 전혀 하지 않았던 것이다.

공자는 왜 이 4가지를 전혀 하지 않았을까? 그것은 억측한 것을 바탕으로 일을 추진하다가는 일이 어그러지기 때문이며, 자기의 주장만을 관철시키려 독단적 인간이 되는 것을 경계하기 위함이다.

또한 세상은 끊임없이 흘러가며 변화하는데 혼자만 변화를 거부하고 세상과 소통하지 않음을 경계하기 위함이요, 나에 대해 집착하지 않음으로써 욕망을 버릴 수 있기 때문이다.

그러므로 무의毋意, 무필毋必, 무고毋固, 무아毋我를 가슴에 새겨 경계한다면 적어도 어리석은 인간이 되지는 않을 것이다.

예로써 스스로를 절제하라

예에 따라 행동하고 예로써 스스로를 절제하면
넘치지도 모자라지도 않을 것이다.

공자가 말했다.

"공손하되 예禮의 원칙이 없으면 피곤하기만 하고, 신중하되 예의 원칙이 없으면 주눅 들기만 하고, 용감하되 예로써 절제하지 않으면 난폭하기만 하고, 강직하되 예로써 절제하지 않으면 사람 목을 조른다."

子曰: "恭而無禮則勞, 愼而無禮則葸, 勇而無禮則亂, 直而無禮則絞."
자 왈   공 이 무 례 즉 로 신 이 무 례 즉 사 용 이 무 례 즉 란 직 이 무 례 즉 교

예禮란 단순히 예의범절과 같은 사회적 규범만을 가리키지는 않는다. 본래 예는 한 해 동안 씨를 뿌려 가꾸고 거둔 곡식을 차려놓고 조상신, 토지신 등에게 내년 농사도 잘되게 해주시고 걱정 없이 살게 해달라고 기원하는 일에서 비롯된 것이다. 이처럼 기원의식에서 비롯된 예는 인간들이 절대자나 불가항력적인 자연의 힘에 스

스로를 겸허하게 낮추는 의미를 지닌다. 또한 예는 자기 스스로를 단속하고 절제하는 행위의 원칙이 되었다.

공손하되 그 공손함이 마음에서 우러나오는 것이 아니라 인위적으로 꾸며서 하는 것이라면 나중에는 몸이 피곤해지고 짜증이 날 수밖에 없을 것이다. 말을 조심스럽게 하고 행동을 신중하게 하되 그 신중함이 지나치다 보면 타인의 눈에는 기를 못 펴고 주눅이 든 것처럼 보일 것이다. 모든 것을 곧이곧대로 처리하는 사람은 그 완고함 때문에 다른 사람들을 숨 막힐 정도로 갑갑하게 만들기 쉽다. 용맹이 지나치면 두려울 게 없어 반드시 난리를 일으키게 된다.

그러므로 예의원칙에 따라 행동하고 예로써 스스로를 절제한다면 넘치지도 모자라지도 않을 것이다.

원망과 교만은
정비례한다

부자가 노력하면 교만하지 않기 쉽지만,
가난한 사람이 세상을 탓하지 않는 것은 쉽지 않다.

공자가 말했다.

"가난하면서도 원망이 없기는 어렵고, 부자이면서도 교만이 없기는
쉽다."

子曰: "貧而無怨, 難, 富而無驕, 易."
자 왈   빈 이 무 원 난 부 이 무 교 이

공자는 위와 같이 말했지만 현실은 반대이지 않을까? 한국 사회를
봐도 부자이면서도 교만하지 않은 사람은 드물다. 굳이 부자의 예
를 들지 않더라도 숱한 교만이 우리의 마음속에 자리 잡고 있다.
상대의 직업이 천하다는, 나이가 나보다 적다는, 가방끈이 나보다
짧다는 등의 이유로 우리는 남을 업신여기고 폄하하기 일쑤다. 이
러한 교만은 상대적이다. 교만한 사람일수록 그보다 더 권력 있는

사람, 더 지식이 있고, 더 부유한 사람을 만나면 재빨리 주눅이 들기 때문이다. 그러므로 교만은 '교만'이라 쓰고 '열등감'이라 읽어야 한다.

공자의 말은 그래도 부자가 노력하면 교만하지 않기는 쉽지만 가난한 사람이 세상을 탓하지 않으려는 것은 노력해도 그렇게 쉽게 되지 않는다는 것이다. 왜냐하면 가난은 끊임없이 나에게 고통과 번민을 가져다주기 때문이다. 오늘 점심은 무엇을 먹어야지, 무엇을 입고 나가지 등 먹고 입고 자는 것 자체가 고통이다. 이리 되면 존재하는 것 자체도 힘들어진다. 그러니 가난한 사람이 자살과 같은 극단적인 선택을 하는 것이다.

하지만 가난은 개인의 문제라기보다 사회구조적 문제이므로 가난한 사람은 이 사회와 정치를 원망해야 하는 것이 옳다. 교만한 사람이 늘어나면 원망이 늘어나는 이유가 그래서다. 그래도 사람을 미워하지는 말라는 것이 공자 말의 핵심이 아닐까?

나를 알아주는 건
하늘이다

공자가 죽음이 머지않았음을 깨닫고
자신이 도달한 경지에 대한 자부심을 드러냈다.

공자가 말했다.

"나를 알아주는 이가 없구나!"

자공이 물었다.

"어찌하여 선생님을 알아주는 이가 없는 것입니까?"

공자가 말했다.

"나는 하늘을 원망하지 않으며, 인간을 탓하지 않는다. 나는 낮은 것에
서부터 배워 높은 경지에 도달했다. 이런 나를 알아주는 건 저 하늘일
것이다!"

子曰: "莫我知也夫!"
자 왈   막 아 지 야 부

子貢曰: "何爲其莫知子也?"
자 공 왈   하 위 기 막 지 자 야

子曰: "不怨天, 不尤人, 下學而上達. 知我者, 其天乎!"
자왈　불원천　불우인　하학이상달　지아자　기천호

이는 공자가 노년에 이르러 죽음이 머지않았음을 느끼면서 한 말
일 것이다. 하늘을 우러러 한 점 부끄럼 없이 살아왔는데 이제 와
서 세상에서 쓰이지 않았다고, 하늘을 원망하고 사람들이 알아주
지 않는다고 다른 사람을 탓해보았자 무엇하겠는가 하는 자조의
분위기가 풍긴다. 그러면서도 자신이 도달한 경지에 대한 자부심
을 드러낸다.

　하학이상달下學而上達은 공자가 자신의 인생을 돌이켜 보니 어렸
을 때 가난하고 천하게 살다가 열다섯 살에 배움에 뜻을 두고 홀로
공부를 해, 마침내 높은 경지에 도달했음을 한 문장으로 표현한 것
이다. 또는 단순한 것에 진리가 담겨 있다는 뜻이기도 하다. 또 아
래와 위처럼 이항대립적인 관계들, 음과 양, 땅과 하늘, 어둠과 빛
등을 하나로 꿰뚫어 보는 사유능력을 가졌음을 뜻하기도 한다.

스스로를 탓하면
원망이 멀어진다

내 삶에서 일어나는 모든 일은
나와 주변의 상호작용 속에서 발생하는 것이다.

공자가 말했다.

"스스로 자신을 많이 꾸짖고 남을 적게 꾸짖으면 원망이 멀어질 것이다."

子曰: "躬自厚, 而薄責於人, 則遠怨矣."
자왈　 궁자후　 이박책어인　 즉원원의

내 삶에서 나에게 일어나는 모든 일은 나와 내 주변 사람, 주변 사물들과의 상호작용 속에서 발생하는 것이다. 오로지 내가 잘해서만도 아니고, 오로지 내 주변 때문만도 아니다. 전적으로 내 잘못이 아닌 것 같은 일들도, 실은 내가 깨닫지 못한 나의 작용이 있었기 때문이다. 일이 벌어진 상황을 최대한 객관적인 입장에서 살피고 난 후, 나를 중심에 놓고 다시 그 상황을 판단해야 한다. 그럼으로써 무엇이 잘못되었고, 무엇이 나의 문제인지 판단할 수 있게 된

다. 이러한 이치를 깨달을 때만이 진정으로 남보다 자신을 많이 꾸짖을 수 있다.

그리되면 타인에게서 원한을 살 기회도 적어질뿐더러 스스로 자신을 원망하는 것도 사라진다. 나아가 자신을 많이 꾸짖는 습관을 갖추면 자연스레 성찰의 시간이 많아지고, 성찰이 쌓이면 마음 수양이 높아지고, 인간관계에서 어그러짐이 적어질 것이다. 공자가 말한 '궁자후躬自厚 이박책어인而薄責於人'은 서恕와 함께 인간관계에서 내가 갖춰야 할 가장 중요한 덕목이다.

언어보다 사유가
중요하다

언어를 통해 이해하고자 한다면
만물의 이치를 제대로 깨치지 못하기 쉽다.

공자가 말했다.

"이제 나는 말을 하지 않을 것이다."

자공이 물었다.

"선생님께서 말씀을 하지 않으시면 저희들이 무엇을 가르침으로 삼을
수 있으며, 또 무엇을 후세에 전할 수 있겠습니까?"

공자가 대답했다.

"하늘이 말을 하더냐? 사계절은 고요히 운행하고 있으며 온갖 생물은
스스로 나서 자라고 있다. 하늘이 말을 하더냐?"

子曰: "予欲無言."
자 왈   여 욕 무 언

子貢曰: "子如不言, 則小子何述焉?"
자 공 왈   자 여 불 언   즉 소 자 하 술 언

子曰: "天何言哉? 四時行焉, 百物生焉, 天何言哉?"
자왈   천 하 언 재   사 시 행 언   백 물 생 언   천 하 언 재

인간의 배움은 언어를 근간으로 한다. 학교에서 배우든 책에서 배우든 부모에게서 배우든 모든 배움에는 언어활동이 자리 잡고 있다. 언어는 상징체계다. 즉 우리는 언어를 통해서 사물을 표현하고 서로의 생각을 소통할 수 있다. 하지만 언어가 실제를 잘 표현하고 있다고 볼 수만은 없으며, 언어로 표현되지 않는 무수한 현상들이 존재한다.

그 때문에 언어에만 집중하다 보면 만물의 이치와 운행원리를 제대로 살피지 못하는 경우가 허다하다. 언어를 통하지 않더라도 드러나는 것이 있다. 오히려 가르침을 받은 언어를 통해 만물을 이해하고자 한다면 만물의 이치를 제대로 깨치지 못하기 쉽다. 언어가 혁신적 사유를 방해하는 장애물이 되는 것이다.

이 문장에서 공자가 말하고자 하는 것을 노자는 여덟 자로 정리했다. 지자불언知者不言 언자부지言者不知. 아는 사람은 말하지 않고 말하는 사람은 알지 못한다.

세상의 이치를
깨달아라

배움에 뜻을 두고 열심히 정진하다 보면
어느덧 재물이 내 품에 있을 것이다.

공자가 말했다.

"군자는 도道를 도모하지 음식을 도모하지는 않는다. 농사를 지어도
굶주림이 그 가운데 있으며, 학문을 하다 보면 녹봉이 그 가운데 있다.
군자는 도를 걱정하지 가난을 걱정하지는 않는다."

子曰: "君子謀道不謀食. 耕也 餒在其中矣, 學也 祿在其中矣.
자 왈   군 자 모 도 불 모 식   경 야 뇌 재 기 중 의   학 야 녹 재 기 중 의

君子憂道不憂貧."
군 자 우 도 불 우 빈

군자는 반드시 도를 추구해야 한다는 우원迂遠한 이야기를 하는 것
이 아니다. 잘 먹고 잘 살기 위해서 열심히 재물을 모아도 가난함
을 벗어나지 못할 수 있으나, 배움에 뜻을 두고 열심히 정진하다

보면 어느덧 재물이 내 품에 있을 수 있다는 뜻이다.

　10억 모으기를 목표에 두고 주식, 부동산 등 재테크에만 몰입하다 보면, 10억은커녕 본전도 못 건지기 십상이다. 하지만 주식이나 부동산이 어떻게 움직이는가에 뜻을 두고 경제학 등 관련 분야를 열심히 공부하다 보면, 어느덧 10억을 모을 수 있다는 것으로 비유할 수도 있다. 실제로 시골의사 박경철은 후자에 가깝다고 봐야 할 것이다.

　그러므로 군자는 도道, 즉 비유하자면 재테크의 이치를 깨닫지 못함을 걱정하지 재테크를 걱정하지 않는다. 물론 공자가 말한 학문이나 도가 재테크에 관한 것은 아니지만, 무엇이든 그것의 이치를 깨닫는 것이 우선이다.

색을 좋아하듯
덕을 좋아하라

덕을 좋아하는 것은 본성이 아니기 때문에
꾸준한 배움과 자기수양을 통해서만 축적된다.

공자가 말했다.

"나는 덕德을 좋아하기를 색色을 좋아하듯 하는 사람은 아직 보지 못했다."

子曰: "吾未見好德如好色者也."
자 왈　　오 미 견 호 덕 여 호 색 자 야

유가의 경전 중 하나인 『예기禮記』에 '음식남녀飮食男女 인지대욕존언
人之大欲存焉'이라는 말이 있다. 음식과 색色은 사람의 큰 욕망이 머무
는 곳이라는 뜻이다. 1995년에 국내에 개봉한 이안 감독의 〈음식
남녀〉라는 영화의 제목도 여기에서 따온 것이다. 또한 맹자도 말했
듯이 식욕食慾과 색욕色慾은 인간의 본성이다. 그중 색욕, 즉 성욕性慾
은 생명을 지속시키기 위한 사람의 본능이다.

섹스를 통해 인간이 크나큰 쾌락을 느끼도록 한 것은 섹스를 자주 하게 함으로써 인류가 그 개체를 보존할 가능성을 높이기 위한 자연의 이치다. 성욕이 있어야 후손을 낳을 수 있으며 후손을 낳아야 인류를 보존할 수 있는 것이다.

덕德을 좋아하는 것은 인간의 본성이 아니다. 그렇기 때문에 덕은 꾸준한 배움과 자기수양을 통해서만 축적된다. 이것이 아무나 덕자가 될 수 없는 까닭이다. 또한 성욕 앞에 약해지지 않을 사람은 드물다. 하지만 섹스를 좋아하는 그 에너지의 일부라도 덕을 향해 쏟는다면 덕자가 될 수 있을 것이다.

성공할 때도 실패할 때도
인과 함께하라

경쟁에서 패해 낮은 신분이나 지위에 있더라도
주위 사람들과 함께하는 마음을 잃지 말아야 한다.

공자가 말했다.

"부귀는 누구나 원하는 것이지만 정당한 방법으로 얻은 것이 아니면 누리지 말아야 하며, 빈천은 누구나 싫어하는 것이지만 정당한 방법으로 벗어날 수 없으면 벗어나지 말아야 한다. 군자가 인仁을 떠난다면 어떻게 이름을 이루겠는가? 그러니 군자는 밥 한 끼 먹는 동안에도 인을 어기는 법이 없다. 일을 성취할 때도 반드시 인과 함께하며, 실패할 때도 반드시 인과 함께해야 한다."

子曰: "富與貴, 是人之所欲也 不以其道得之, 不處也. 貧與賤,
자왈   부여귀 시인지소욕야 불이기도득지 불처야 빈여천

是人之所惡也 不以其道得之, 不去也. 君子去仁, 惡乎成名?
시인지소오야 불이기도득지 불거야 군자거인 오호성명

君子無終食之間違仁, 造次必於是, 顚沛必於是."
군자무종식지간위인 조차필어시 전패필어시

220

흔히 유가에서는 오로지 가난한 가운데서도 도를 즐기는 안빈낙도 安貧樂道의 삶을 이야기한다고 생각한다. 하지만 이 글을 읽으면 공자의 가르침이 부귀를 멀리하라는 것이 아니라, 다만 가난을 부끄러워하지 말라는 것임을 알 수 있다.

공자의 가르침의 핵심은 부나 명예를 얻을 때 부당한 방법을 쓰지 말고 정정당당히 남들과 경쟁해 얻으라는 것이다. 또한 경쟁에서 패해 가난하고 남들보다 낮은 신분이나 지위에 있더라도, 인仁과 함께한다면 반드시 새로운 기회가 찾아와 이름을 떨칠 기회가 올 것이라는 희망을 준다.

잊지 말라. 인仁은 인人이다. 실패했더라도 자기 자신을 망치지 말고 주위의 사람들과 함께하는 마음을 잃지 말아야 한다. 반대로 성공했다고 오만하게 군다면 곁에 남아 있는 사람이 없을 것이다.

앎과 인에 대한
가르침

지식을 쌓는 이유는 그 지식을 통해
무엇을, 어떻게 행할지 생각하고 판단하기 위해서다.

번지가 앎이란 무엇이냐고 묻자, 공자가 말했다. "사람으로서 마땅히
해야 할 일에 힘쓰고, 귀신을 공경하되 멀리한다면, 안다고 할 수 있
다." 인仁에 대해 묻자 말씀하셨다. "어려운 일을 먼저 하고, 이익이 되
는 일을 뒤에 한다면 인이라 할 수 있을 것이다."

樊遲問知. 子曰: "務民之義, 敬鬼神而遠之, 可謂知矣."
번 지 문 지 자 왈   무 민 지 의 경 귀 신 이 원 지 가 위 지 의

問仁. 曰: "仁者先難而後獲, 可謂仁矣."
문 인 왈   인 자 선 난 이 후 획 가 위 인 의

앎이 내 머릿속의 지식으로만 머물러서는 아무 소용이 없다. 지식
을 쌓는 이유는 그 지식을 통해 무엇을 어떻게 행할지 생각하고
판단하기 위해서다. 당연히 앎이란 실천과 불가분의 관계인 것이

다. 공자는 앎과 실천이 나뉜 것이 아니라, 앎이 곧 실천이라고 강조한다.

또한 앎이란 믿음이 아니다. 사물과 세계에 대한 이성적인 이해는 어떠한 종류의 비이성적인 감정이라도 배격할 때만 완전에 가까운 이해에 도달할 수 있을 것이다. 그러므로 귀신을, 비이성적 믿음을 멀리할 때만이 앎에 다가설 수 있다.

무엇이 어려운 일인가? 내가 얻을 수 있는 이익을 잠시라도 제쳐두는 것이 어려운 일이다. 조금만 더 팔을 뻗으면 부귀와 영화와 명예가 내 품안으로 굴러떨어질 찰나에 먼저 다른 일을 한다는 것은 어려운 일이다. 공자는 내 개인의 이익을 위한 일보다는 공공의, 다수의 이익을 위한 일을 먼저 할 때 인仁하다고 했다. 그렇다고 나를 완전히 희생하라는 것은 아니다. 다만 손해를 조금 볼지언정 나중에 하는 것이 인자仁者의 자세라는 것이다.

배움에 겸허하라

학식을 쌓을수록 겸허한 자세를 잃지 않으면
자연스럽게 내면에 덕이 쌓이게 된다.

증자가 말했다.

"유능하면서도 무능한 사람에게 묻고, 학식이 많으면서도 적은 사람
에게 묻는다. 있으면서도 없는 듯이 하고, 꽉 찼으면서도 텅 빈 듯이 하
며, 남이 시비를 걸어와도 다투며 따지지 않는다. 예전에 나의 벗이 이
러한 경지에 도달했었다."

曾子曰: "以能問於不能, 以多問於寡, 有若無, 實若虛, 犯而不校.
증 자 왈   이 능 문 어 불 능 이 다 문 어 과   유 약 무   실 약 허   범 이 불 교

昔者吾友嘗從事於斯矣."
석 자 오 우 상 종 사 어 사 의

남들보다 많이 배우고 유능한 사람들은 남을 깔보기 쉽다. 주위의
사람들 모두가 자신보다 못하다고 생각하기 시작하면 쉽게 우월감

에 젖어드는 것이다. 하지만 그 우월감이야말로 스스로를 세상에게서 멀어지게 해 패배자의 길로 이끄는 감정이다.

진정한 유능함과 박학다식이란 끊임없는 배움이다. 배움은 그 대상이 따로 없다. 완벽하게 무능하고 무식한 사람이더라도 그에게서 무능하고 무식한 사람이 되지 말아야 한다는 교훈을 배울 수 있다. 하지만 세상에 완벽하게 무능하고 무식한 사람은 없다. 나보다 못한 사람도 없다. 아무리 과학기술이 발전했다 하더라도 첨단 과학으로도 규명하지 못하는 일은 세상에 널리고 널렸다. 그러니 인간이 어찌 겸손하지 않을 수 있겠는가?

학식을 쌓을수록 겸허한 자세를 잃지 않으면 자연스럽게 내면에 덕德이 쌓이게 된다. 덕이 가득 차면 찰수록 텅 빈 듯이 보이며, 이러한 경지에 이르면 남이 쓸데없이 시비를 걸어와도 다투지 않게 된다.

그릇된 욕망을
버려라

원하는 것을 얻으려 남을 원망하는 욕망은 최하다.
그런 욕망을 버려야만 인간답게 살았다고 할 수 있다.

원헌이 물었다.

"남을 이기려고 하고, 자신을 과시하며, 남을 원망하고, 탐욕을 부리는

일, 이 4가지를 하지 않는다면 인(仁)이라 할 수 있겠습니까?"

공자가 말했다.

"실천하기 어려운 일이라 할 수는 있겠지만 인(仁)한지는 모르겠다."

"克·伐·怨·欲, 不行焉, 可以爲仁矣?"
　극　벌　원　욕　불행언　가이위인의

子曰: "可以爲難矣, 仁則吾不知也."
자왈　　가이위난의　인즉오부지야

남을 이기려는 마음과 자신을 과시하려는 마음은 한 가지다. 자신
의 능력을 자랑하기 위해 남을 이기려는 것이기 때문이다. 남을 원

망하고 탐욕을 부리는 일도 그 마음은 한 가지다. 탐욕이 있는 사람은 내가 원하는 일이 뜻대로 안 될 때 남을 원망하기 때문이다. 또한 극克·벌伐·원怨·욕欲도 결국에는 인간의 그릇된 욕망에서 비롯된다고 할 수 있다.

모든 욕망이 나쁘다고 할 수는 없다. 『논어』를 읽고 사람의 길을 가고자 하는 욕망과 같은 것은 좋은 욕망에 속한다. 그러므로 욕망도 등급이 있다. 남을 이겨 자신을 뽐내려 하고 내가 원하는 것을 얻기 위해 남을 원망하는 욕망은 최하등급의 욕망이다. 그러한 욕망을 버리는 사람만이 진정 인간답게 살았다고 할 수 있지 않겠는가?

이익을 보면
의로움을 생각하라

내가 얻고자 하는 이익이 부당한 것은 아닌지
사회에 피해를 끼치지는 않는지 생각해보아야 한다.

자로가 성인成人에 대해 물으니 공자가 말했다.

"이익을 보면 의로움을 생각하고, 위기가 닥치면 목숨을 바치며, 오랜 가난함 속에서도 평소 지향했던 뜻을 잊지 않으면 역시 성인이라 할 수 있을 것이다."

子路問成人. 子曰: "見利思義, 見危授命, 久要不忘平生之言,
자로문성인 자왈   견리사의 견위수명 구요불망평생지언

亦可以爲成人矣."
역 가 이 위 성 인 의

'이익을 보면 의로움을 생각한다'는 뜻의 견리사의見利思義는 요즘 중국의 기업가들이 경영과 유가 사상을 결합시키면서 애용하는 경구라고 한다. 선뜻 이해하기 어렵다. 이익을 추구하는 기업에서 이

익을 눈앞에 두고도 의로움을 생각하다니 말이다. 이익을 보면 더 큰 이익을 추구하는 것이 기업의 경영철학이고, 현대를 살아가는 우리들의 자세다. 반면에 견리사의는 내가 얻고자 하는 이익이 부당한 것은 아닌지, 내가 이익을 얻음으로써 사회에 더 큰 피해를 끼치는 것은 아닌지 생각해보라는 의미다. 견리사의의 의義는 마땅함이다. 견리사의는 그 이익이 내가 취해도 마땅한 이익인지, 그렇지 않은 이익인지 생각하라는 것이다.

견위수명見危授命은 흔히 국가의 위기상황에 충성을 강조할 때 쓰지만, 국가의 위기만을 뜻하는 것은 아니다. 누군가 홍수에 휩쓸려 떠내려가는 상황이나, 회사가 어려움에 처했을 때의 상황도 견위수명 해야 할 상황이다. 회사가 뜻하지 않은 화재로 인해 졸지에 망할 위기에 처해 절망한 경영자가 모든 것을 접으려고 할 때, 직원들이 전 재산을 내놓고 다시 시작해보자고 할 때도 견위수명인 것이다.

성인이란 완성된 사람을 뜻한다. 국어사전에서는 '자라서 어른이 된 사람'으로 풀이하고 있다. 공자가 말한 3가지 조건은 어른이 된 사람이면 누구나 추구해야 할 자세가 아닐까?

곧게 살아라

곧지 않게 사는 삶이란 재수 좋게 죽음을 면한 삶이다.
곧게 태어났으니 곧게 사는 것이다.

공자가 말했다.

"사람의 태어남은 곧다. 그런데도 곧지 않게 사는 삶이란 요행으로 죽

음을 면하는 삶이다."

子曰: "人之生也直. 罔之生也, 幸而免."
자왈   인지생야직   망지생야 행이면

성선설性善說과 성악설性惡說을 둘러싼 논쟁은 현재진행형이다. 맹자
는 성선설을 주장하면서 다음과 같은 예를 들었다. 우물가에서 있
던 아이가 우물에 빠진다면 주위에 있던 사람들은 누구나 달려가
그 아이를 구하고자 한다. 그러므로 인간은 선하게 태어났다는 것
이다.

하지만 이에 대한 반박도 만만치 않다. 요즘 세태를 보면 더욱

그러하다. 길바닥에 사람이 쓰러져 있어도 누구 하나 가까이 가보는 사람조차 없으니 말이다. 하여튼 이러한 주장들은 모두 사람의 한쪽 면만을 본 것이다.

공자의 주장은 생직설生直說이라 할 만하다. 곧게 태어났으니 곧게 살라는 것이다. '망罔'은 거짓말을 일삼으며, 남을 속이고, 사기치며 사는 삶을 가르킨다. 이렇게 사는 삶이란 죽어 마땅한 삶이지만 그나마 운으로 사는 삶이란 뜻이다. 뉴스를 보면 부정부패를 저질렀다가 검찰 수사대상이 되어 자살하는 경우도 드물지 않다. 이러한 사례를 보면 공자의 말이 진실로 옳다는 생각이 든다.

옳지 않은 일에 유혹당할 때마다 공자의 말을 떠올려보라. "곧지 않게 사는 삶이란 재수 좋게 죽음을 면한 삶이다." 죽지 않으려면 곧게 살아야 하지 않겠는가?

인한 사람이 되고자 한다면
악행을 저지르지 마라

인은 악하지 않다는 것이다.
인하고자 한다면 악행을 저지르지 않으면 된다.

공자가 말했다.

"진실로 인仁에 뜻을 둔다면 악행은 없다."

子曰: "苟志於仁矣, 無惡也."
자 왈   구 지 어 인 의   무 악 야

어느 날 제자 자장이 공자에게 물었다. "자문이라는 사람이 세 번
이나 영윤 자리에 올랐으나 한 번도 기뻐한 적이 없으며, 세 번 그
만두게 되었으나 이에 대해 화를 낸 적이 없습니다. 영윤 자리에서
물러날 때는 신임 영윤에게 업무 인수인계를 반드시 했습니다. 자
문은 어떻습니까?" 공자께서 대답하셨다. "충성스런 사람이다." 다
시 자장이 물었다. "인仁한 사람입니까?" 이에 공자는 "나도 모르겠
다. 어찌 인하다 하겠느냐?"

이 대화에서처럼 공자는 인에 대해 개념적 정의를 내리지 않았으며, 누가 인하지 않냐고 물으면 모르겠다는 말만 되풀이했다. 간혹 제자들이 인이 무엇이냐고 물으면, 무엇이라고 대답한 경우는 있으나 질문한 제자의 개인적 성격이나 상황 등을 고려해 답변을 했다. 그렇기 때문에 그런 답변이 인에 대한 정의라고 보기는 어렵다. 그런 탓에 지금도 인에 대한 해석은 분분하다.

이 장에서는 인을 설명하기 위해 악惡을 동원하고 있다. 인은 악하지 않다는 것이다. 그러므로 내가 인하고자 한다면 악행을 저지르지 않으면 되는 것이다.

군자는 덕과 법을
생각해 행동한다

나보다 남을 먼저 생각하기 위해서는
나를 억누르는 자세를 지녀야 한다.

공자가 말했다.

"군자는 덕德을 생각하고 소인은 편안한 삶의 터를 생각한다. 군자는
법法을 생각하고 소인은 특혜를 생각한다."

子曰: "君子懷德, 小人懷土. 君子懷刑, 小人懷惠."
자 왈   군 자 회 덕   소 인 회 토   군 자 회 형   소 인 회 혜

공자는 인仁과 마찬가지로 덕德에 대해서도 개념적 정의를 내리지
않는다. 대신 덕의 반대 개념으로 토土를 등장시킨다. 덕이 무엇인
지 알기 위해서는 토에 대해 생각해보면 된다. 여기서 토는 '편안히
살 수 있는 땅'을 뜻하므로 덕은 '내 한 몸의 안일함만을 추구하지
않는 정신 자세'로 볼 수 있다.

그러므로 덕은 인仁이다. 나보다 남을 먼저 생각하기 위해서는

나를 억누르는 자세를 지녀야 한다. 또한 덕은 득得이다. 나를 억누르고 인의仁義의 원칙에 따른 삶의 길을 걸어서 나의 내면에 쌓이게 된 그 무엇이기 때문이다. 따라서 덕은 안다고 해서, 원한다고 해서 가질 수 있는 것이 아니다. 꾸준한 자기 수양과 겸허한 실천을 통해서만 도달할 수 있는 정신의 단계인 것이다.

형刑은 형벌이 아니라 법을 가리키며, 군자는 약속된 사회질서나 인의를 벗어나는 것을 두려워한다는 의미다. 반면에 소인은 자신이 잘못을 저질러놓고는 그 잘못을 반성하기는커녕 어떤 은혜나 사면을 통해 특혜받기를 원한다는 뜻이다.

인 간 관 계

처 세

자 기 계 발

마 음 공 부

리 더 십

5장

리더십

리더의 원칙

측근들을 지나치게 중요 직책에 앉히거나
감싸지는 말고, 또한 그들을 버리거나 홀대하면 안 된다.

주공이 아들 노공에게 말했다.

"군자는 좋은 자리를 그 친척에게 베풀지 않으며, 대신들로 하여금 써

주지 않는다고 원망하게 하지 않는다. 오래 함께한 사람이 큰 잘못이

없으면 버리지 않으며, 한 사람에게 완벽함을 요구하지 않는다."

周公謂魯公曰: "君子不施其親, 不使大臣怨乎不以. 故舊無大故,
주 공 위 노 공 왈　　군 자 불 시 기 친　 불 사 대 신 원 호 불 이　 고 구 무 대 고

則不棄也. 無求備於一人."
즉 불 기 야　 무 구 비 어 일 인

노나라는 주나라의 섭정이었던 주공이 분봉^{分封}된 나라였으나 너
무 바빠 부임할 수 없었던 주공은 자신의 아들 백금을 노나라에 보
내 다스리도록 했다. 이 글은 주공이 아들을 노나라에 보내면서 지

도자로서 나라를 다스릴 때의 원칙을 말해준 것이다.

우리 사회에서는 회사의 사장이나 주요 임원이 되면 자신의 측근이나 친척을 회사에 취직시켜주거나 좋은 자리에 앉히는 것이 인지상정이라고 생각하지만, 주공은 리더의 첫째 원칙으로 사적인 관계보다는 집단의 이익을 중시할 것을 요구한 것이다.

둘째 원칙은 회사의 임원들이 진정으로 충성을 다하도록 하기 위해서는 쓸모없는 사람이라는 느낌을 받지 않도록 해야 한다는 것이다. 이는 첫째 원칙과 관련된 것으로 자신의 측근만을 챙기지 말라는 뜻이다. 그러기 위해서는 누구의 말이라도 경청해주고 열심히 할 수 있도록 독려해주는 리더의 자세가 필요하다.

셋째 원칙은 사람들이 그 리더를 따를 수 있도록 하는 가장 중요한 원칙이다. 오랫동안 함께해왔던 사람들이 토사구팽을 당한다면 아무도 그 리더를 위해 충성을 다하지 않을 것이다. 즉 측근들을 지나치게 중요 직책에 앉히거나 그들만을 감싸지 말되, 또한 그들을 버리거나 홀대하지도 말라는 뜻이다.

마지막으로 한 사람에게 완벽함을 요구하지 않음으로써 누구에게나 관대함을 지닌 리더가 될 수 있다. 인간은 불완전한 존재다. 특히 장점이 많은 사람은 단점도 많다. 이번에 완벽히 일을 잘했다고 해서 다음에도 똑같이 잘하라는 법은 없다. 완벽함을 추구하기보다는 최선을 다하도록 독려해야 한다.

리더는
의에 따를 뿐이다

일을 할 때는 개인적인 감정이나 기준을 내세우지 않고,
공공의 원칙에 맞게 해야 한다.

공자가 말했다.

"군자는 세상일에 나아갈 때 꼭 해야 한다는 것도 없고, 절대 하지 말
아야 하는 것도 없다. 오직 의義에 따르고, 의와 함께할 뿐이다."

子曰: "君子之於天下也, 無適也, 無莫也, 義之與比."
자 왈   군 자 지 어 천 하 야   무 적 야   무 막 야   의 지 여 비

군자란 리더다. 자기 내면을 잘 다스려 남을 이끌어주는 사람이야
말로 리더라 할 수 있다. 군자가 세상일에 대해 꼭 해야 한다는 것
도 없고, 하지 말아야 하는 것도 없다는 말은 일을 처리하는 데 개
인적인 감정이나 기준을 내세우지 않고 공공의 원칙에 맞게 해야
한다는 것이다.

　의義는 '양 양羊'과 '나 아我'가 합쳐져 만들어진 글자다. 풀이하면

나의 마음 씀씀이와 행동거지를 양처럼 착하게 한다는 뜻이다. 이것이 점점 제사에 바쳐지는 희생양을 예법에 맞게 자르는 것을 가리키면서 나중에는 '올바르다', '마땅하다'의 뜻을 지니게 되었다.

정약용은 의를 시중지의時中之義라 정의내리고, 이것을 풀이하기를 "의에 맞으면 행하고 의에 어긋나면 멈춘다"고 했다. 즉 리더는 세상일에 대해 마땅하고 그것이 올바른지를 판단해 나아가고 멈출 뿐이다.

덕치란 무위다

리더는 부지런하게 움직이거나 만사에 간섭하지 않으며,
덕으로 다스리지만 성원들이 우러러보고 따른다.

공자가 말했다.

"덕德으로 정치를 하는 것은, 비유하자면 북극성은 제자리에 머물러 있
고 뭇별들이 북극성을 중심으로 회전하는 것과 같다."

子曰: "爲政以德, 譬如北辰居其所而衆星共之."
자 왈   위 정 이 덕   비 여 북 신 거 기 소 이 중 성 공 지

북극성은 작은곰자리의 꼬리에 있는 알파별로, 작은곰자리에서 가
장 밝게 빛나며 천구의 북극에 가장 가까이 자리하고 있다. 일주운
동을 하고 있으나 회전반경이 작아 정지해 있는 것처럼 보여 옛날
부터 방위의 기준으로 사용하고 있다. 그래서 뭇별들이 북극성을
중심으로 회전하고 있는 것처럼 보인다.

이와 같은 모습을 마치 다른 별들이 북극성을 섬기며 주위를 맴

도는 것이라고 생각했다. 이러한 점에 착안해 공자는 덕치德治란 북극성과 같이 무위無爲, 함이 없음의 자세를 갖춰야 함을 설파한 것이다. 리더는 스스로 부지런하게 움직이거나 만사에 간섭하지 않고 덕으로만 다스려 성원들이 자신을 우러러보고 따르게 한다. 송나라 때 역사가인 범순부는 다음과 같이 문장을 해석했다.

"덕으로 정치를 하면 특별히 움직이지 않아도 사람들이 교화되며, 말로 설명하지 않아도 믿게 되며, 하지 않아도 일이 이루어지는 것이다. 간략함을 지켜나가면서도 번거로운 것들을 제어할 수 있으며, 고요히 머무르면서도 움직이는 것들을 제어할 수 있으며, 힘을 적게 들이고도 많은 사람들을 복종시킬 수 있다."

덕예지치

부끄러움을 깨닫게 해 스스로 바른 길을 걷게 하는 것,
그것이 바로 공자가 말한 덕치주의의 핵심이다.

공자가 말했다.

"정령政令으로 이끌고 형벌로 바르게 하면, 서민들은 벗어나려고만 할

뿐 부끄러워하지 않는다. 하지만 덕德으로 이끌고 예禮로써 바르게 하

면, 부끄러워할 뿐만 아니라 떳떳해진다."

子曰: "道之以政, 齊之以刑, 民免而無恥. 道之以德, 齊之以禮,
자 왈   도 지 이 정   제 지 이 형   민 면 이 무 치   도 지 이 덕   제 지 이 례

有恥且格."
유 치 차 격

다스림의 기술로 덕德과 예禮를 내세우는 공자 정치사상의 핵심이

담겨 있는 문장이다. 이 문장은 덕에 정政을, 예에 형刑을 대비시켰

다. 덕과 예는 인간 내면의 정신이고, 정과 형은 인간 외면에 존재

해 인간을 강압하는 제도다. 이런 점에서 인간의 자율적 의지와 타율적 강압을 다스림의 차원에서 바라본 것이다. 공자는 자율과 타율의 구분 기준으로 '부끄러움'을 내세웠는데, 부끄러움도 인간 정신의 한 측면이라는 점에서 공자의 사상이 인본주의를 바탕으로 한다는 것이 분명히 드러나는 문장이다.

정형政刑을 분명히 밝히면 사람들이 형벌의 두려움에서 벗어나기 위해 법으로 금하는 것을 침범하지 않는다는 것이 법가의 주장이다. 형벌을 크게 함으로써 형벌을 침범하는 행위를 하지 않도록 한다는 이형거형以刑去刑인 것이다. 반면에 공자가 주장하는 핵심은 정형으로 사회를 잘 다스린다 해도 그 성원들에게 부끄러움이 없다면, 그 사회는 바람직한 사회가 아니라는 것이다. 부끄러움을 깨닫게 하여 스스로 올바른 길을 걷도록 하는 것, 그것이 바로 공자가 말한 덕치주의의 핵심이다.

하지만 현실에서 '부끄러움'을 알게 한다고 해서 다스림이 가능하지는 않다. 극심한 배고픔을 참아가며 인간다움을 유지할 수 있는 사람은 별로 없다. 배고픔의 당사자가 본인이 아니라 가족이라면 부끄러움 따위는 스스럼없이 내팽개칠 수밖에 없는 것이 인지상정이다. 공자의 덕치에 대한 끝없는 추구는 존경할 만한 것이지만, 현실에서는 정과 덕과 예와 형을 적절히 조화시켜 운용할 수밖에 없는 것이 인간 사회다.

5가지 다스림의
원칙

백성을 사랑하는 조건은 윗사람이 재화를 아껴
백성이 곤궁해지지 않게 하는 것이다.

공자가 말했다.

"천승千乘의 나라를 다스릴 때는 매사를 공경스럽게 해 믿음을 쌓으며,

씀씀이를 알맞게 하며 사람을 사랑하고, 백성을 부리는 데는 때에 맞

추어 해야 한다."

子曰: "道千乘之國, 敬事而信, 節用而愛人, 使民以時."
자왈　도천승지국　경사이신　절용이애인　사민이시

승乘은 말 네 마리가 끄는 전차戰車로, 당시 병력을 셀 때 주로 사용

하던 단위였다. 천승의 나라란 천 대의 전차를 지닐 수 있는 국력

을 가진 나라를 뜻하는 것으로, 이는 당시의 경제력으로 보았을 때

대단한 군사적 규모였다. 그렇지만 공자의 말이 꼭 천승의 나라와

같은 큰 나라에 한정된다기보다는 다스림(治)의 원칙 정도로 이해

하면 된다.

 공자가 말한 다스림의 원칙은 경敬, 신信, 절節, 애愛, 시時다. 경은 주일무적主一無適, 즉 한 가지에 일관되게 집중해 흐트러짐이 없는 상태다. 경사이신은 일을 할 때 집중해 완벽하게 처리함으로써 타인에게 믿음을 얻는 것이다. 절節은 절약의 뜻이다. 절용이애인은 윗사람이 재화를 흥청망청 쓰면 백성이 곤궁해지므로 씀씀이를 아껴 백성이 곤궁해지지 않게 하라는 뜻이다. 그러므로 절용은 애인의 조건이 된다. 사민이시에서 시時는 농한기를 가리키는 것으로, 나라의 각종 사역에 백성들을 동원할 때는 농한기에 하라는 뜻이다. 농번기에 백성을 동원하면 한 해의 농사를 망치게 되며 이는 곤궁함으로 이어지기 때문이다.

올곧은 사람을
등용하라

올곧은 사람을 윗자리에 앉혀
아랫사람들이 본받도록 하는 것이 중요하다.

노나라 애공이 물었다. "어떻게 하면 백성들이 따릅니까?"

공자가 대답했다. "올곧은 사람을 등용해 굽은 사람들 위에 놓으면 백
성들이 따를 것이며, 굽은 사람을 등용해 올곧은 사람들 위에 놓으면
백성들이 따르지 않을 것입니다."

哀公問曰: "何爲則民服?"
애 공 문 왈   하 위 즉 민 복

孔子對曰: "擧直錯諸枉 則民服, 擧枉錯諸直 則民不服."
공 자 대 왈   거 직 조 저 왕 즉 민 복 거 왕 조 저 직 즉 민 불 복

리더십의 사전적 정의는 '조직이나 집단의 목표를 달성하기 위해
일정한 방향을 제시하고 구성원들이 집단활동에 참여하도록 이끌
어 성과를 창출하는 능력'이다. 리더십을 제대로 실현하기 위해서

는 구성원들을 리더가 가리키는 방향으로 이끄는 능력이 필수다. 카리스마, 섬김, 따뜻함 등은 이 능력의 다양한 형태를 표현한 단어다. 여기에 또 한 가지 가장 필수적인 것이 바로 정직이다.

기업의 CEO가 올곧지 않은 사람이라면 어느 직원들이 진심으로 따를 것인가? 갖은 위법 행위를 다 저지르면서도 정작 자신은 직원들에게 정직과 부정부패 척결을 강조한다면 비웃음과 냉소만 가득할 것이다. 윗사람이 굽은 행동을 하면 아랫사람도 굽어질 것이고, 이는 조직의 집단적 타락현상으로 이어진다.

이를 막기 위해서는 올곧은 사람을 윗자리에 앉혀 아랫사람들이 그것을 본받도록 하는 것이 중요하다. 거직조저왕은 목표 달성과 성공을 위해 위법행위와 부정부패는 필요하다는 생각이 만연한 현대 사회가 가장 실천해야 할 금언이다.

충으로 섬기고
예로 부려라

충은 예와 같이 사용되어야만 할 개념이며,
서로에게 필요조건이 되어야 한다.

노나라 정공이 물었다.

"임금이 신하를 부리고 신하가 임금을 섬길 때 어떻게 해야 합니까?"

공자가 말했다.

"임금은 예禮로 신하를 부려야 하고, 신하는 충忠으로 임금을 섬겨야

합니다."

定公問: "君使臣, 臣事君, 如之何?"
정공문　군사신　신사군　여지하

孔子對曰: "君使臣以禮, 臣事君以忠."
공자대왈　군사신이례　신사군이충

우리는 흔히 충을 아랫사람이 윗사람에 대해 또는 소속된 조직에

대해 가져야 할 일방적 의무라고 생각한다. 그렇지만 충은 홀로 사

용되는 것이 아니라, 예와 같이 사용되어야만 하는 개념이다. 충과 예는 서로에게 필요조건이 되어야 한다. 만약 윗사람이 예로 아랫사람을 대하지 않는다면 두말할 나위 없이 아랫사람은 충을 유지할 필요가 없다. 반대로 아랫사람이 윗사람을 충으로 섬기지 않는다면 윗사람 또한 예로 대할 필요가 없다.

그러니 윗사람은 아랫사람이 불충할 것을 걱정하지 말고 예를 다하면 되는 것이고, 아랫사람은 윗사람이 무례할 것을 걱정하기보다 스스로의 충이 부족할 것을 걱정해야 한다. 그러면 상하 간의 관계가 충예忠禮로 두텁게 이루어질 것이다.

또 유념해야 할 것은 예는 개인의 윤리규범에 그치는 것이 아니라 사회 질서의 근간이라는 것이다. 따라서 무례란 윗사람의 방자한 태도와 행동을 가리킬 뿐만 아니라, 사회의 질서를 흔들고 조직의 이익만을 추구하는 것이기도 하다. 공공의 이익보다 조직의 이익만을 추구하면서 충을 강요한다면, 그러한 충은 마땅히 버려도 된다.

윗자리에 있을수록
관대하라

윗사람은 덕과 예로써 아랫사람을 대하고,
사소한 실수나 잘못에 대해서는 너그러워야 한다.

공자가 말했다.

"윗자리에 있으면서 너그럽지 않으며, 예禮를 행하면서 공경스럽지 않
고, 장사를 지내면서 슬퍼하지 않는다면, 내가 무엇으로 그를 평가하
겠는가?"

子曰: "居上不寬, 爲禮不敬, 臨喪不哀, 吾何以觀之哉?"
자 왈   거 상 불 관 위 례 불 경 임 상 불 애 오 하 이 관 지 재

누군가의 윗자리에 앉는다는 것은 아랫사람을 훌륭하게 이끌어야
할 의무를 지녔음을 뜻한다. 팀장 자리에 앉아 팀장에게 주어진 업
무만 성실히 한다고 팀원들에게 윗사람이 되는 것은 아니다. 윗사
람은 윗사람다워야 한다. 윗사람이 갖춰야 할 덕목 중 하나로 공자
는 관대함을 꼽았다. 윗사람은 덕德과 예禮로써 아랫사람을 대하고

나아가 아랫사람의 사소한 실수나 잘못에 대해서는 대범하게 용서하는 너그러움을 지녀야 한다.

겉으로는 예의 있는 척하면서 속으로 공경하는 마음이 없다면 이는 남을 속이는 것과 다름없다. 겉으로 드러내는 예의만큼 인간에 대한 존중을 평소에도 마음속에 지녀야 한다. 또 죽음과 같은 비통하거나 고통스러운 일을 보고 슬퍼하는 마음이 없다면 이는 인간이기를 포기한 사람이다. 이 3가지가 없다면 그는 볼 장 다 본 사람이라는 것이 공자의 사람에 대한 평가관이다.

믿음이 없으면
설 수가 없다

부국강병의 요소는 물리적인 것이 아니라
정신적인 것에 있다.

자공이 정치에 대해 물으니 공자가 말했다. "먹을거리를 풍족하게 하고, 군대를 튼튼히 하고, 백성들이 믿음을 갖게 하는 것이다." 자공이 다시 물었다. "어쩔 수 없이 하나를 반드시 버려야 한다면 이 셋 중에서 무엇을 먼저 버려야 합니까?" 공자가 대답했다. "군대를 버려라." 또 자공이 물었다. "어쩔 수 없이 반드시 하나를 버려야 한다면 나머지 둘 중에서 무엇을 먼저 버려야 합니까?" 공자가 대답했다. "먹을거리를 버려라. 예로부터 사람은 누구나 죽기 마련이지만 백성의 믿음이 없으면 설 수가 없다."

子貢問政. 子曰: "足食, 足兵, 民信之矣." 子貢曰: "必不得已而去,
자공문정 자왈   족식 족병 민신지의   자공왈   필부득이이거

於斯三者何先?" 曰: "去兵." 子貢曰: "必不得已而去,
어사삼자하선   왈   거병   자공왈   필부득이이거

於斯二者何先?"
어 사 이 자 하 선

曰: "去食. 自古皆有死, 民無信不立."
왈　거 식　자 고 개 유 사　민 무 신 불 립

공자는 정치의 요체를 3가지로 꼽았다. 먹을거리(食), 군대(兵), 백성의 믿음(民信)이 그것이다. 먹을거리는 경제다. 모든 사람의 의식주를 풍족하게 해서 인간다운 삶을 누릴 수 있는 최소한의 기반을 마련해주어야 하는 것이 정치다. 군대는 외국의 침략을 막기 위해 필요하다. 영토를 지켜 사람들의 삶을 안정시키기 위해서는 필수다.

하지만 정치에서 이보다 더 중요한 것은 백성들의 믿음이다. 백성이 군주를 믿고 군주도 백성을 믿고 사람들 사이에서도 믿음이 굳건하다면 경제가 원활치 않더라도 서로 다독이고 견뎌 언젠가는 경제가 다시 회복될 것이며, 나라가 외부의 침략으로 위태롭다면 군대를 가고자 하는 청년들이 넘쳐날 것이다. 그렇지만 믿음이 없다면 경제가 어려워지더라도 사재기가 횡행할 것이고, 전쟁이 일어난다면 오히려 외국으로 도망가는 사람들이 늘어날 것이다.

경제와 군대는 올바른 정치의 물리적 요체지만, 믿음은 무형의 정신으로 인간 내면에서 우러나온다. 경제와 군대는 부국강병으로 표현되는데, 공자는 부국강병의 요소가 결코 물리적인 것에만 있는 것이 아니라 정신적인 것에도 있음을 말한 것이다.

리더가 갖추어야 할
3가지 자세

구성원들과의 친밀감, 유대감을 돈독히 하면서도
일을 처리할 때는 엄격함을 지녀야 한다.

공자가 말했다. "군자는 섬기기는 쉬워도 기쁘게 하기는 어려우니, 도道
로써 기쁘게 하지 않으면 기뻐하지 않는다. 군자는 사람을 부릴 때 그
사람의 그릇에 맞게 쓴다. 소인은 섬기기는 어려워도 기쁘게 하기는
쉬우니, 도가 아닌 것으로 기쁘게 하더라도 기뻐한다. 소인이 사람을
부릴 때는 그 사람에게 완벽을 요구한다."

子曰: "君子易事而難說也. 說之不以道, 不說也. 及其使人也, 器之.
자왈　군자이사이난열야　열지불이도　불열야　급기사인야　기지

小人難事而易說也. 說之雖不以道, 說也. 及其使人也, 求備焉."
소인난사이이열야　열지수불이도　열야　급기사인야　구비언

공자는 리더가 갖추어야 할 3가지 자세로 이사易事, 난열難說, 기지器
之를 꼽았다. 첫째, '이사'는 '섬기기 쉽다'는 뜻으로, 구성원들과의

친밀감, 유대감을 돈독히 하면서도 일을 처리할 때는 엄격함을 지닌 것이다. 리더가 이리저리 흔들리지 않고 일을 처리할 때의 기준이 뚜렷해 구성원들에게 신망을 받고 있으며, 함부로 군림하려 하거나 오만방자해지지 않는 것이다.

'난열'은 '기쁘게 하기 어렵다'는 뜻으로, 기뻐할 만한 일이라도 그 일의 전후과정을 충분히 살펴 올바르지 않은 것이 있는지 알아본 후에야 기뻐하는 것이다. 리더가 아무 일에나 기뻐하면 아랫사람들은 그 기분에 맞추기 위해 기뻐할 만한 일만을 추구하게 되고, 마땅히 해야 할 일은 내팽개치기 마련이다. 따라서 리더가 기뻐해야 할 일은 개인의 이익과 기분에 맞는 일이 아니라 공동체의 이익에 부합되는 일이어야 한다.

마지막 '기지'는 '인물의 그릇에 맞춘다'는 뜻으로 업무를 배분하거나 일을 시킬 때는 그 사람의 기질과 성정에 맞춘다는 것이다. 그렇게 함으로써 일이 성공할 확률이 높아지며, 설령 일이 실패하더라도 누구도 그 사람을 탓하지 않게 된다.

리더가 탐욕을 부리면
어지러워진다

다스리는 자가 먼저 탐욕을 부리지 않는다면
백성들도 자연스럽게 탐욕을 부리지 않을 것이다.

계강자가 도둑을 걱정한 나머지 공자에게 물었다. 공자가 대답했다.
"그대가 탐욕을 부리지 않으면 설령 상을 내린다 해도 도둑질을 하지
않을 것이다."

季康子患盜, 問於孔子. 孔子對曰: "苟子之不欲, 雖賞之不竊."
계 강 자 환 도　문 어 공 자　공 자 대 왈　　구 자 지 불 욕　수 상 지 부 절

만약 윗사람이 탐욕을 부리지 않고 백성의 것을 도둑질하지 않으
면 백성들도 윗사람을 본받아 도둑질하지 않을 것이다. 하지만 만
약 윗사람이 도둑질을 했는데도 형벌을 받지 않는다면 아랫사람도
그 행위를 따라 해도 되는 것으로 생각하고 형벌을 무서워하지 않
기 마련이다.

　도둑질과 같은 사회의 평화와 안정을 해치는 행위를 금지하기

위해 이를 형벌로 다스린다면, 영원히 도둑을 없애지 못할 것이다. 형벌을 내세우기 전에 다스리는 자가 먼저 탐욕을 부리지 않는다면, 백성들도 자연스럽게 탐욕을 부리지 않을 것이다.

그러므로 진정으로 도둑을 걱정한다면 다스리는 자가 먼저 자신에게 탐욕이 있지 않은지 스스로를 반성해보아야 한다. 아랫사람이 자신을 속이지 않기를 바란다면 스스로가 먼저 남을 속이지 말아야 한다. 결국 아랫사람을 잘 다스리고 못 다스리고는 나에게 달려 있다.

리더의 4가지 도

명분이 옳아야 구성원에게서 동의를 얻을 수 있으며,
이는 일의 성공에 큰 영향을 끼친다.

공자가 자산에 대해 평가했다.

"군자의 4가지 도를 가진 사람이다. 스스로의 행실이 공손하며, 윗사람을 섬김이 공경스러우며, 백성을 기름이 은혜로우며, 백성을 부림이 올바르다."

子謂子産: "有君子之道四焉. 其行己也恭, 其事上也敬, 其養民也惠,
자 위 자 산   유 군 자 지 도 사 언   기 행 기 야 공   기 사 상 야 경   기 양 민 야 혜

其使民也義."
기 사 민 야 의

자산은 정나라 왕족 출신의 재상으로 흔히 정자산으로 불린다. 정자산은 중국 역사상 최초로 청동솥에 성문법을 새겨 넣어 전국에 공포한 사람으로, 이로 인해 후대 법가 사상가들이 법가의 선구자

로 여긴다. 법가 사상가들이 줄기차게 주장한 법의 공개성과 법의 성문화를 최초로 실현한 재상이다.

하지만 정자산의 통치가 후대의 법가의 그것과 똑같다고 할 수는 없다. 법의 공포를 통해 자신의 개혁에 반대하는 세력을 다스리고 나아가 개혁을 완성하고자 했지만 그 다스림의 근본에는 공자가 평가한 것과 같은 유가의 사상이 있다. 정자산은 법가와 유가 사상을 조화롭게 실현한 사람이라 할 수 있다.

공恭과 경敬은 리더가 자신과 윗사람을 대할 때의 태도이고, 혜惠와 의義는 리더십의 요체다. 구성원들에게 은혜로워야 하며 일을 시킬 때는 의로움을 원칙으로 해야 한다는 것이다. 즉 올바른 명분이 있어야 함을 뜻한다. 명분이 옳아야 구성원에게서 흔쾌히 동의를 얻을 수 있으며, 이는 일의 성공에 큰 영향을 끼친다.

헐뜯는 말과
하소연을 경계하라

남을 헐뜯는 말과 사익을 위한 하소연을 잘 가려내어
올바른 결정을 내리는 것이 뛰어난 판단력이다.

자장이 밝음에 대해 물으니, 공자가 말했다.

"물이 스며들 듯 은근히 하는 헐뜯는 말과 피부에 와 닿을 듯 절박하게
하는 하소연이 먹혀들지 않는 사람이라면 밝다고 할 수 있다. 또한 물
이 스며들 듯 은근히 하는 헐뜯는 말과 피부에 와 닿을 듯 절박하게 하
는 하소연이 먹혀들지 않는다면 고원高遠한 사람이라 할 수 있다."

子張問明. 子曰: "浸潤之譖, 膚受之愬, 不行焉, 可謂明也已矣.
자 장 문 명　자 왈　　침 윤 지 참　부 수 지 소　불 행 언　가 위 명 야 이 의

浸潤之譖, 膚受之愬, 不行焉, 可謂遠也已矣."
침 윤 지 참　부 수 지 소　불 행 언　가 위 원 야 이 의

위대한 리더의 대부분은 뛰어난 판단력을 지닌 사람들이다. 리더
와 구성원들을 가르는 가장 핵심적인 차이는 판단을 내려야 하는

자리에 있느냐는 점이다. 또 그 판단을 통해 책임을 져야 하는 사람이 리더다. 반면에 구성원들은 리더에게 이러저러한 말들을 늘어놓을 수는 있지만 판단을 내릴 만한 위치에 있지는 않으므로, 자신이 한 말에서 자유로울 수 있다.

리더라고 해서 판단에 필요한 모든 정보를 다 알 수는 없으며, 복잡다단한 현대 사회에서는 더욱 그렇다. 그럴 때 측근과 참모들이 가지고 있는 정보와 조언을 듣는 것이 필수적이다. 하지만 그 정보와 조언들 중에는 은근히 남을 헐뜯는 말과 사익을 위한 하소연도 섞여 있기 마련이다. 뛰어난 판단력이란 이러한 말들을 잘 가려내어 올바른 결정을 내리는 능력이다.

침윤지참浸潤之譖과 부수지소膚受之愬를 잘 가려내는 능력을 갖추기란 쉽지 않다. 공자는 이러한 능력을 갖춘 리더를 가리켜 밝은 리더일 뿐만 아니라, 고원高遠, 품은 뜻이 높고 원대함하다고 표현했다.

사람을 아는 것이
지(知)다

인재 추천을 장려하고 현명한 자를 추천한 사람에게
큰 공을 내리는 것도 지인에 속한다고 할 수 있다.

번지가 인仁에 대해 물으니 공자가 말했다.

"사람을 사랑하는 것이다."

또 지知에 대해 물으니 공자가 말했다.

"사람을 아는 것이다."

樊遲問仁. 子曰: "愛人."
번 지 문 인   자 왈   애 인

問知. 子曰: "知人."
문 지   자 왈   지 인

흔히 조직의 3대 요소로 꼽는 것이 사람, 이념, 돈이다. 이념은 거
창한 이데올로기를 가리키는 것이 아니라 공동체의 가치를 뜻한
다. 유명한 구글의 사훈 중 하나인 "사악해지지 말자^{Don't be evil}"를

예로 들 수 있다. 이것도 구글의 구성원들이 추구하는 이념이라 할 수 있다.

3대 요소 중 첫째로 사람을 꼽는 것에서 알 수 있듯이 사람이 가장 중요하다. 그래서 리더가 갖추어야 할 가장 중요한 능력은 지인知人이다. 지인은 사람을 분별하는 능력이다. 현명하고 능력 있는 자를 가려내 알맞은 자리에 등용할 줄 아는 능력이다.

그렇지만 리더가 모든 성원들을 속속들이 파악할 수는 없다. 그럴 때 필요한 것이 인재 추천제다. 인재 추천을 장려하고 현명한 자를 추천한 사람에게 큰 공을 내리는 것도 공자가 말한 지인에 속한다고 할 수 있다. 그래서 관중보다 그 관중을 추천한 포숙에게, 임진왜란에서 조선을 지키는 데 가장 큰 공을 세운 이순신보다 그를 추천한 유성룡에게 더 많은 칭찬이 주어져야 하는 것이다.

죽은 천리마의
뼈다귀를 사라

주위 사람을 등용하면 인재들이 찾아올 것이라는 말은
이것이 당시에 보편적인 채용술이었음을 보여준다.

제자 중궁이 계씨의 가신이 되어 정치에 대해 묻자 공자가 말했다.

"먼저 실무는 관리에게 맡기고, 작은 허물은 용서해주며, 현명한 자와

재능 있는 자를 등용하라."

"현명한 자와 재능 있는 자를 어떻게 알아보고 등용합니까?"

"네가 아는 사람들 중에서 찾아 우선 등용한다면 네가 모르는 인재를

남들이 내버려 두겠느냐?"

仲弓爲季氏宰, 問政. 子曰: "先有司, 赦小過, 擧賢才."
중궁위계씨재 문정 자왈　선유사 사소과 거현재

曰: "焉知賢才而擧之?"
왈　언지현재이거지

曰: "擧爾所知. 爾所不知, 人其舍諸?"
왈　거이소지 이소부지 인기사저

어느 날 연나라 소왕이 스승 곽외에게 인재를 구하는 방법을 물었다. 그러자 곽외는 이렇게 말했다.

"옛날에 어떤 왕이 천리마를 구하려 노력했지만 몇 년이 지나도록 구하지 못했습니다. 그러던 어느 날 한 하급 관리가 천금을 주면 천리마를 구해오겠다고 나서자 왕은 그에게 일을 맡겼습니다. 그런데 몇 달 후 그 관리는 죽은 천리마를 오백 금이나 주고 사온 것이었습니다. 화가 난 왕이 관리에게 어떻게 된 일이냐고 물었지요. 관리는 이렇게 말했습니다. '전하, 천리마는 귀한 말이라 모두들 집안에 숨겨놓고 내놓으려고 하지 않습니다. 그런데 전하께서 죽은 천리마임에도 불구하고 오백 금에 샀다는 소문이 나보십시오. 천리마를 가진 사람들이 가만히 있을 리 없지 않겠습니까? 조금만 기다리시면 천리마를 가지고 있는 사람들이 전하 앞에 줄을 설 것입니다.' 관리의 말대로 얼마 후 천리마를 가진 사람들이 몰려들었답니다. 지금 왕께서 인재를 찾고자 원하신다면, 저를 먼저 등용하십시오. 천하의 인재들이 곽외가 왕의 후대와 신임을 얻었다는 소문을 들으면 모두 왕을 찾아 올 것입니다."

이 고사는 매사마골買死馬骨, 죽은 말의 뼈를 사다이라는 고사로, "주위 사람을 등용한다면 세상의 인재들이 찾아올 것이다"라는 공자의 말은 이것이 공자만의 독창적 인재 채용술이 아니라 당시 보편적인 채용술이었음을 보여준다.

말만으로 사람을
평가하지 마라

말은 사람의 진실을 드러내기에 부족하고,
사람됨이 말의 옳음을 가릴 수는 없다.

공자가 말했다.

"군자는 말만 들어보고 사람을 등용하지 않으며 사람됨만을 보고 그

사람의 말을 폐廢하지 않는다."

子曰: "君子不以言擧人, 不以人廢言."
자 왈   군 자 불 이 언 거 인   불 이 인 폐 언

살면서 가장 저지르기 쉬운 잘못이 말만 듣고 판단하는 것이다. 사
람은 듣는 대로 믿는 습성을 지닌, 귀가 가벼운 동물인지라 말(言)
을 쉽게 믿는다. 하지만 사람은 매우 복잡하며 다양성을 지닌 동물
이다. 특히 누군가에 대해 판단하고자 할 때 당사자의 말이나 또는
그에 대한 주위 사람들의 말만을 가지고 판단하는 것은 그 사람의
일부분만을 보는 것으로 이는 진면목을 놓치는 것이다. 그러므로

뛰어난 리더는 말만으로 사람을 판단하고 기용하지 않아야 한다.

또 그 사람의 됨됨이가 그르다 해도 그 사람의 말이 전부 그른 것은 아니다. 내가 싫어하는 사람이라고 그 말까지 싫어해서는 안 된다. 오히려 내가 미워하는 사람이 나의 단점을 가장 잘 알 수 있다.

말과 사람을 구분할 줄 알아야 한다. 말은 사람의 진실을 전부 드러내기에 부족하며 사람됨이 말의 옳고 그름을 가릴 수는 없기 때문이다. 하지만 사람이란 감정을 가진 존재인지라 미워하는 사람은 그 존재까지도 증오하게 되기 마련이다. 그럴 때마다 공자의 말을 떠올리며 처신한다면 현명한 사람이 될 것이다.

가까이 있는 사람을
기쁘게 하라

나의 주위에 있는 사람들이 나로 인해 기뻐한다면
더 많은 사람들이 나를 찾아올 것이다.

섭공이 정치에 대해 물으니 공자가 말했다.

"가까이 있는 사람은 기쁘게 하고, 멀리 있는 사람은 찾아오게 하는 것
입니다."

葉公問政. 子曰: "近者說 遠者來."
섭 공 문 정　자 왈　　근 자 열 원 자 래

이 문장에서 가까이 있는 사람이란 일반적인 가족, 친척, 측근이 아
니라 백성, 피치자를 뜻한다. 정政을 리더십으로 이해하면 가까이
있는 사람이란 조직의 구성원이다.

반면에 멀리 있는 사람이란 다스림의 바깥에 있는 사람이다. 그
런 사람들이 기꺼이 찾아오게 한다는 것은 정치를 매우 잘하고 있
음을 증명하는 것이다.

결국 정치는 권력을 갖기 위해서가 아니라 백성을 기쁘게 하는 것임을 공자는 섭공에게 말하고 있다. 리더는 정치에서 자신의 행복이 아니라 모두의 행복을 추구해야만 한다. 그래서 모든 사람의 행복이야말로 정치가 추구해야 할 궁극적 가치다.

한편, 근자열은 리더십에도 적용할 수 있지만, 인간관계에도 적용할 수 있다. 나의 주위에 있는 사람들이 나로 인해 기뻐한다면 더 많은 사람들이 나를 찾아올 것이기 때문이다.

먼저
믿음을 얻어라

사람의 관계 맺음은 믿음을 바탕으로 해
돈독하고 친밀한 감정을 쌓아가는 것이다.

자하가 말했다.

"군자는 백성들에게 믿음을 얻은 뒤에 백성을 부린다. 믿음을 얻지 못
하고 부리면 자신들을 못살게 군다고 생각할 것이다. 군자는 임금에게
믿음을 얻은 뒤에 간언한다. 믿음을 얻지 못하고 간언하면 자기를 비
방한다고 생각할 것이다."

子夏曰: "君子信而後勞其民. 未信, 則以爲厲己也. 信而後諫. 未信,
자 하 왈   군 자 신 이 후 노 기 민 미 신 즉 이 위 려 기 야 신 이 후 간 미 신

則以爲謗己也."
즉 이 위 방 기 야

『한비자』에 다음과 같은 일화가 실려 있다. 정나라 사람에게 아들
이 한 명 있었는데, 벼슬을 하기 위해 집을 떠나야 했다. 아들이 떠

272

나기 전에 가족들에게 말했다. "무너진 담을 다시 쌓으십시오. 그대로 두면 도둑이 들 것입니다." 이웃 사람들도 아들과 같은 말을 했다. 하지만 담을 쌓지 않고 내버려두었다가 정말로 도둑을 맞았다. 그러자 가족들은 아들은 지혜롭다고 여기면서 이웃 사람들은 도둑이 아닌가 의심했다.

아들의 말은 믿게 되지만 이웃 사람에게는 믿음이 없으므로 믿지 않았다. 오히려 도둑질하기 위한 말로 들린 것이다. 믿음이 없다면 좋은 말도 쓸모가 없게 된다.

인간 사회에서 믿음이란 사회를 유지하게 하는 근간이다. 사람과 사람의 관계 맺음은 믿음을 바탕으로 돈독하고 친밀한 감정을 쌓아가는 것이다. 믿음을 강조하는 것은 서양에서도 마찬가지다. 『이솝우화』에서의 양치기 소년 이야기가 주는 교훈은 '거짓말을 하지 말라'로 많이 알고 있지만, 오히려 인간 사회에서의 믿음의 중요성을 강조한다.

리더는
모범을 보여야 한다

리더는 언제나 주목받는 자리에 있음을 잊어서는 안 된다.
허물이나 공적이 있으면 누구나 알게 되기 마련이다.

자공이 말했다.

"군자의 허물은 일식이나 월식과 같아 허물이 있으면 사람들이 모두

보게 되고, 허물을 고치면 사람들이 모두 우러러본다."

子貢曰: "君子之過也 如日月之食焉, 過也 人皆見之, 更也
자공왈　군자지과야 여일월지식언　과야 인개견지　경야

人皆仰之."
인개앙지

리더의 자리는 자연스레 모든 사람들의 시선을 끌게 되고 주목을
받기 마련이다. 그러므로 허물이 있거나, 공적이 있어도 누구나 알
게 된다. 허물이 있어도 리더가 스스로 생각하기에 그 허물이 티끌
만 하다고 생각할 수 있다. 그렇지만 그러한 허물일지라도 남들이

보기에는 큰 허물이 될 수밖에 없다. 왜냐하면 리더는 많은 사람들을 이끌고 모범을 보여야 하는 사람이기 때문이다.

공자는 리더의 허물을 일식과 월식에 비유해 리더로 하여금 경계로 삼고자 했다. 일식과 월식은 하늘에서 벌어지는 자연 현상이니 모든 사람이 바라볼 수 있다. 일식과 월식처럼 리더는 작은 행동을 해도 모든 사람이 볼 수밖에 없다. 이처럼 리더는 언제나 주목받는 자리에 있음을 잊어서는 안 된다. 또 한 가지 중요한 것은 공자가 말했듯이 허물 그 자체가 중요한 것이 아니라, 허물을 고치지 않는 것이 바로 허물이다. 그러므로 허물을 아는 즉시 고친다면 모두가 우러러볼 것이다.

4가지 악을 물리치면
다스림을 잘할 수 있다

리더는 앞일을 살펴 계획을 세우고
그 계획에 따라 일을 시킬 줄 알아야 한다.

자장이 공자에게 물었다. "어떻게 해야 정치를 잘할 수 있습니까?" 공자가 말했다. "4가지 악惡을 물리친다면 정치를 잘할 수 있다." 자장이 물었다. "무엇이 4가지 악입니까?"

공자가 말했다. "가르치지도 않고 잘못했다고 죽이는 것을 학虐이라 하고, 미리 알리지도 않고 완성된 것을 내놓으라고 하는 것을 포暴라 하고, 여유 있게 하라고 지시해놓고 기한을 다그치는 것을 적賊이라 하고, 어차피 똑같이 나눠줄 것인데 내줄 때 인색하게 구는 것을 유사有司라 한다."

子張問於孔子曰: "何如斯可以從政矣"
자 장 문 어 공 자 왈   하 여 사 가 이 종 정 의

子曰: "屛四惡, 斯可以從政矣."
자 왈   병 사 악   사 가 이 종 정 의

子張曰: "何爲四惡?"
자 장 왈　　 하 위 사 악

子曰: "不教而殺謂之虐, 不戒視成謂之暴, 慢令致期謂之賊.
자 왈　　 불 교 이 살 위 지 학　 불 계 시 성 위 지 포　 만 령 치 기 위 지 적

猶之與人也, 出納之吝, 謂之有司."
유 지 여 인 야　 출 납 지 린　 위 지 유 사

학虐은 모질다라는 뜻으로 잔학, 학대라는 단어에 주로 쓰인다. 리더가 충분히 가르쳐주지 않아 몰라서 잘못했음에도 불구하고 관대히 용서하지 않고 처벌하는 것이 학이다.

포暴는 흔히 폭으로 읽으며 폭군, 폭도로 쓰이는데 여기서는 '갑자기'라는 뜻이다. 갑자기 달려와 결과를 내놓으라고 요구하는 것은 폭군과 다름이 없다.

적賊은 도둑, 해치다라는 뜻이다. '천천히 해', '급한 거 아니야'라고 하길래 천천히 했더니 나중에 급박하게 독촉하는 것은 남의 물건을 훔치는 도둑놈 같은 심보다. 리더는 앞일을 살펴 계획을 세우고 그 계획에 따라 일을 시킬 줄 알아야 한다.

유사有司는 관리를 뜻하는데 여기서는 어차피 줄 것을 마치 선심 쓰듯 하면서 인색하게 구는 쪼잔한 사람을 가리킨다. 유방과 함께 중원천하의 패권을 다퉜던 항우가 패배한 가장 큰 이유가 주위에 인재가 없었기 때문이다. 항우는 공로가 있는 사람에게 봉작을 나눠줄 때 주는 것이 싫어 한참을 망설이다 나눠주므로 인재들이 항우의 그런 인색함을 보고 떠나는 경우가 많았다.

정치는 정명이다

이름이 바르지 않으면 말이 그 이름을 따르지 않게 되고,
말이 이름을 따르지 않으면 일이 이루어지지 않는다.

제나라 경공이 공자에게 정치에 대해 물었다. 공자가 대답했다.

"임금은 임금답게, 신하는 신하답게, 부모는 부모답게, 자식은 자식답게 하는 것입니다."

경공이 말했다.

"참으로 좋은 말이오! 참으로 임금이 임금답지 못하고, 신하가 신하답지 못하고, 부모가 부모답지 못하고, 자식이 자식답지 못하면 비록 곡식이 쌓였다 한들 내 어찌 먹을 수 있겠소?"

齊景公問政於孔子. 孔子對曰: "君君, 臣臣, 父父, 子子."
제 경 공 문 정 어 공 자 공 자 대 왈   군 군 신 신 부 부 자 자

公曰: "善哉! 信如君不君, 臣不臣, 父不父, 子不子, 雖有粟,
공 왈   선 재   신 여 군 불 군 신 불 신 부 불 부 자 불 자 수 유 속

吾得而食諸?"
오 득 이 식 저

유명한 정명론正名論을 설파한 문장이다. 정명이란 직역하면 '이름을 바르게 한다'로, 공자는 다음과 같이 정명의 필요성을 설명하고 있다.

"이름이 바르지 않으면 말이 그 이름을 따르지 않게 되고, 말이 이름을 따르지 않으면 일이 이루어지지 않는다."

즉 왕을 보고 신하라고 이름하면 왕은 왕이라는 이름에 걸맞게 행동하지 못하게 된다. 군군신신君君臣臣을 조직에 적용하면 CEO는 CEO라는 이름에 걸맞게 그 역할을 다해야 하고, 이사는 임원으로서의 역할을 다해야 하고, 직원은 직원답게 업무에 충실해야 함이다.

인정욕망을
다스려라

내가 먼저 남을 알아줄 때
남도 나를 알아준다.

공자가 말했다.

"남이 나를 알아주지 않는다고 걱정하지 말고 내가 남을 알지 못하는

것을 걱정하라."

子曰: "不患人之不己知, 患不知人也."
자 왈   불 환 인 지 불 기 지   환 부 지 인 야

사람들 대부분은 남이 자기를 인정해주기를 원한다. 이를 인정욕
망이라 한다. 드라마에 자주 나오는 예를 들어보자. 아버지가 중견
기업의 사장이다. 큰아들과 작은딸이 있는데 어릴 적부터 큰아들
에 비해 작은딸이 아버지의 마음에 훨씬 흡족하게 행동했다. 항상
아버지의 인정을 받지 못한 아들은 커서도 동생을 이기지 못하자
급기야 아버지의 사업상 경쟁자를 살해해 아버지의 칭찬을 받고자

한다. 드라마에서는 살인이라는 극적인 방법이 등장하지만 현실도 이와 못지않다.

이처럼 인정욕망은 인간 실존의 강력한 이유가 된다. 그런 욕망을 공자는 거꾸로 하라고 한다. 남을 알기 위해 노력하라. 내 주위 사람들의 긍정적 장점을 보기 위해 노력하라고 말이다.

인간은 상호성을 지닌 존재이므로 내가 남을 알아줄 때 남도 나를 알아주게 된다. 결국 나의 인정욕망을 충족하기 위해서는 내가 먼저 남을 알아주는 것이 필요하다. SNS 중 하나인 트위터의 상호 관계성이 이러한 점을 잘 보여주고 있다. 유명인이 아닌 이상 내가 먼저 팔로우해야 남도 나를 적극적으로 팔로우하게 된다.

남과 더불어
이익을 나누는 것이 의다

의란 명과 리를 동시에 얻고,
나아가 얻은 것을 사람들과 나누는 것이다.

공자가 말했다.

"군자의 의義에서 깨달음을 얻고, 소인은 이利에서 깨달음을 얻는다."

子曰: "君子喩於義, 小人喩於利."
자 왈　군 자 유 어 의　소 인 유 어 리

인간에게서 명리名利, 즉 명성과 재부를 얻고자 하는 마음을 떼놓을 수 있을까? 유교경전을 달달 외우며 입으로는 안빈낙도를 읊었던 조선 양반들도 명리에서 자유롭지는 않았다. 아니 오히려 적극적으로 명리를 추구했다. 그들에게 명성을 날린다 함은 과거에 급제해 벼슬길에 오르는 것을 뜻했다. 또 벼슬길에 오르기만 하면 나라에서 받는 막대한 녹봉과 권력을 이용해 재부를 쌓을 수 있었다. 따라서 조선 양반들에게 명名과 리利는 개별적인 것이 아니라 떼려

야 뗄 수 없는 관계였다.

이러한 조선 양반들의 속다르고 겉다른 형태에 대해 같은 양반이었지만 몰락한 집안에서 태어난 심대윤은 군자가 이해를 모른다고 한다면 이는 위선이며, 인정이 없는 과대망상자라고 신랄하게 비판했다. 심대윤은 혼자서 이익을 독점하는 것을 이利라 하고, 남과 이익을 나누는 것을 의義라고 했다. 이러한 관점에서 보았을 때 소인이란 이만 알고 의는 모르는 사람이며, 군자는 이를 알면서도 의를 취하는 사람이라는 독특한 정의를 내렸다. 결국 의란 명과 리를 동시에 얻고, 나아가 얻은 것을 사람들과 나누는 것이라 했다.

이런 심대윤의 말은 공자의 말과 정반대로 대치되지만, 인간의 본성에 대한 솔직한 긍정과 재해석을 통해 의와 이를 어떻게 조화시킬 것인지를 제시해주고 있다.

꿈꾸는
이상주의자가 되라

성인은 실현할 수 없는 이상은 없다는 확신을 가지고
온몸을 기울여 뜻을 실현하기 위해 노력한다.

자로가 석문 밖에서 하룻밤을 잤다. 석문의 문지기가 물었다.

"어디서 오셨소?"

자로가 대답했다.

"공씨孔氏 집에 있다가 오는 길이요."

문지기가 말했다.

"안 되는 줄 알면서도 반드시 실천에 옮기는 그 사람 말이지요?"

子路宿於石門. 晨門曰: "奚自?"
자 로 숙 어 석 문   신 문 왈   해 자

子路曰: "自孔氏."
자 로 왈   자 공 씨

曰: "是知其不可而爲之者與?"
왈   시 지 기 불 가 이 위 지 자 여

공자의 삶의 목표는 예악과 인덕으로 다스려지는 나라를 만드는 것이었다. 노나라에서 그것을 실현하고자 했으나 실패로 돌아가자 자신을 등용할 나라를 찾아 수십 년 동안 여러 나라를 주유한 것도 바로 그 목표를 실현할 나라를 찾기 위해서였다.

하지만 결국 어떠한 나라에서도 등용되지 못하자 "아, 나를 알아주는 이가 없구나" 하며 탄식했지만, 공자는 위대한 이상의 실현을 결코 포기하지 않았다. 비록 자신의 시대에는 목표를 실현하기 어렵다는 것을 알았지만, 후학을 양성해 언젠가는 자신이 꿈꾸었던 시대가 구현되기를 희망했다. 공자가 노년에 노나라로 돌아와 교육에 전념하고 각종 책을 집필한 것도 그러한 이유에서였다.

'지불가이위지자知不可而爲之者, 안 되는 줄 알면서도 실천에 옮기는 사람'는 중단 없는 공자의 삶을 가리킨 말이다. 세상 사람들은 안 된다고 생각하면 더는 노력하지 않는다. 하지만 성인은 천하를 바라볼 때 이상을 실현할 수 없는 시대는 결단코 없다는 확신을 가지고 온몸을 기울여 뜻을 실현하기 위해 노력한다.

韓非子

2부

한비자에서 배우는 인생공부

『한비자』와 한비의 사상

법가의 사상을 집대성한 책으로 알려진 『한비자』의 저자 한비^{韓非}는 한나라의 여러 공자^{公子}가운데 한 사람이었다. 그가 공자였다는 것은 한나라 군주의 핏줄이었음을 뜻한다. 하지만 그의 삶의 관해서는 출생연도(?~기원전 233년)조차 정확하게 전해지지 않을 만큼 알려져 있는 것이 거의 없다. 그가 죽은 기원전 233년은 진시황이 중원을 통일하기 12년 전이었다. 그러므로 한비가 살았던 시기는 중원 통일을 놓고 여러 나라가 약육강식의 전쟁을 벌이던 전국시대 말기에 해당되었다. 공자가 살았던 춘추시대와 한비가 살았던 전국시대의 차이점은 당시 맹주국이었던 주나라의 권위를 인정하느냐, 인정하지 않느냐였다. 춘추시대에는 주나라의 권위를 명분으로나마 인정했으나, 전국시대에 접어들어서는 그마저도 내팽개치고 끝내는 주나라를 멸망시켰으며, 나아가 전국칠웅이라 불리던 7개의 나라가 서로 패권을 장악하기 위한 침략전쟁이 끊이지 않던 시기였다.

한비는 이러한 시기에 약소국인 한나라의 공자로 태어났다. 그는 태어날 때부터 말을 더듬어 유세에는 서툴렀지만 글을 짓는 능력이 뛰어났다. 이사^{李斯}와 함께

288

순자荀子에게 배웠는데, 이사는 자신이 한비에 미치지 못한다고 스스로 인정했다.

한비는 한나라의 영토가 나날이 줄어들면서 국력이 쇠약해져 가는 것을 보고 한나라 왕에게 자주 글을 올려 간언했지만, 왕은 그의 의견을 받아들이지 않았다. 한비는 군주가 나라를 다스리면서 법과 제도를 세워 모든 백성들이 알 수 있게 하고, 권세로써 신하들을 부리고 인재를 널리 찾으며, 현명한 사람을 신하로 임명해 부국강병에 애쓰기는커녕, 도리어 무능하고 음탕한 소인배들을 가까이 하면서 그들을 공로가 있는 신하들보다 더 대우하는 것을 통탄했다. 이렇듯 부조리한 현실을 목격한 그는 다음과 같이 생각했다.

"유가儒家는 글로 법을 어지럽히고, 협객은 무력으로 국법을 어긴다. 나라가 태평하면 명성이 있는 학자를 총애하고, 위기에 처하면 갑옷 입은 무인을 쓴다. 지금 녹을 주고 기르는 자들은 쓸모없는 자들이며, 쓸모 있는 자들은 녹을 주고 기른 자들이 아니다."

나라에 반드시 필요한 자신과 같은 법가의 사상가들이나 무인들은 정작 중용되지 못하고, 법을 무시하고 덕을 중시하는 유가의 사상가들을 오히려 중시하는 세태를 개탄한 것이다.

한비는 현실에 대한 자신의 분노와 나라를 부국강병하게 만드는 개혁의 사상을 담은 글을 지어 후세에 남겼다. 하지만 현재 『한비자』에 실려 있는 55편의 글 모두를 한비가 쓴 것은 아니다. 이 중 「난언」, 「애신」 등 일부만 한비가 쓴 것으로 알려졌으며, 나머지 글들은 법가의 사상가들이 저술한 것으로 여겨진다. 즉 『한비자』도 『논어』와 마찬가지로 집단 창작물인 것이다.

이러한 한비자의 개혁사상을 가장 잘 알아준 이는 역설적이게도 한나라의 군주가 아니라 당시 중원 통일을 앞두고 있던 진나라의 진시황이었다. 하지만 한비는 군주 앞에서의 유세의 어려움을 잘 알아 유세하는 자가 겪을 수 있는 어려움을 담은 「세난」편을 매우 자세하게 지었음에도 불구하고, 끝내는 진나라에서 죽어 정작 자신은 그 위험에서 벗어나지 못했다. 『사기』 「노자·한비열전」에서는 진시황과의 만남과 한비가 죽게 되기까지의 과정을 다음과 같이 전하고 있다.

어떤 사람이 한비의 책을 진나라에 전했다. 진시황이 「고분」, 「오두」편을 보고 말했다.

"아! 과인이 이 책을 쓴 사람을 만나 사귈 수만 있다면 죽어도 한이 없겠다."

이사가 말했다.

"이것은 한비라는 사람이 지은 책입니다."

그리하여 진나라는 급히 한나라를 쳤다. 한나라 왕은 처음에 한비를 등용하지 않았으나 다급해지자 한비를 진나라에 사신으로 보냈다. 진나라 왕은 기뻐했으나 한비를 믿고 등용하지는 않았다. 이때 이사와 요고가 한비를 해치려고 이렇게 헐뜯었다.

"한비는 한나라의 공자 가운데 한 사람입니다. 지금 왕께서 천하를 통일하려 하시는데, 결국 한비는 한나라를 위해 일할 뿐 진나라를 위해 일하지는 않을 터이니 이것이 사람의 마음입니다. 지금 왕께서 그를 등용하지 않으면서 오랫동안 머물게 했다가 돌려보낸다면 이는 스스로 뒤탈을 남기는 것입니다. 죄를 뒤집어씌워 법에 따라 죽이느니만 못합니다."

진나라 왕은 옳다고 여겨 옥리에게 한비를 처리하도록 했다. 이사는 옥리를 시켜 한비에게 독약을 보내 스스로 목숨을 끊도록 했다. 한비는 진나라 왕을 직접 만나 말할 수 있기를 요청했지만 만나지 못했다. 진나라 왕이 뒤늦게 뉘우치고 사람을 보내 한비를 풀어주도록 했으나, 그는 이미 죽은 뒤였다.

『한비자』를 비롯한 법가의 사상은 청동기 시대를 지나 철기 시대로 진입하면서 농업 생산력의 확대와 그로 인한 새로운 계층의 출현, 신흥 계층과 기득권을 잡고 있던 귀족들과의 갈등과 다툼 등 새로운 시대에 걸맞은 새로운 정신을 요구할 때 그 요구에 부응하기 위해 탄생한 사상들이었다. 이로 인해 법가의 사상은 진보주의 역사관을 바탕으로 하며, 철학적으로는 유물론과 실증주의, 정치사상의 측면에서는 절대군주제를 바탕으로 하는 중앙집권제를 옹호하고 있다. 유가의 복고주의와 관념론, 봉건제에 철저하게 반대되는 입장에 선 것이 법가의 사상이었다.

한편 법을 중심에 놓고 인간의 성정을 무시한 냉혹한 통치기술을 강조한 탓에 인본주의의 입장에 서 있던 유가의 사상이 국가 이데올로기로 공식적으로 채택되었던 중국과 조선에서 『한비자』는 완전한 이단서 취급을 받았다. 그로 인해 『논어』나 『노자』에 비해 이 책을 설명한 해설서는 찾아보기가 힘들다.

하지만 춘추전국시대라는 극도의 혼란을 극복하고 통일 왕조를 세우는 데 그 기초가 되는 사상을 제공한 것으로 재평가되면서 『한비자』가 조명받기 시작했다. 또한 『한비자』에 나타나는 인간에 대한 냉철한 이해와 심층적 분석을 현대 기업의 인사관리 측면에 적용하려는 노력들도 있다.

한비자의 철학

리더는 세위를 지녀야 한다

법으로 다스려라

술치, 리더십의 핵심

6장

한비자의 철학

세상은 끊임없이
변화한다

늘 강한 나라도 없고, 늘 약한 나라도 없다.

國無常強, 無常弱.
국 무 상 강   무 상 약

이 문장은 『한비자』 「유도有度」편의 첫 문장으로, 언제까지나 부강
한 나라도 없고 언제까지나 허약한 나라도 없지만, 법으로 나라를
다스리면 부강해지고 법으로 다스리지 못하는 나라는 결국 멸망하
게 된다는 것이다.

　한비자가 주장한 법은 현재의 성문법과 같은 법률을 포함한 조
직을 운용하기 위한 제도나 원칙을 가리킨다. 한비자가 활동하던
때는 인의仁義와 덕德의 정치를 강조하는 유가의 활동이 왕성했다.
유가가 바라보기에 인의와 덕으로 나라를 다스리던 때는 요와 순,

그리고 주나라 무왕 때였다. 그러므로 공자는 『논어』에서 끊임없이 요순 시대를 그리워하고 주나라의 문화를 따를 것을 주장했다. 그렇지만 한비자가 보기에 이러한 유가의 주장은 '어리석은 송나라 사람의 기다림'이었다.

송나라 사람이 밭을 매고 있었다. 밭 가운데에 그루터기가 있었는데 토끼가 뛰어가다 그루터기에 부딪쳐 목이 부러져 죽었다. 그 광경을 본 송나라 사람은 쟁기를 버리고 그루터기를 지키며 다시 토끼가 그루터기에 부딪치기를 원했지만 다시는 토끼를 얻을 수 없었으며 오히려 송나라 사람의 웃음거리만 되었다. 지금 선왕先王의 정치를 가지고 오늘날의 백성을 다스리려 하는 자들은 모두 그루터기를 지키고 있는 부류와 같다.

『한비자』「오두」편에 나오는 수주대토守株待兎, 토끼가 다시 부딪치기를 기다리며 그루터기를 지킨다라는 사자성어의 유래가 되는 일화다. 토끼가 그루터기에 부딪쳐 죽은 것은 우연히 발생한 일이지만, 그 우연이 다시 일어나기를 기다리는 것처럼 어리석은 일은 없다. 물론 인생에서 우연이 겹치는 경우가 있기는 하다. 처음 일어나면 우연이지만 같은 일이 연거푸 일어나는 기적 같은 현상들이 종종 목격되기도 한다. 하지만 정치를 우연에 기대어 할 수는 없는 법이다. 그럼에도 불구하고 유가들은 끊임없이 지나가 버린 선왕의 도道를 따를 것을 주장하므로 한비자는 이들을 모두 어리석은 송나라 사람에 비유한 것이다. 그는 수주대토의 고사를 빗대어 유가들의 어리석은 경험주의를 비판하고, 끊임없이 변하는 세상에 발맞추어 그에 걸맞는 이론과 혁신의 사상을 갖출 것을 주장한다.

이러한 역사 진화론에 걸맞게 한비자는 역사에도 일정한 단계가 있다고 보았다. 그는 자기가 살던 시대를 기준으로 역사를 상고^{上古}, 중고^{中古}, 근고^{近古}, 당금^{當今}의 4단계로 나누었다. 상고는 사람이 짐승들과 더불어 살았던 시대로, 부싯돌로 불을 일으키고 나무집을 짓고 살았다. 중고 시대에는 큰 홍수가 일어나 곤^鯀과 우^禹가 제방을 쌓고 홍수를 다스렸다. 이 시대에 접어들면서 생산의 증가와 기술의 발달로 자연을 지배하고 통제할 수 있게 되었다.

근고 시대는 은나라와 주나라가 천하를 지배하던 시대를 가리킨다. 은나라와 주나라는 중국 역사에서 실존했던 가장 오래된 나라로, 왕이 제후들에게 통치 지역을 할당하는 분봉제^{分封制}라는 체제를 가지고 있던 나라들이었다. 토지를 할당받은 제후들은 왕의 명령에 따라야 할 의무가 있었다. 한비자가 살았던 시대는 이 분봉제를 유지할 수 있었던 주나라의 권위와 무력이 약화되고, 제후국들이 패권을 장악하기 위해 끊임없이 전쟁을 벌이던 시대였다. 훗날 춘추전국시대라고 불리게 되는 시대로 이 시대의 특징은 일치일난^{一治一亂}이었다. 한 번의 다스림이 있으면 그 이후 또 한 번의 어지러움이 일어나는 형국이었다.

마지막으로 당금 시대는 한비자 자신이 살던 시대로, 천하가 혼돈스러운 일치일난을 벗어나 통일이라는 대업을 눈앞에 두고 있던 시대였다. 실제로 한비자가 죽은 지 12년 후 진시황이 중원을 통일했다. 그러므로 당금 시대에 이르러 부싯돌로 불을 일으키고 제방을 쌓아 홍수를 다스리던 시대의 방식으로 나라를 다스리자는 것은 한비자가 보기에 비웃음을 받아 마땅한 주장이었다.

나라와 기업에도 그 나름의 발전 단계가 있다. 우리가 흔히 분류하는 4단계가 창업創業, 수성守成, 경장更張, 쇠퇴衰退다. 경장은 고치고 넓힌다는 뜻이다. 쇠퇴를 원하는 사람은 없기에 그것을 피하기 위해 경장을 하지만 대부분 실패로 돌아간다. 그 이유는 창업과 수성 단계를 거치면서 기득권을 가진 사람이 생겨나고, 조직에도 관성이 생겨나기 때문이다.

물론 사람이나 조직에서 경험주의는 편안함과 신뢰성을 준다. 경험만큼 불확실한 미래의 확실성을 보장해주는 것도 없다. 횡단보도를 건널 때 보행신호가 빨간불임에도 횡단보도를 건너다 자동차에 치여 다쳐본 경험을 가진 사람은 다시는 빨간불일 때 횡단보도를 건너지 않는다. 경험을 통해 다시는 목숨을 걸 만한 행위를 하지 않는 것이다. 이처럼 경험주의자라고 해서 모두 어리석은 송나라 사람의 그것은 아니다.

한비자의 역사진화론은 끊임없이 변화하는 시장과 소비자의 요구에 부응해야 생존할 수 있는 현대 기업의 철학에 들어맞는다. 경험에만 매몰되면 쇠퇴를 벗어나기 어렵기 때문이다. 그래서 한비자는 나라를 부강하게 하기 위해 고정화된 실체로서의 법을 세울 것을 주장하지만 한편으론 끊임없는 변법變法을 내세운다. 법을 지키기만 하고 법을 바꾸지 않으면 쇠퇴한다는 것이 한비자의 역사 철학이다.

다음의 고사는 수주대토와 같은 뜻이다. 현재의 상황에 맞춰 대응책을 모색하지 않고 옛날 것만을 모범으로 삼는 것은 집에 돌아가서 발의 탁拓을 찾는 자와 비슷한 부류다.

정나라 사람 중에 신발을 사려는 사람이 있었다. 먼저 자기 발의 본을 뜨고 자리에 놓아두었는데 정작 시장에 갈 때는 잊어버리고 본을 뜬 탁을 들고 가지 않았다. 시장에서 신발을 고르고 나서 말하기를 "탁을 집에 두고 왔구나" 하며 탁을 가지러 집으로 돌아갔다. 하지만 다시 시장에 왔을 때 장은 이미 파해서 결국 신발을 살 수 없었다. 어떤 사람이 물었다. "어째서 당신 발로 직접 신발을 신어보지 않았는가?" 정나라 사람이 대답했다. "탁은 믿을 수 있지만 내 발은 믿을 수 없다."

인간은
이익을 좇는 존재다

장어는 뱀과 비슷하고 누에는 애벌레와 비슷하다. 사람은 뱀을 보면 놀라고 두려워하며, 애벌레를 보면 소름끼쳐 한다. 하지만 어부는 장어를 손으로 움켜쥐고, 아낙네는 누에를 주워 담는다. 이익이 있는 곳에서는 모두 맹분孟賁이나 전제專諸처럼 된다.

맹분은 용력이 뛰어나기로 이름난 제나라 용사고, 전제는 생선 배속에 감춘 단도로 오나라 왕을 죽인 자객이다. 한비자는 모두 싫어하고 꺼리는 뱀과 애벌레일지라도 그것을 잡아 이익을 얻을 수 있다면 어떤 사람이든지간에 물불 안 가리고 덤벼든다는 뜻의 비유를 했다. 이익 앞에서는 모두 용감한 장수나 자객이 되는 것이다. 마찬가지로 수레를 만드는 사람은 사람들이 부귀해지기를 바라며, 관 짜는 사람은 사람들이 일찍 죽기를 바란다. 이는 수레 만드는 사람이 인仁하고 관을 짜는 사람이 잔혹해서가 아니다. 사람이 귀해지지 않으면 수레가 팔리지 않고, 사람이 죽지 않으면 관이 팔리지 않기 때문이다. 정말 사람을 미워해서가 아니라 사람이 죽음으로써 이익을 볼 수 있기 때문이다.

이익에서 이利는 '벼 화禾'와 '칼 도刀' 자로 이루어져 밭과 논을 쟁기로 갈아 얻은 곡식을 뜻한다. 쟁기가 날카롭고 재질이 튼튼할수록 더 많은 수확을 이룰 수 있으므로 이익利益인 것이다. 인간은 먹어야 살 수 있으며, 예나 지금이나 먹을 것의 중심은 밭과 논에서 나는 곡식이다. 먹고살기 위한 인간의 노력이 이인 것으로 이익의 추구는 본능적 욕구다. 한비자도 인간이 이익을 좇는 것은 본능에 따른 것으로 보았다. 먹지 않으면 살 수 없으니 이익을 추구하는 마음에서 벗어나지 못하고, 이익을 추구하는 마음을 물리치지 못하는 것이 사람의 근심이라고 했다.

나아가 오늘날 이익을 중시하는 것은 사람이 많고 재화가 적기 때문이다. 즉 성군이라 일컬어지는 요순 시대의 사람들이 재화를 가볍게 여긴 것은 사람이 인仁하기 때문이 아니라 사람은 적고 재화가 많았기 때문이다. 이러한 논리에서 요와 순이 왕위를 자식이 아닌 다른 사람에게 물려준 것은 왕의 자리가 현미나 기장밥을 먹고 몸소 쟁기를 들고 농사를 지었을 정도로 고생스러운 것이었으므로 타인에게 물려줄 수 있었다는 것이다.

반면에 오늘날 지방을 다스리는 관리라 할지라도 부귀와 재물을 자자손손 물려줄 수 있기 때문에 그 자리를 놓고 치열한 싸움이 벌어진다. 이런 논리에 따르면 재화가 풍족해지면 사람들 간의 다툼과 갈등이 멈출 수 있다고 할 수 있다. 경제적 원인으로 인간사회의 다툼을 바라본 것은 다른 제자백가 사상과는 확연하게 다른 획기적인 사고다. 하지만 인간은 그렇게 단순하지 않다.

한비자도 사람을 만족을 모르는 존재로 여겼다. "만족함을 알면 욕됨이 없고, 멈출 곳을 알면 위태로움이 없다知足不辱지족불욕 知止不殆지지불태"라는 노자의 말에 대해 위태롭고 욕보게 된다는 것 때문에 만족 밖의 것을 구하지 않는 자는 노자뿐이라며 조롱한다. 백성을 만족시키기 위해 모두 노자와 같은 생각을 해야 하는 것이라면 모두가 노자가 될 수는 없지 않느냐는 반문을 던진다.

노자뿐만 아니라 공자도 여러 차례 이익을 경계했다. "이익만을 위해 행동하면 원망이 많아진다", "이익을 보면 의로움을 생각하라", "군자는 의에서 깨닫고 소인은 이익에서 깨닫는다" 등 재리財利를 경계했지만 결국 공자도 명리名利의 욕구에서 벗어나지 못했다. 노년에 이르러 나를 알아주는 이가 없다며 탄식을 했고, 죽은 이후에 이름이 불리지 않을까 걱정했다. 이렇듯 공자도 한편으로는 인간이 이익을 추구하는 존재라는 걸 인정하면서도 이익을 추구하는 마음을 억누르고 의義와 인仁을 생각하는 마음을 길러야 한다고 주장했다. 자기수양과 공부를 통해 바른 길을 걸어가도록 해야 한다는 것이 유가의 사상이다.

하지만 법가는 본성 개조를 주장하지 않는다. 이익을 추구하는 마음을 나쁘다고 비난하지도 않는다. 오히려 이익을 추구하는 인간 심리를 통치에 이용하는 사상이다. 이익이라는 두 글자로 인간의 모든 활동을 바라보며, 나아가 이익을 위해 사람들이 움직이도록 해야 한다는 것이 법가의 사상이다.

한비자는 가장 친밀하고 이해관계가 개입할 수 없다고 생각하는 부모와 자식 사이가 어떻게 이익을 놓고 움직이는지 설명한다.

부모가 아들을 낳으면 서로 축하하지만 딸을 낳으면 죽여 버린다. 다 같은 부모에게 나왔지만 아들은 축하받고 딸을 죽이는 것은 훗날의 이익을 계산하기 때문이다. 이처럼 부모가 자식을 대할 때도 계산하는 마음으로 상대한다. 그런데 하물며 부자간의 정情이 없는 경우에는 오죽하랴.

한비자의 시대와 우리 시대의 차이점은 딱 하나다. 그때는 낳고 나서야 죽였지만, 요즘은 배 속에서 죽인다. 양심의 가책을 덜기 위해서 점잖게 '지운다'라는 표현을 쓰지만, 오히려 '지운다'라는 표현 속에서 자식을 죽이고도 양심의 가책을 느끼지 않으려는 부모의 이기심이 느껴진다. 물론 요즘은 남녀차별이 많이 사라져 딸이라도 죽이지는 않지만, 여전히 딸이 태어나면 섭섭해 하는 사람들이 적지 않다. 아들과 딸을 대하는 우리들의 행태를 보면 한비자의 주장을 무조건 부정할 수는 없을 것이다.

이것뿐만이 아니다. '딸을 낳으면 살림 밑천'이라고 하는 덕담도 있다. 딸은 시집가면 출가외인이라서 친정 집 출입을 못하게 하고, 아들이 부모를 모셨는데 어떻게 딸이 살림밑천이 될까? 시집갈 때 오히려 혼수를 해줘야 하는 딸인데 어떻게 살림밑천일까? 이 덕담의 유래를 찾아보려면 백여 년 전인 구한 말로 거슬러 올라가야 한다. 당시에는 "논밭 좋은 것은 철도부지로 가고, 계집애 고운 것은 갈보로 간다"라는 말이 유행했다. 즉 돈을 받고 딸을 창기나 남의 집 노비로 판 것에서 유래한 말이 '살림밑천'인 것이다. 부모 입장에서는 덕담이겠지만 딸 입장에서는 불쾌하기 그지없는 악담이다.

또 부모가 양육을 소홀히 하면 훗날 자식이 커서 원망하게 되고, 자식이 어른이 되어 부모 모시기를 박하게 하면 부모가 분노하며 꾸짖게 된다. 부모와 자식이 서로 원망하고 꾸짖게 되는 것은 상대방을 배려하지 않고 자신만을 위하기 때문인 것이다.

가장 친밀해야 할 부모 자식 관계도 이익을 중심으로 형성되고 움직이니 다른 관계는 더 말할 나위도 없다. 유가에서는 군신관계를 충과 예로 맺어야 한다고 주장한다. 노나라 왕이 군주와 신하가 서로를 어떻게 대해야 하는지 묻자 공자는 군주는 예禮로 신하를 대하고, 신하는 충忠으로 군주를 모셔야 한다고 대답했다. 이에 한비자는 군신 사이는 부자 관계만큼의 정情도 없는데 어떻게 충예와 같은 도덕적 관념으로 서로 친밀하게 맺어질 수 있겠느냐며 반문한다. 이는 유가들이 거짓으로 사람들을 속이는 행위, 즉 사기라며 일갈했다. 그러면서 한비자는 유가들처럼 사기를 치지 않고 사실은 군주와 신하 사이가 매매賣買관계임을 털어놓는다.

신하는 죽을힘을 다해 군주가 벌여놓은 시장에 참여하고, 군주는 벼슬과 녹봉을 가지고 신하들의 시장에 참여한다. 군주와 신하 사이는 부자간의 친밀함이 없고, 무엇을 얻을 수 있는지 계산하는 관계.

봉건제에서의 군주와 신하를 고용시장의 참여자로 본 것이다.

오늘날 회사와 구직자의 관계처럼 말이다. 요즘의 구직자가 더 많은 임금과 더 높은 자리를 보장해주는 회사를 구하기 위해 노력하는 것처럼, 당시의 신하도 마찬가지였다. 요즘의 회사가 능력 있는 인재를 원하는 것처럼 당시의 군주도 그러했다. 하지만 신하와 군주란 욕망은 같으나 직위는 다르므로 군주와 신하의 이익이 같을 수 없다.

군주의 이익은 능력 있는 자를 관직에 임용하는 것이며, 신하의 이익은 군주가 무능하더라도 일자리를 얻는 것이다. 군주의 이익은 공로가 있는 자에게 벼슬과 봉록을 주는 것이며, 신하의 이익은 공로가 없어도 부귀해지는 것이다. 군주의 이익은 뛰어난 인재가 그 능력을 충분히 발휘하도록 하는 것이며, 신하의 이익은 파당을 만들어 개인의 이익을 도모하는 것이다.

모든 사람은 이익을 추구하므로 그 처지에 따라 좋아하는 이익이 달라진다. 군주와 신하의 이익이 다른 것처럼 직원과 CEO의 이익도 같지 않다. 회사에서 놀면서도 높은 임금 받기를 원하는 것이 직원의 이익이고, 직원이 태만하지 않도록 관리하고 탁월한 공적을 쌓게 하는 것이 CEO의 이익인 것이다.

그러므로 군주는 신하에게 충성과 희생을 요구해서는 안 된다. 신하도 자기 이익을 추구하고자 하는데, 군주가 이익은 좇지 못하게 하고 충성만을 요구하면 신하의 불만이 커진다. 불만이 쌓이면 언젠가는 난亂을 일으킬 수 있으니 군주는 신하가 원하는 이익을 미끼로 군주가 원하는 방향대로 움직이도록 조종해야 한다.

이처럼 이해관계에 따라 움직이는 방향이 달라지니 현명한 군주는 이익을 놓고 사람을 판단해야 하며 함부로 다른 사람을 믿으면 안 된다.

증종자는 칼 감정을 잘하는 자다. 위나라 군주가 오나라 왕에게 원한을 품고 있었다. 증종자가 위나라 군주를 만나서 말하기를 "오나라 왕은 칼을 좋아합니다. 저는 칼을 감정하는 사람입니다. 제가 오나라 왕이 가지고 있는 칼의 감정을 요청한 후 칼을 뽑아보는 척하다가 틈을 타 오나라 왕을 찔러 죽이겠습니다"라고 했다. 위나라 군주가 말하기를 "자네가 그렇게 하려는 것은 의리에 매여서가 아니다. 이익 때문이다. 오나라는 강하고 부유하며 위나라는 약하고 가난하다. 만일 그렇게 한다면 자네가 오나라 왕을 위해 그 수법을 나에게 쓰지 않을까 두렵다"라고 했다. 그리하여 그를 쫓아냈다.

위나라 군주처럼 언뜻 보기에 자기에게 이로운 일이라 할지라도 그 속에서 움직이는 인간은 이익을 추구하므로 더 큰 이익을 위해 언젠가는 나를 배신할 가능성이 있다는 것을 염두에 두어야 한다. 그러므로 리더는 이익을 중심으로 인간의 심리를 명확히 꿰뚫어 보고 상황을 판단해야 한다.

반면에 증종자가 의리 때문에 오나라 왕을 죽이겠다는 것으로 판단된다면 허락해야 했을까? 한비자는 아니라고 말한다. 의리나 인과 같은 도덕적 관념은 믿을 것이 못 되기 때문이다. 나아가 인과 의만 알고 군주가 주는 벼슬과 봉록에는 관심을 보이지 않는 자는 백해무익하므로 오히려 쫓아내야 한다고 충고한다.

법가는 철두철미하게 이익이라는 두 글자로 세상을 바라본다. 그들에게 사람은 살아서는 이익을 계산하고 죽어서는 이름을 남기기를 원하는 존재다. 따라서 나라를 부국강병하게 하기 위해서 군주는 사람들에게 줄 이익을 가지고 있어야 한다. 법가는 이익을 넓게 보면 벼슬과 봉록, 구체적으로는 토지와 주택이라고 분석했다. 토지와 주택을 미끼로 백성들을 유혹하고, 그 대가로 백성에게는 세금, 노동력, 병사를 얻어야 한다고 주장했다.

지금도 최고의 재산 가치 대상과 재테크 수단은 부동산, 구체적으로는 아파트다. 2천여 년 전이나 지금이나 사람들의 욕망은 변함이 없다. 봉건제나 민주제나 정치 비결은 오로지 한 가지다. 바로 대중을 이익으로 이끄는 것이다. 왜냐하면 사람들의 부귀에 대한 욕망은 관 뚜껑이 닫힌 뒤에야 그치기 때문이다.

모든 사물은
모순 관계다

초나라 사람이 방패와 창을 팔고 있었다. 그가 자랑하듯이 말하기를 "이 방패는 단단해 어떤 것도 뚫을 수 없다." 또 창을 자랑하며 말했다. "이 창은 날카로워서 어떤 물건도 꿰뚫지 못하는 것이 없다." 어떤 사람이 물었다. "그럼 이 창으로 이 방패를 뚫으면 어찌 되는가?" 초나라 사람은 대답하지 못했다. 어떤 창도 뚫을 수 없는 방패와 어떤 방패도 뚫을 수 있는 창은 동시에 있을 수 없다. 지금 요와 순을 동시에 찬양할 수 없는 것은 창과 방패의 이야기와 같기 때문이다.

흔히 알고 있는 이는 모순矛楯의 출처가 되는 이야기로『한비자』「난일難一」편에 실려 있다. 한비자는 어떤 창도 뚫을 수 없는 방패와 어떤 방패도 뚫을 수 있는 창의 이야기를 통해 유가가 성군이라 칭송하는 요임금과 순임금의 치세를 비판하고 있다.

모순의 사전적 정의는 2가지로 나뉘는데, 하나는 '어떤 사실의 앞뒤 또는 두 사실이 이치 상 어긋나서 서로 맞지 않음을 이르는 말', 또 하나는 철학적 정의로 '투쟁 관계에 있는 두 대립물이 공존하면서 맺는 상호관계'다. 한비자가 사용한 모순의 개념은 철학적 정의에 가깝다. 군주와 신하, 부모와 자식, 이익과 손해, 공과 사, 난亂과 치治와 같이 한비자는 개념들을 대립·통일시키며 자신의 논리를 끌어낸다.

한비자의 모순론은 노자의 사상에 뿌리를 두고 있다. 노자의 『도덕경』 58장에 "화禍는 복福이 의지하는 곳이며, 복은 화가 숨어 있는 곳이다"를 두고 한비자는 다음과 같이 화와 복이 어떻게 상호대립하면서도 서로 영향을 미치며 전화轉化하는지 설명하고 있다.

사람은 화를 당하면 마음이 두려워지고, 마음이 두려우면 행동을 올곧게 한다. 행동을 올곧게 하면 화로 인한 해를 입지 않게 되며, 해를 입지 않게 되면 천수를 누린다. 또 행동을 올곧게 하면 사려를 깊게 하고, 사려를 깊게 하면 사물의 이치를 알게 된다. 사물의 이치를 알면 반드시 성공하게 된다. 천수를 누리면 건강하게 오래 살며, 성공하면 부귀해진다. 건강하게 오래 살며 부귀해지는 것을 복福이라고 한다. 이렇듯 복의 근원은 화禍에 있다. 그러므로 노자가 말했다. "화는 복이 의지하는 곳이다." 화로 인해 공적을 이루게 되는 것이다. 사람은 복이 있으면 부귀해지고, 부귀해지면 먹고 입는 것이 호화로워진다. 먹고 입는 것이 호화로우면 교만한 마음이 생기고, 교만한 마음이 생기면 행동이 사특하고 편벽되며 이치에 어긋나게 된다. 행동이 사특하고 편벽되면 일찍 죽게 되고, 이치에 어긋나면 성공할 수 없다. 안으로 일찍 죽을 곤란함이 있고 밖으로 성공해 이름을 떨치지 못하는 것은 큰 화다. 이렇듯 화의 근원은 복에 있다. 그러므로 노자가 말했다. "복은 화가 숨어 있는 곳이다."

『도덕경』 첫 문장의 "도라고 할 수 있는 도는 늘 그러한 도가 아니며, 명이라 할 수 있는 명은 늘 그러한 명이 아니다"에서 알 수 있듯이 노자 사상의 특징은 하나의 개념 안에서도 대립되는 개념을 끄집어내며, 나아가 화와 복처럼 서로 대립되는 개념의 상호 순환에 있다. 노자의 사유에서의 모순 관계는 대립되는 존재의 상호 근거가 되므로, 따라서 대립자는 배척해야 할 것이 아니라 적극 끌어안아야 하는 것이 된다.

반면에 한비자가 파악한 모순 관계의 일방은 다른 일방을 억누르고 배척해야만 존재할 수 있다. 군주와 신하 사이는 하루에도 백 번을 싸우는 사이이므로, 신하는 군주의 빈틈을 노려 권력을 뺏을 생각만 하는 자다. 따라서 신하와 군주의 이익이 다름을 아는 자는 왕이 되고, 이익이 같다고 생각하는 자는 빼앗기며, 이익을 같이 도모하는 자는 죽임을 당한다는 것이 한비자의 생각이다. 군주가 죽지 않으려면 철저하게 신하를 억누르고 통제해야 하며, 신하를 믿어서도 안 되고 그들의 행동을 철저하게 파악하고 공적을 엄밀히 평가해야 한다. 그러므로 한비자는 현명한 군주가 신하를 기르는 것은 새 길들이기와 같이 해야 한다고 설명한다. 새를 길들이는 방법은 먼저 새가 잘 날지 못하도록 아랫 날개를 잘라 버린다. 날개가 잘린 새는 먹이를 사람에게 의지할 수밖에 없으니, 당연히 사람을 따를 수밖에 없게 된다. 군주가 신하를 기르는 방식도 바로 그 러해야 한다는 것이 한비자의 주장이다.

법가와 대립되는 사상인 유가나 묵가(평화와 겸애를 주장하는 사상)의 사상도 마찬가지로 세상에서 사라져야 할 것들이다. 얼음과 숯불을 같은 그릇에 오래 담지 못하고, 추위와 더위가 같은 때 오지 못하는 것처럼 잡다하고 반대되는 사상은 같이 설 수 없다. 만약 유가와 법가를 같이 받아들인다면 군주는 온통 혼란스러워 하고 그로 인해 세상이 어지러워질 것이다. 따라서 유가의 사상을 주장 하는 자가 있다면 궁전에서 쫓아내야 한다는 것이 한비자의 생각 이다.

무위와 허정

진화론, 호리론好利論, 모순론은 한비자가 세상과 인간을 어떻게 바라볼 것인가의 문제의식에서 나온 철학이다. 이것이 법가의 세계관인 것이다. 하지만 한비자가 주장하는 무위와 허정은 세계관이기보다는 리더가 가져야 할 철학이자 자세다. 한비자 철학의 한 뿌리는 노자 사상에 기반을 두고 있는데, 무위無爲와 허정虛靜도 노자 사상에서 빌려온 개념이다. 무위는 무위이무불위無爲而無不爲, 하는 것도 없고 하지 않는 것도 없다에서, 허정은 치허극수정독致虛極守靜篤, 비움을 극진히 하고 고요함을 돈독히 지킨다를 줄인 단어다.

덕德은 하지 않음(무위, 無爲)으로써 쌓이고, 하고자 하는 마음을 버림(무욕, 無欲)으로써 이루며, 생각을 하지 않음으로써 안정되고, 그 쓰임을 하지 않음으로써 확고해진다.

유가에서 쓰는 덕德과 한비자가 사용하는 덕은 그 개념이 다르다. 유가에서는 덕이란 득得하는 것으로 본다. 즉 외부의 거짓 유혹에 흔들리지 않고 바른 실천과 수양을 통해 내면에 쌓이는 것이 덕이다. 반면에 한비자가 보기에는 하고자 하는 마음과 생각을 버리고 하지 않음으로써 이루어지는 것이 덕이다. 군주는 무위의 덕을 지녀야 한다.

하는 것이 없이 생각조차 하지 않고 비움의 상태가 되는 것을 귀하게 여기는 까닭은 그 뜻이 구속당하지 않기 때문이다. 술책이 없는 자는 일부러 하는 것이 없이 하고, 생각도 하지 않으려 하면서 비움의 상태가 되려고 한다. 일부러 하는 것이 없이 하고 생각도 하지 않으며 비움의 상태가 되려고 하는 자는 그 뜻이 늘 비움의 상태를 잊지 않고 있다. 이는 비움이 되려는 욕구에 구속당하는 것이다. 비움이라는 것은 뜻이 구속당하지 않음을 일컫는다. 비움의 상태가 되려는 욕구에 구속당한다면 이는 비움이 아니다. 비움의 상태가 된 자의 하지 않음이란 그 하지 않음을 고정된 원칙으로 삼지 않는 것이다. 하지 않음을 가지고 고정된 원칙으로 삼지 않으면 비움의 상태가 될 수 있다. 비움의 상태가 되면 덕이 무성하게 된다. 덕이 무성한 것을 최상의 덕이라고 한다. 그러므로 노자가 말했다. "최상의 덕은 하는 것도 없고 하지 않는 것도 없다上德상덕 無爲而無不爲也위이무부위야."

사실 무위는 유가, 도가, 법가, 병가兵家 등 제자백가 사상 전반에 걸쳐 등장하는 개념이므로 어느 한 학파의 전유물이라고 하기는

312

어렵다. 요즘은 무위하면 노자를 떠올리나, 무위는 『도덕경』과 비슷한 시기에 만들어진 『논어』에도 등장하고, 법가와 병가의 사상서에도 등장한다. 이로 비추어볼 때 무위는 보편적으로 사용하던 단어가 학파에 따라 다른 개념으로 사용되었음을 알 수 있다. 도올 김용옥은 『논어 한글역주』에서 각 학파에 따른 무위의 개념을 다음과 같이 정리했다.

도가의 무위는 사소한 덕목에 얽매이지 않는 큰 행위를 말한다. 지도자가 될수록 작은 일에 사사건건 참견하면 그 체제는 번문욕례繁文縟禮만 늘어나는 불편한 조직이 되어버리고 만다. 지도자는 사소한 덕목에 얽매이지 않기 때문에 함이 없는 것처럼 보인다. 법가의 무위는 지도자가 법의 권세만 지니고 법에 따라 집행할 뿐, 자신이 직접 어떤 감정이 얽힌 행위를 하지 않는다는 의미에서의 '함이 없음'이다. 병가의 무위는 함이 없는 것처럼 보이게 함으로써 남을 함정에 빠지게 만드는 어떤 계략이다. 또한 유가의 무위는 인仁의 덕성德性에 의해 자신이 직접 개입을 하지 않아도 자기 이외의 모든 사람들이 마음속으로부터 심복하게 만드는 어떤 힘이다.

도올의 해석에 따르면 도가의 무위는 '작은 것에 얽매이지 말고 크게 하라'는 뜻이고, 법가의 무위는 법치의 뜻이고, 병가의 무위는 '적을 속이는 전술'이고, 유가의 무위는 덕치德治라는 것이다.

좀 더 자세하게 들여다보면, 한비자의 무위는 법치를 근간으로 하되 도가, 병가, 유가의 개념을 섞은 것이다. 한비자는 참된 무위란 무위 자체를 생각하지 않음(무불위, 無不爲)으로써 이루어지게 되고, 그 상태를 최상의 덕으로 보았다. 또 일부러 무언가를 이루려고 하는 자는 술책이 없는 자로 여겼다. 그러므로 군주의 술책은 무위의 자세에 기반을 두어야 한다. 무위와 무불위가 상호 대립하면서 전화하는 대립자로 본다는 점에서는 노자의 사상과 다름이 없으나, 차이점은 한비자는 법치와 술책을 바탕으로 한 무위를 주장했다.

현명한 군주는 그 시작을 지킴으로써 만물의 근원을 알며, 일의 근본을 다스림으로써 성패하는 조짐을 안다. 따라서 마음을 비우고 고요히 기다려 신하로 하여금 스스로 행위의 명분을 제시토록 하고 일이 저절로 정해지게 한다. 마음을 비우면 실제 정황을 알 수 있고, 고요히 하면 올바르게 행동하는지 알 수 있다. 그러므로 옛사람이 말하기를 "적막 속에 자리하여 있는 곳을 알 수 없게 하며, 높고 머나먼 곳에 자리해 군주가 하고자 하는 것을 알지 못하게 한다. 현명한 군주는 윗자리에서 아무것도 하지 않은 채 신하들을 부들부들 두려움에 떨게 한다"고 했다.

허정虛靜은 마음을 비우고 고요히 해 외물外物에 마음이 움직이지 않는 정신 상태의 내면을 가리키는 것이고, 무위는 외면의 행위를 하지 않는 상태를 가리키는 것이다. 같이 있으면서 아무 말도 하지 않는 사람만큼 그 속을 파악하기 어려운 존재는 없다. 마찬가지로 군주는 신하로 하여금 군주가 무엇을 하고자 하는지, 무엇을 원하는지 파악하지 못하게 한다. 그럼으로써 신하가 군주를 두려워하도록 하기 위해 무위와 허정이 필요하다고 한비자는 역설하고 있다. 나아가 구체적으로 허정과 무위를 어떻게 운용해야 하며 어떤 이익이 발생하는지 밝히고 있다.

말하고 싶은 신하는 스스로 말하게 되고, 일을 하는 신하는 그 일의 형세가 저절로 드러나게 된다. 겉으로 드러난 형形과 신하가 말한 명名의 일치를 대조해보면 군주가 일을 하지 않아도 그 실정을 분명히 파악할 수 있다. 옛사람이 말하기를 "군주는 바라는 것을 겉으로 드러내지 말아야 한다. 군주가 바라는 것을 드러내면 신하가 잘 보이려고 자신을 꾸미게 된다. 또 군주는 스스로의 의견을 표명하지 말아야 한다. 군주가 자기 의견을 표명하면 신하는 군주의 의견과 다른 것을 표명한다"라고 했다. 또 옛사람이 말하기를 "군주가 좋아하고 싫어하는 마음을 버리면 신하는 원래의 바탕을 드러낼 것이며, 지략과 지혜를 버리면 신하는 앞일을 준비한다"고 했다. 따라서 지혜가 있어도 생각하지 않음으로써 만물이 그 처지를 스스로 알게 하며, 슬기로움이 있어도 일하지 않음으로써 신하가 일하는 원인을 살피며, 용기가 있어도 떨쳐 일어나지 않음으로써 신하들로 하여금 무용을 힘껏 발휘하도록 한다.

그러므로 군주는 지혜를 버림으로써 도리어 총명해질 수 있고, 슬기를 버림으로써 도리어 공적을 세울 수 있으며, 용기를 버림으로써 도리어 강해질 수 있다. 신하들이 직분을 지키게 하고 백관들이 법을 따르게 해 각자의 능력에 맞춰 일을 시키는 것을 일컬어 습상習常이라고 한다.

노자가 주창한 무위와 허정은 한비자에게로 와서 결국 습상習常을 하기 위한 수단이 되었다. 그가 이렇게 노자의 사상을 빌려와 껍데기만 남겨놓은 채 속 알맹이는 매우 다른, 허정과 무위를 주장한 이유는 당시의 군주가 리더십을 제대로 사용할 줄 몰랐기 때문이었다. 신하가 이 말을 하면 이것이 옳다 하고, 저 말을 하면 저것이 옳다 하는 군주가 태반이었으며, 신하들이 파당을 이루어 군주의 권력을 밑에서 좌지우지하다가 끝내는 군주의 자리를 찬탈하는 현상이 비일비재했다. 하지만 군주는 윗자리에 군림하면서도 어떤 일이 벌어지는지 알아차리지 못했다. 그렇기 때문에 이 극도의 혼란스러움을 꿰뚫어 보기 위해서는 오히려 나를 비우는 허정과 무위의 자세가 군주에게 필요하다는 것이 한비자의 생각이었다.

한비자의 철학

리더는 세위를 지녀야 한다

법으로 다스려라

술치, 리더십의 핵심

7장

리더는 세위를
지녀야 한다

세위는
권력의 원천이다

여러 법가 사상가 중 한비자는 세勢, 법法, 술術이라 일컬어지는 권력
의 기술을 집대성해 발전시킨 사상가였다. 이 3가지 중 법을 세우
고, 술책을 부리기 위해 먼저 군주가 반드시 가지고 있어야 할 것이
세다. 세는 재주가 좋고 힘이 세어 남을 부리는 것이며, 무리를 이
루어 힘이 우위에 있는 것이다. 세는 홀로 쓰이지 않고 권세權勢, 형
세形勢, 기세氣勢등 다른 글자와 함께 사용한다. 법가의 세는 세위勢位
에 가깝다. 일정한 지위에 따라오는 무형의 권력이다. 세위가 있어
야 법을 세우고 술책을 부려 신하들을 군주의 의도대로 움직일 수
있다. 즉 세위는 권력의 원천인 것이다.

만물 중에서 군주의 몸보다 지극히 귀한 것은 없고, 그 지위보다 지
극히 존엄스러운 것은 없으며, 그 위엄보다 귀중한 것은 없고, 그 세勢
보다 높은 것은 없다. 이 4가지 미덕은 밖에서 구하거나 남에게 부탁

하지 않고, 꼼꼼히 두루 살펴 생각만 잘 해도 갖출 수 있다. 옛사람이 말하기를 "군주가 스스로 지니고 있는 자산을 활용하지 못하면 궁궐에서 쫓겨나 낯선 외지에서 그 인생을 마치게 된다"고 했다. 이는 군주가 반드시 기억해 두어야 한다.

『논어』가 인간에게 초점이 맞춰져 있다면, 『한비자』는 조직관리론, 경영학, 통치론, 제왕학에 초점이 맞춰져 있다. 철저하게 군주, 즉 리더를 위한 사상이다. 한비자가 말한 세란 신하나 백성의 것이 아닌 군주의 세다. 세는 군주의 바깥에 있는 것이 아니라 군주에게 속해 있는 것이다. 말이 무거운 짐을 지고 수레를 끌 수 있는 것은 근육의 힘이 강해서인 것처럼, 한 나라의 군주가 천하를 제압할 수 있는 것은 세가 있기 때문이다. 힘이 다한 말은 푸줏간에 끌려가듯이 세를 잃은 군주는 나라를 빼앗긴다. 군주가 세를 잃게 되는 가장 큰 원인은 신하들이 법을 무시하고 제멋대로 행동하며 개인의 이익만을 꾀하는 등 그 위세를 함부로 부리기 때문이다. 따라서 세는 군주 혼자만의 것이어야 한다. 세는 군주가 신하를 승복시키고 백성을 다스리는 원천이다.

세는 반드시 독단獨斷을 바탕으로 한다. 독단은 최고와 최후의 결정권을 군주 홀로 장악하고 행사하는 것이다. 군주의 마음을 흡족하게 하며 공을 세운 자에게 독단으로 상을 주지 못해 신하들의 칭찬을 기다린 뒤에 상을 내리고, 군주의 마음에 밉보인 자를 독단으로 벌주지 못해 신하들의 비난을 기다린 뒤에야 벌을 내리면, 군주의 위엄이 없어지고 세가 신하들에게 있게 된다. 그러니 독단적이라 비난을 받아도 권력을 남에게 배분해서는 안 되며, 홀로 결단을 내리는 데 오는 외로움이나 고통을 호소해서도 안 된다. 흔들리는 순간 타인의 촉수가 빈틈을 헤집고 들어와 군주의 세를 무너뜨리게 된다.

호랑이와 표범이 사람을 잡아먹으며 다른 짐승들을 위협할 수 있는 것은 날카로운 발톱과 송곳니가 있기 때문이다. 만일 호랑이와 표범이 발톱과 송곳니를 잃으면 사람이 호랑이와 표범을 제어할 것이다. 마찬가지로 강한 세는 군주의 날카로운 발톱과 송곳니다. 군주가 발톱과 송곳니를 잃으면 사로잡힌 호랑이나 표범과 같게 된다. 송나라 군주가 그 발톱과 송곳니를 자한子罕에게 잃고, 간공簡公이 그 발톱과 송곳니를 전상田常에게 잃고서도 그것을 빨리 되찾지 못했기 때문에 결국 자신은 죽고 나라가 망했다.

자한은 송나라의 재상이 되자 군주에게 아뢰었다. "상을 받는 것은 사람들이 좋아하는 일이므로 군주께서 직접 내리시고, 벌을 받는 것은 사람들이 싫어하는 일이므로 저에게 맡겨주십시오." 이 말이 옳다고 여긴 군주는 형벌권을 넘겨주었다. 1년 뒤, 자한을 두려워하지 않는 이가 없게 되었다. 결국 자한은 송나라 군주를 내쫓았다.

이 고사에서 유념할 점은 자한이 먼저 군주의 지위를 빼앗은 것이 아니라 권력을 나눠 가진 후 군주의 자리에 올랐다는 것이다. 즉 권력을 빼앗긴 군주는 마침내 세위까지 잃게 된다.

세위는 시스템이
뒷받침되어야 한다

한비자는 현명한 군주가 공적을 세우고 명성을 이루는 수단으로 4가지를 꼽았다. 첫째는 천시天時, 둘째는 인심人心, 셋째는 기능技能, 넷째는 세위勢位다. 천시는 '하늘의 때'로 제아무리 성군이라도 겨울에 때 아닌 벼 이삭이 나게 할 수 없는 법이며, 인심은 '사람의 마음'으로 그 마음을 거스르게 되면 제아무리 용감한 장수라도 병사들을 힘써 싸우게 할 수는 없다. 기능은 '일처리에서의 탁월한 능력'을 뜻하며, 세위는 '그 자리에 있음으로써 생기는 권세'를 말한다. 이 중에서 한비자가 가장 강조한 것은 세위다. 뛰어난 기능을 갖추고 천시를 기다려 인심을 얻었다 할지라도 왕위에 오르지 못하면 그 아무리 정조대왕이라도 성군이 될 수 없는 것처럼, 세위가 없다면 공적을 세울 수 없기 때문이다.

한 자 길이의 나무라도 높은 산 위에 세우면 천 길이나 되는 깊은 골

짜기를 내려다볼 수 있는데, 그것은 나무가 길어서가 아니라 그 위치가 높기 때문이다. 걸^桀이 천자가 되어 천하를 다스릴 수 있었던 것은 그가 현명해서가 아니라 강한 권세를 가졌기 때문이었다. 요^堯가 필부였다면 세 집안도 다스릴 수 없다고 하는 것은, 그가 어리석어서가 아니라 지위가 낮기 때문이었다. 짧은 것이 높은 데서 내려다볼 수 있는 것은 위치 때문이며, 어리석은 자가 현명한 자를 통제할 수 있는 것은 세^勢 때문이다.

걸^桀은 중국 고대 하나라의 마지막 왕으로 은나라의 마지막 왕 주^紂왕과 함께 폭군으로 알려졌다. 걸이 임금이 될 수 있었던 것은 하나라가 세습왕조였기 때문이며, 그가 가진 개인적 자질이나 능력과는 아무런 상관이 없었다. 어리석든 현명하든 간에 임금의 자리에 오른다면 누구나 세를 가지게 되고, 세가 있다면 권력을 부릴 수 있다. 그렇기 때문에 걸이 무도한 정치를 자행할 수 있었던 것이다.

이처럼 세는 자리에서 나오는 것이다. 그런데도 유가는 인의^{仁義}를 가지고 나라를 다스려야 한다고 주장했다. 이에 대해 한비자는 다음과 같이 반박했다.

백성은 세에 복종하므로 의^義를 따르는 자는 적다. 공자는 천하의 성인이다. 행실을 닦고 도를 밝히며 세상을 돌아다녔다. 온 세상이 그의 인^仁에 기뻐하고 그의 의를 아름답다고 여겼으나 제자가 된 자는 고작 70명이었다. 대개 인을 귀중하게 여기는 자는 적고, 의를 행하기가 어렵기 때문이다. 그러므로 이 넓은 세상에서 제자가 된 자가 고작 70명에 불과하며 인의를 갖춘 자는 오직 한 사람뿐이었다.

노나라 애공哀公은 하질下質의 군주였다. 하지만 군주의 지위에 오르자 백성이 감히 복종하지 않을 수 없었다. 백성은 본래 세에 복종하는데 이처럼 세는 정말 사람을 쉽게 복종시킬 수 있었다. 그러므로 공자가 신하가 되고 애공이 도리어 군주가 되었다.

공자는 그 의에 따른 것이 아니라 세에 굴복한 것이다. 그러므로 의로써 행하고자 한다면 공자가 애공에게 복종하기 어려우나 세에 의존해 애공도 공자를 신하로 삼을 수 있었다. 지금 학자들은 군주를 설득하면서 반드시 이길 수 있는 세에 의존하지 말고 인의만을 힘써 행하면 나라를 다스릴 수 있다고 한다. 이는 군주가 공자처럼 되기를 바라는 것이며, 평범한 백성이 모두 공자의 여러 제자들 같이 되기를 원하는 것이다. 이것은 결코 이루어질 수 없는 도리다.

성인이라 칭송받던 공자도 복종하는 것이 군주의 자리다. 이처럼 세는 군주의 자리에서 나오는 것이다. 날아다니는 용은 구름을 타고, 뛰어오르는 뱀은 안개 속에서 노닌다는 말은 군주의 처지를 비유한 말이다. 군주가 앉는 자리를 용상, 입는 옷을 곤룡포라 한 것은 용龍 자를 덧붙여 군주의 권세를 드높이고자 하기 때문이다. 하지만 구름이 걷히고 안개가 사라지면 용과 뱀은 지렁이나 개미와 같아진다. 의탁할 곳을 잃었기 때문이다. 자리를 잃은 군주는 필부와 다름없다. 의지할 세가 사라졌기 때문이다.

그렇다면 군주의 자리에 올라 세만 확보하면 지배와 통치가 가능할까? 여기서 한비자는 한 가지 질문을 던진다.

나도 날아다니는 용과 뛰어오르는 뱀이 구름과 안개의 세에 의탁하지 않는다고는 보지 않는다. 비록 그렇다고 해도 현명한 사람을 택하지 못하고 오직 세에만 맡겨놓으면 이것만으로 충분히 다스릴 수 있을까? 나는 아직 그러한 경우를 보지 못했다. 대체로 구름과 안개의 세를 타고 노닐 수 있는 것은 용과 뱀의 재능이 뛰어나기 때문이다. 지렁이는 구름이 성대하게 덮여 있어도 탈 수 없으며, 개미는 안개가 자욱이 끼어도 노닐 수 없다. 짙고 자욱이 낀 구름과 안개라는 세가 있어도 타고 노닐 수 없는 것은 지렁이와 개미의 재능이 부족하기 때문이다. 지금 걸桀과 주紂가 군주의 자리에 올라 천하를 다스리는데 천자의 위세를 구름이나 안개로 삼아 다스려도 천하가 큰 혼란을 피할 수 없는 것은 걸과 주의 재능이 부족하기 때문이다.

한비자가 세, 법, 술과 같은 권력의 기술을 강조한 이유는 세상이 극도로 혼란하기 때문에 군주의 자리를 단단히 함으로써 부국강병을 이룩하고 나아가 천하를 통일해 안정되게 하기 위해서였다. 흔히 법가의 사상을 충실히 실현한 진시황이 폭군이었다고 해서 법가의 사상이 강권 통치로 세상을 어지럽혔다고 생각하기 쉽다. 하지만 법가의 사상도 어디까지나 난세를 극복하기 위한 방안으로 제시되었던 것이다.

권세가 지위에서 나오는 것이라면, 현명함과 어리석음에 관계없이 군주의 지위가 세습되는 봉건군주제에서는 현명한 군주만 세를 사용하도록 하고, 어리석은 군주는 사용하지 못하도록 막을 방법이 없다. 그러므로 현명한 군주가 세를 쓰면 천하가 다스려지고, 어리석은 군주가 쓰면 천하가 어지러워지는 것이다. 이러한 점이 난세를 극복하는 사상을 제시하고자 했던 한비자의 고민거리였다.

한비자는 자신이 말하고자 하는 세와 요순堯舜과 걸주桀紂처럼 왕위를 물려받아 생기는 세를 분리시킴으로써 고민을 해결했다. 세습으로 군주의 자리에 오르는 것을 자연의 세로 본 것이다. 그래서 자신이 말하고자 하는 세는 사람이 만든 것임을 분명히 했다. 자연의 세에 대비되는 인위人爲의 세를 주창하면서, 나아가 대다수 군주의 자질이 평범한 정도에 그치므로 자신이 말한 세는 평범한 군주를 위한 것임을 밝혔다.

요, 순, 걸, 주는 천 년에 한 번씩 출현했는데도 계속 이어서 나타난 것처럼 여겨진다. 대체로 통치자는 중질中質의 자질을 지닌 자들로 이어지고, 내가 말하려는 세 또한 중질의 그것이다. 중질의 군주는 위로는 요순에 미치지 못하고 아래로는 걸주처럼 되지 않는다. 그러므로 법을 지키고 세를 가지면 나라가 다스려지고, 법을 어기고 세를 버리면 어지러워진다. 지금 세를 버리고 법을 어기면서 요순이 나타나기를 기다리는 사람들이 있다. 요순과 같은 성군이 나타나면 나라가 다스려지겠지만, 이는 천 년 동안 어지러웠다가 한 번 다스려지는 것이다. 또 법을 지키고 세를 가지고 있으면서 걸주를 기다리는 사람들이 있다. 걸주와 같은 폭군이 나타나면 어지러워지겠지만 이는 천 년 동안 다스렸다가 한 번 어지러워지는 것이다. 천 년 동안 다스려졌다가

한 번 어지러워지는 것과, 한 번 다스려졌다가 천 년 동안 어지러워지는 것은 마치 천리마를 타고 반대 방향으로 달려 서로 멀어지는 것과 같다. 상 받을 일을 하기를 권장하거나 죄진 자를 형벌로 다스리는 위엄을 갖추지 않고 또 세와 법을 버린다면, 요순이라도 백성을 설득하고 말로 바로잡아도 고작 세 집조차 다스릴 수 없을 것이다.

천 년에 한 번 나타날까 말까한 성군을 기다리느니 차라리 중질의 군주가 세, 법, 술을 가지고 통치해야 한다는 것이 한비자가 주창한 인위의 세다. 왕은 하늘이 내린다는 유가의 천명론天命論을 전면 부정하고, 군주의 인위적, 능동적 통치를 강조한 것이다. 진정한 인위적 통치는 세, 법, 술의 일체를 통해 완성될 수 있다. 시스템이 있고, 술책을 적절히 사용해 군주의 세를 잃지 않는다면, 걸주와 같은 폭군이라도 함부로 세를 부리지 않고 잘 다스릴 수 있다는 것이다. 그러므로 폭군이 출현하는 것은 상벌제도와 같은 시스템이 없기 때문이다. 난세를 극복하기 위해서는 군주가 세를 가지고 법과 통치 체계를 세우는 것이 가장 중요하다.

한비자의 철학

리더는 세위를 지녀야 한다

법으로 다스려라

술치, 리더십의 핵심

8장

법으로 다스려라

법은 시스템이다

법은 인류사회의 발전과 함께 자연스럽게 생성된 것으로, 한비자를 비롯한 법가 사상가들만의 독창적 창조물이 아니다. 우리 역사에서 최초로 발견되는 법은 고조선의 8조법이다. 그중에서 살인자는 사형에 처하고, 남을 상하게 한 자는 곡물로 보상하고, 도둑질한 자는 노예로 삼는다는 3개 조항만 전해지고 있다. 중국 역사도 다르지 않다. 상고시대에 5가지 잔혹한 형벌을 법으로 만들었다는 기록이 남아 있다. 5가지 형벌은 먹물을 피부에 새기고, 코를 베고, 발뒤꿈치를 자르고, 거세를 하고, 사형에 처하는 것으로 전해지고 있다.

이처럼 법은 죄를 지은 사람을 제재하는 형벌에서 시작했다. 법法이라는 글자에는 공평, 심판자, 피의자라는 의미가 모두 포함되어 있다. 심판자 앞에선 피의자를 공평하게 심판하는 모습을 형상화한 것으로, 시비를 공평하게 가려 죄를 다스린다는 것을 뜻한다.

하지만 한비자와 법가가 주장하는 법은 다른 개념이다. 한비자의 법은 형벌의 의미도 있지만 포상의 뜻도 포함되어 있으며, 나아가 현대의 조직관리론이나 통치론으로 볼 수도 있다. 즉 개인의 행위와 도덕을 단속하는 규범에 머무르지 않고, 상업이나 농업을 장려하기 위한 방법 등 동기부여 수단으로 사용되기도 하며, 군주라는 한 개인의 능력에 의지해 나라를 다스리는 것이 아니라 시스템이 통치하는 것을 의미한다.

한비자를 비롯해 관중, 상앙, 신불해, 신도 등 일련의 사상가들을 법가로 부르는 이유는 그들이 모두 시스템으로 인한 통치를 주장하고 실천했기 때문이었다. 덕치德治와 예치禮治를 주장한 유가, 무위지치無爲之治를 주장한 도가는 한결같이 사람에게 초점이 맞춰져 있는 반면, 법가는 제자백가의 사상 중 유일하게 시스템에 의한 통치를 주장했다.

주나라를 정점으로 제후국들이 각 지역을 다스리던 연방제의 체제가 무너져 가고, 천하통일을 위한 열강들의 침략전쟁이 끊이지 않는 상황에서 구체제는 시급히 개혁해야 할 대상이었다. '왕王-제후諸侯-경대부卿大夫-사士-서庶'로 구별된 신분사회는 이미 무너졌고, 경대부와 신흥세력이 제후와 왕의 자리를 찬탈하는 하극상이 끊이지 않았다. 이러한 상황에서 법을 중심에 놓고 경대부를 비롯한 귀족계급의 특권을 빼앗아 대신 관료를 양성하고, 농업을 중심으로 한 민생경제를 발달시켜 농민에게 부역, 세금, 병역을 지워 나라를 부국강병하게 만들자는 사상이 법가였다. 즉 법치의 목표는 중앙집권적 관료국가의 건설을 통한 부국강병과 천하통일이었다.

법가 사상가들이 유가에서 주장하는 예치, 인치를 반대한 또 다른 이유는 예치나 인치가 군주의 자의성에 근거하기 때문이었다. 법가가 보기에 예치나 인치는 관념의 통치였다. 이러한 통치 방식은 2가지 문제점이 있다고 지적한다. 하나는 일정한 기준이나 원칙 없이 군주가 마음대로 다스리게 된다는 점이고, 또 하나는 정치가 한 사람에게만 종속된다는 점이다.

군주가 기준이나 원칙 없이 주관적 판단에 따라 상과 벌을 내리면, 신하나 백성들이 군주에게 아첨만 일삼게 되어 정치가 어지러워진다. 군주가 공정함을 잃게 되면 그에 불만을 품는 자들이 늘어나 군주의 지위가 불안해진다. 또 갈수록 사회가 복잡해지는데 군주 혼자서 모든 것을 판단하고 처리하는 것은 불완전할 수밖에 없다. 아무리 능력이 뛰어난 군주라 하더라도 인식 능력에는 한계가 있기 때문이다. 이러한 점에서 예치는 불가능하다는 것이 법가의 주장이다. 법치는 중질中質의 군주라도 쉽게 나라를 다스릴 수 있도록 뒷받침해준다.

그러므로 법으로 나라를 다스리는 것은 팔을 들었다 놓는 것처럼 매우 쉽다. 법은 귀한 사람이라고 해서 아첨하지 않고 먹줄은 나무가 휘었다고 해서 굽혀가며 재지 않는다. 법을 실행하는 데 있어 지자智者라고 해서 거절할 수 없으며, 용자勇者라고 해서 함부로 다툴 수 없다. 죄를 벌하는 데 대신大臣이라 해서 피할 수 없고 공적을 포상하는 데 필부라 해서 빠뜨릴 수 없다. 따라서 윗사람의 잘못을 바로잡고 아랫사람의 사특함을 꾸짖고 난亂을 다스려 얽힌 것을 풀고 욕심을 물리치고 바르지 못한 것을 가지런하게 해서 백성이 지킬 규범을 하나로 하는 데는 법보다 더 좋은 것이 없다. 또 관료가 조심하게 하고 백성을 두려워하게 하고 방탕하고 게으른 자를 물리치고 속임수를 못 쓰도록 하는 데는 형벌보다 더 좋은 것이 없다. 형벌이 무거우면 귀한 사람이 신분이 낮은 자를 함부로 얕보지 못하며, 법이 분명하면 윗사람이 존엄해져 침범당하지 않는다. 윗자리가 존엄해 침범당하지 않으면 군주의 위세가 강해져 그 세위를 지킬 수 있다. 그러므로 선왕이 그 법을 귀하게 여겨 후세에 전한 것이다. 하지만 군주가 법으로 다스리지 않고 자의적으로 다스린다면 위아래의 구별이 없어지게 된다.

이로써 법은 다른 무엇보다도 최고의 가치가 된다. 그럴듯한 말로 세상을 현혹시키는 유가도, 무력을 바탕으로 날뛰는 용자도, 신분이 높다 해서 법의 적용을 받지 않던 귀족들도, 열심히 일을 해도 포상 받지 못했던 백성들도 모두가 법의 다스림을 받아야 하는 것이다. 나아가 법가들은 군주도 법을 따라야 한다고 주장했다. 군주가 자신의 욕망에 따라 법을 침범해서는 안 되며, 상벌을 내릴 때도 반드시 법에 근거해서 내려야 한다고 주장했다. 군주가 법을 지키지 않음으로써 벌어지는 혼란은 법이 없을 때보다 심하고, 나아가 법이 유명무실해지고 군주의 권력도 흔들리는 결과를 불러온다는 논리를 근거로 법을 준수할 것을 강조했다. 법이 만물의 지배자가 될 때 어떤 리더가 등장한다 하더라도 세상을 다스릴 수 있다는 법가의 논리 속에서 군주의 법 준수를 강조한 것이다.

법령을 세우는 것은 사私를 금지하기 위해서다. 다스리는 근본은 법이며 어지럽히는 근본은 사다. 법이 서면 사적인 이득을 얻을 수 없다. 사익을 추구하는 자는 난을 일으키고 법에 의존하는 자는 다스려진다. 윗사람이 법으로 다스리지 않으면 지자智者는 사적인 말을 쓰고 현자賢者는 사적인 의도를 갖는다. 윗사람이 사적으로 은혜를 베풀면 아랫사람은 사적으로 욕심을 갖는다. 그러므로 오늘날 사적인 전횡을 금지하고 공적인 법을 따르도록 한다면, 백성의 삶은 안정되고 나라도 다스려질 것이다. 사적인 행동을 금지하고 공적인 법을 준수하게 한다면 군대는 강해지고 적은 약해질 것이다.

사私는 농사를 짓기 위해 땅에 영역을 표시하고 자기 것임을 확실하게 하기 위해 땅에 줄을 치고 못을 박은 형상이다. 공公은 사ム 위에 지붕(여덟 팔, 八)을 씌워 억누르는 모양이다. 글자 모양에서부터 공과 사는 대립한다. 법을 세우는 것은 사를 금지하고 공을 장려하기 위해서다. 사의 금지는 지위에 따른 대상을 가리지 않는다. 아랫사람부터 윗사람인 군주까지도 모두 포함한다. 한비자는 누구든지 간에 사익을 위해 법을 침해하고 어지럽히는 것을 경계했다. 주로 사익을 위해 법을 어지럽히는 자들을 신하로 보았다. 법은 신하들을 규제하는 한편 백성들을 위한 것이다.

한 나라를 다스리는 데는 법을 바르고 명백하게 세우고, 엄격한 형벌을 제시해 모든 사람의 혼란을 구하고, 천하의 재앙을 물리쳐야 한다. 그래야 강자가 약자를 침해하지 않고, 다수가 소수를 억누르지 않고, 노인이 수명을 다 누리고, 어린이와 고아가 온전히 성장할 수 있으며, 변경이 침략당하지 않는다. 또 그래야 군주와 신하가 서로 친밀해지고, 부모와 자식이 서로 감싸주게 되며, 죽거나 망하거나 포로가 되는 걱정이 사라진다. 이것이 바로 최상의 공적이다. 어리석은 사람은 이를 알지 못하고 도리어 법치를 폭정이라 생각한다.

한편 법은 통치규범과 형벌만이 아니라, 일을 잘하기 위한 틀이며 일을 제어하는 수단이다. 일을 추진할 때 어느 정도 피해가 있더라도 성과가 확실하다면 추진해야 하는 것처럼, 법이 세워져 어려움이 닥치더라도 그로 인해 일을 잘할 수 있다면 법을 세운다. 군주의 통치수단으로 법만큼 효과적인 것은 없다.

군주가 되어 모든 관료가 하는 일을 몸소 다 살피려 한다면 하루 종일 일해도 시간이 부족할 것이며 능력도 미치지 못할 것이다. 또한 군주가 자기 눈으로 보려고 하면 신하가 겉을 보기 좋게 꾸밀 것이고, 군주가 자기 귀로 들으려고 하면 신하가 듣기 좋은 이야기만을 늘어놓을 것이고, 군주가 자기 생각으로 판단하려고 하면 신하가 복잡한 일들을 나열할 것이다. 선왕先王들은 자기의 눈, 귀, 머리만으로는 부족하다고 여겼기 때문에 스스로의 능력보다는 법에 의지하고, 상벌로 신하들의 일을 살폈다.

법은 군주의 통치 시스템이다. 일은 법에 비추어 그 득실을 판단하며, 말은 법을 근거로 그 시비를 가린다. 그러므로 군주는 탁월한 능력을 필요로 하지 않는다. 많은 이야기를 들을 필요도 없다. 법에 없는 말은 귀담아듣지 않으며, 법에 없는 노력은 공적으로 여기지 않는다. 법은 말을 살피고, 행동을 관찰하고, 공로를 평가하고, 일에 임하는 준거準據가 된다. 오직 법만이 통치를 가능하게 한다.

한편 늘 변화하는 현실 속에서 고정불변의 법은 없다. 영원한 것은 법치 그 자체일 뿐 법의 내용은 현실에 맞추어 끊임없이 변화해야 한다.

백성을 다스리는 데는 상도常道가 없다. 오직 법으로만 다스릴 수 있다. 법이 시세時勢에 부응하면 잘 다스려진다. 다스림이 세상의 일에 맞춰 이루어지면 공적이 나타나게 된다. 백성이 순박하면 예의와 염치로 다스리지만, 말로 세상을 현혹시키는 자가 많아지면 형벌로 다스려 복종하게 한다. 시대가 변하는데 정치가 바뀌지 않으면 혼란스러워진다. 백성을 다스리는 데 금령禁令이 변하지 않으면 쇠약해진다. 그러므로 성인이 백성을 다스리는 법은 시세에 맞춰 고치고 금령은 실현 가능성에 따라 함께 변화한다.

법치의 목적은 부국강병으로, 현실에 부합하지 않는 법은 오히려 개혁과 발전의 발목을 잡는다. 이는 오늘날을 살아가는 우리도 자주 겪는 현상이다. 입법권을 가진 국회에서 법의 개정이나 제정에 소홀해서 사회적 문제를 야기하기도 한다. 한비자는 시대의 흐름에 맞추어 법을 고칠 것을 주장한다. 즉 한비자의 법은 변법變法을 포함한 개념이다.

그렇다고 해서 법을 자주 바꾸자는 것은 아니다. 한비자는 군주가 법령을 수시로 바꾸고 명령을 자주 내려 일에 지나치게 간섭하면, 나라가 곧 망할 것이라고 경계하기도 했다.

법령을 바꾸면 이해관계가 달라진다. 이해관계가 달라지면 백성의 일이 달라진다. 백성의 일이 달라지는 것을 변업變業이라고 한다. 그러므로 이치를 따져보았을 때 대중의 일이 자주 흔들리면 성공이 적어지며, 큰 기물을 자주 이리저리 옮기면 망가지는 곳이 많아지며, 작은 생선을 삶으면서 자주 뒤집으면 그 살점이 떨어져 나간다. 마찬가지로 큰 나라를 다스리는 데 법을 수시로 바꾸면 백성이 고생한다. 그러므로 현명한 군주는 허정虛靜을 귀하게 여기고 법 바꾸는 것을 신중히 한다. 노자는 말한다. "큰 나라를 다스리는 것은 작은 생선을 삶듯이 하라治大國若烹小鮮치대국약팽소선."

법치의 원칙

법은 누구나 지켜야 하는 것이므로 무엇을 지켜야 하는지 알게 하는 것이 중요하다. 따라서 법의 공개는 법치에서 필수적이다. 또한 법령이 모호하다면 무엇을 따라야 할지 알 수 없으므로 오히려 없는 것만 못하다. 법이 구체적이어야 하는 까닭이다.

따라서 한비자는 법을 문서로 편찬해 관부에 설치해두고 백성들에게 공표해야 하며, 매일 궁문 밖으로 법을 전하며 국경 안에 퍼지도록 해야 한다고 주장했다. 또한 "법을 명시하는 자는 강하며 법을 소홀히 하는 자는 약하다^{明法者强명법자강 慢法者弱만법자약}"며 법을 분명히 밝혀야 하는 이유를 다음과 같이 설명하고 있다.

군주의 잘못은 한 신하에게 일을 맡겼으면서도 일을 맡지 않은 또 다른 자로 하여금 일을 맡은 신하를 감시토록 하는 데 있다. 이렇게 한다면 일을 맡은 신하와는 원수 관계가 되며, 일을 맡지 않은 자에게는 거꾸로 군주가 견제를 당한다. 지금 함께 감시하는 신하 또한 지난번에 감시당했기 때문이다. 군주가 법을 분명하게 밝혀 신하들의 위세를 제어하지 못하면 백성들의 신뢰를 얻을 방법이 없다. 군주가 법을 내팽개치고 신하로 하여금 신하를 감시하게 하면 친한 자들은 두루 어울리면서 서로를 칭찬하게 되고, 미워하는 자들은 붕당을 만들어 서로를 헐뜯게 된다. 이처럼 비방과 칭찬이 다투어 일어나면 군주는 혼란에 빠질 것이다. 신하란 자들은 명예를 얻지 아니하면 앞장서 일하지 않으며, 법을 어기며 제멋대로 하지 않고서는 위세를 부릴 수 없으며, 성실과 신의를 거짓으로 꾸며내지 않고서는 법의 금제禁制에서 벗어날 수 없다. 이 3가지는 군주를 미혹시키고 법을 무너뜨리는 근본이다. 군주는 신하가 비록 지혜와 능력을 갖추었더라도 법을 어겨가며 마음대로 일을 처리할 수 없게 하며, 비록 뛰어난 행동을 했더라도 실제 공적을 뛰어넘는 포상을 내리지 않으며, 비록 성실하고 신의가 있더라도 법을 버리고 금제를 어기는 일이 없도록 해야 한다. 이것이 바로 법을 분명히 밝히는 것이다.

법가에서 법의 공개는 법치의 핵심적 절차로, 관료들을 다스리고 일을 잘하게 하기 위한 것이었다. 관료를 비롯한 귀족계급의 특권을 약화시키고 통제하기 위한 개혁의 출발점은 법의 공개였다. 법의 공개는 법의 평등한 적용과 밀접한 관련이 있었다. 때문에 법의 공포로 인해 자신들의 권력이 약화될 것을 우려한 귀족들은 이를 반대하고 나섰다.

기원전 536년 정나라 재상 정자산이 최초로 법을 청동 솥에 새겨

넣은 주형정鑄刑鼎을 만들자 진나라 대부 숙향이 반대했으며, 513년에는 진나라의 상앙이 다시 만들자 공자가 반대했다.

귀족들이 법의 공표를 반대한 것은 "예는 서인庶人에게까지 내려가지 않고, 형벌은 대부에게까지 올라가지 않는다禮不下庶人예불하서인 刑不上大夫형불상대부"는 유가의 통치원칙 때문이었다. 예치의 대상은 특권계급에 한정되는 것으로 백성들은 예가 아닌 법으로 다스려야 한다는 것이 유가의 주장이었다. 이러한 주장은 법의 공개성, 평등성을 실현하고자 하는 법가의 입장에서 크나큰 장애물이었다. 한비자는 "법은 귀한 사람이라고 해서 아첨하지 않고, 먹줄은 나무가 휘었다고 해서 굽혀가며 잴 수 없다"며 형무등급刑無等級, 형벌의 적용에는 신분과 귀천의 차별이 없다의 원칙을 일관되게 주장했다. 하지만 특권계층의 저항은 만만치 않았다.

진시황이 중원을 통일하는 대업을 이룰 수 있도록 기초를 닦은 법가의 사상가 중 한 명인 상앙은 진나라 효공이 그를 등용하자 옛 법을 고치는 변법을 실시했다. 새로운 법령을 시행한 지 1년이 지난 뒤에도 여전히 백성들의 불만이 터져 나오는 와중에 태자가 법을 어기는 일이 발생했다. 그러자 상앙은 "법이 제대로 시행되지 못한 것은 위에서부터 이것을 지키지 않았기 때문"이라며 법에 따라 태자를 처벌하려고 했다. 하지만 왕위를 계승할 태자를 처벌한다는 것은 어려우므로, 대신 태자의 태부太傅를 사형에 처하고 태사太師의 이마에 글자를 새기는 형벌을 내렸다. 그러자 이내 법을 어기는 사람들은 사라져갔다. 상앙의 변법으로 인해 특권을 잃고, 형벌의 두려움에 떨어야 했던 귀족들은 조용히 기회만을 노리고 있었다. 마침내 상앙을 등용했던 효공이 죽고 태자가 왕위에 오르자 귀족들은 상앙을 체포해 사지를 찢어 죽이는 거열형에 처하고 집안 식구를 모두 죽여버렸다.

이 일화에서 알 수 있듯이 평등한 법의 적용이란 무척이나 어려운 일이다. 다음 한비자의 말은 첨단문명 시대를 살아가는 우리들의 공감을 이끌어내기에 부족함이 없다.

상고시대부터 내려오는 말이나 『춘추春秋』의 기록을 보면 법을 어기고 반역을 꾀하는 큰 죄를 짓는 자는 언제나 지위가 높고 귀한 신하였다. 그런데도 법령이 감시하고 처벌을 내리는 대상은 항상 비천한 자들뿐이다. 그러므로 백성들은 하소연할 데가 없다.

10여 년 전에 국무총리로 임명된 인사의 청문회에서 위장전입 등의 위법사항이 있었다는 사실이 논란이 되자 결국 자진사퇴하는 사건이 있었다. 이 사건으로 인해 고위 공직자 및 정치인들이 법을 무시하는 행위가 만연해 있다는 사실이 널리 알려졌는데, 이는 전형적인 형불상대부刑不上大夫, 형벌은 위로는 대부와 같은 특권 계층에 적용되지 않는다의 현상이다. 위장전입은 주민등록법에 따르면 3년 이하의 징역 또는 3천만 원 이하의 벌금형에 처하게 되어 있는데, 한 해에 약 500명 정도의 사람들이 처벌을 받는다. 하지만 한국 사회의 특권 계층인 고위 공직자들이 처벌받는 것이 드물어 전형적인 형불상대부 현상이라고 할 수 있다. 이러한 현상은 정치 권력의 영역만이 아니라 사회 전반에 널리 퍼져 있다. 어쩌면 영원히 근절할 수 없는 현상일지도 모른다. 문제는 이러한 면책특권이 한 사회, 한 조직의 근본을 흔든다는 데 있다. 인간 조직은 구성원들 간의 믿음을 기반으로 성립하는데, 그 믿음 중 하나가 원칙과 기준이 누구에게나 적용된다는 것이다.

법가들도 법에 대한 믿음이 있어야 법치를 실행할 수 있다는 것을 알고 있었다. 한비자는 "법에 믿음이 없으면 군주가 행하는 시책이 제대로 이루어지지 않는다"는 점을 강조하며, 군주는 백성들에게서 신뢰를 쌓아야 한다고 밝혔다.

상앙도 법에 대한 믿음이 있어야 변법을 통한 개혁이 성공할 수 있다는 점을 잘 알고 있었다. 그래서 새로운 법을 마련해놓고 공표하기 전에 백성의 믿음을 얻기 위한 이벤트를 벌였다.

그는 세 길이나 되는 나무를 도성 저잣거리의 남쪽 문에 세우고 백성들에게 말했다. "이 나무를 북쪽 문으로 옮겨놓는 자에게 십 금을 주겠다." 하지만 이상히 여기며 아무도 옮기지 않았다. 상앙은 다시 말했다. "이것을 옮기는 자에게 오십 금을 주겠다." 어떤 사람이 나무를 옮겨놓자 즉시 그에게 오십 금을 주어 나라에서 백성을 속이지 않음을 분명히 하고 새 법령을 공표했다.

이목지신移木之信의 일화다. 나라에 대한 백성의 믿음, 리더에 대한 구성원의 믿음은 모든 다스림의 근본이다. 하지만 특권층의 존재로 인해 이러한 믿음은 깨지기 마련이다. 법의 공평성과 공개성을 핵심으로 하는 법가 사상의 위대함은 이럴 때 더욱 두드러진다.

한비자의 철학

리더는 세위를 지녀야 한다

법으로 다스려라

술치, 리더십의 핵심

9장

술치,
리더십의 핵심

술치란 무엇인가

술치術治란 술術로써 조직을 다스리는 것이다. 흔히 법가의 술을 권모술수라고 이해하는데, 이는 한비자가 주장한 술이 비밀주의와 냉혹함을 지니고 있기 때문에 발생한 편협한 이해다. 권모술수란 '목적 달성을 위해 수단과 방법을 가리지 않는 온갖 모략이나 술책'을 뜻하는데, 이에 반해 한비자의 술은 다스림의 기술技術, 부림의 기술을 뜻한다. 물론 술로써 다스린다는 통치방식이 법가에서만 볼 수 있는 독특한 통치방식이 아니라 다스림이라는 행위에 술이라는 개념이 들어 있다고 봐야 하지만, 법가는 술치를 개념화하고 그 기술을 더욱 발전시킴으로써 세勢, 법法, 술의 통치방식을 완성했다.

술치라는 것은 독자적으로 쓰이는 것이 아니라 세와 법의 바탕 위에서 구현되는 것이다. 한편 세와 법은 직위와 제도에 불과한 것으로 리더의 적극적, 능동적 통치 행위가 아니기 때문에 술치가 없는 세와 법은 껍데기일 뿐이다. 이러한 점에서 술치의 중요성이 강조되며, 세와 법의 실질적 쓰임이 술치를 통해 구현되기 때문에, 술로써 다스리지 않고 세와 법에만 의지하는 리더는 무능한 자가 되기 쉽다.

조보가 밭에서 김을 매고 있을 때 어떤 아버지와 아들이 수레를 타고 지나가는 것을 보았다. 그때 수레를 끌던 말이 놀라 멈춰선 채 앞으로 나아가지 않았다. 그러자 아들이 수레에서 내려 말을 끌고 아버지도 수레를 밀며 조보에게 도와달라고 했다. 조보는 하던 일을 멈추고 수레에 올라탔다. 이내 고삐를 졸라매고 채찍을 들었는데 미처 채찍을 쓰기도 전에 말이 달리기 시작했다. 만일 조보로 하여금 말을 몰도록 하는 대신에 수레를 밀게 했다면, 온 힘을 다했더라도 말이 움직이도록 하지 못했을 것이다. 지금 몸을 편안히 하면서 일을 하지 않아도 남에게 덕을 보일 수 있는 것은 술術이 있어 그것을 부릴 수 있기 때문이다. 나라는 군주의 수레이며 세勢는 군주의 말이다. 군주가 술術 없이 나라를 다스리면, 몸이 고달프도록 일을 해도 혼란에서 벗어날 수 없다. 반면에 술로써 다스리면 몸은 편안하고 즐거우면서도 제왕의 공적을 세울 수 있다.

아무리 좋은 수레와 말이 있다 하더라도 말을 부리는 기술이 없다면 그 말은 꿈쩍도 하지 않을 것이며, 오히려 사람을 다치게 할 수 있다. 리더의 자리에 올라 훌륭한 법을 공표하더라도 그 법을 운용할 적절한 리더십이 없다면 리더의 지위는 불안정해질 뿐만 아니라 목숨을 빼앗길 수도 있다. 이처럼 술은 법과 세를 완성시키는 리더십의 요체로 군주가 반드시 지녀야 하는 것이다.

한편 세와 법은 지위 고하와 빈부귀천에 상관없이 모두를 대상으로 한다. 군주의 자리에 오르면 만인의 군주가 되며, 법이 공포되면 군주부터 백성에 이르기까지 모두가 지켜야 한다. 하지만 술치의 대상은 관리. 법가의 사상가들이 크게 공헌한 것 중 하나가 중앙집권제와 관료제의 도입이다. 중앙집권제는 필연적으로 군주를 만물을 지배하는 유일자, 절대자의 자리에 올려놓게 된다. 이것은 세위를 강조한 법가의 사상과 맞아떨어진다. 그렇지만 군주 홀로 드넓은 영토와 많은 백성을 다스릴 수는 없으므로 전문기술과 능력을 지닌 관리의 채용이 필수였다. 현대사회 조직에 적용하면 관리는 임원이나 간부 등을 가리킨다.

나무를 흔들 때 나뭇잎을 하나하나 잡아당기면 힘만 들고 널리 미치지 않는다. 하지만 나뭇가지를 좌우로 흔들면 모든 잎이 요동친다. 연못가에 서 있는 나무를 흔들면 새는 놀라 높이 날아가고, 물고기는 놀라 깊이 숨는다. 그물을 잘 치는 자는 그 벼리만 잡아끌지 그물의 눈을 하나하나 잡아당기지 않는다. 그 많은 눈을 하나하나 잡아당겨 그물을 펴려고 하면 힘만 들고 하기는 어렵다. 그물의 벼리를 잡아끌면 물고기가 고스란히 그물망 속에 들게 된다. 관리란 백성의 나무줄기나 그물의 벼리다. 그러므로 성인은 관리들을 다스리지 백성을 다스리지는 않는다.

일은 많은데 지혜는 적다. 적은 것은 많은 것을 이기지 못하니 부족한 지혜로는 모든 일을 다 알 수 없다. 그러므로 일로써 일을 다스려야 한다. 아랫사람은 많고 윗사람은 적다. 적은 것은 많은 것을 이기지 못하니 군주는 신하를 두루 다 알 수는 없다. 그러므로 사람으로서 사람을 다스려야 한다. 그리하면 군주가 몸소 노고를 다하지 않아도 일이 다스려지고 지혜와 계책을 쓰지 않아도 간악한 자를 알 수 있다.

하질下質의 군주는 자기 한 몸의 능력만을 사용하고, 중질中質의 군주는 다른 사람의 힘을 사용하고, 상질上質의 군주는 다른 사람의 지혜를 사용한다. 그럼으로써 상질의 군주는 일이 발생하면 지혜를 모으기 위해 각 관료의 말을 듣고 난 후 공론에 부친다.

한비자의 "일은 관리들에게 맡기고 군주는 몸소 하지 않는다"는 통치방식을 가장 잘 실현한 군주가 바로 한나라를 건국한 유방이다. 『사기』의 「회음후열전」에 한비자의 통치방식을 잘 보여주는 이야기가 실려 있다.

유방은 어느 날 대장군 한신과 함께 여러 부하 장수들의 능력을 평가하고 있었다. 그때 문득 유방이 한신에게 물었다.

"나는 얼마나 되는 군대를 이끌 수 있겠소?"

"폐하께서는 불과 10만 명만을 이끌 수 있습니다."

"그대는 어떻소?"

"신臣은 많으면 많을수록 좋습니다."

"많으면 많을수록 좋다면서 어째서 나의 부하가 되었소?"

"폐하께서는 군대를 이끌 수는 없습니다만 장수들을 훌륭하게 이끌 수 있습니다. 이것이 바로 신이 폐하의 부하가 된 까닭입니다. 또 폐하 는 이른바 하늘이 내린 사람이니 사람의 힘으로는 어쩔 수 없습니다."

한신의 유방에 대한 평가를 통해 나이 마흔이 될 때까지도 동네 에서 건달 행세를 하고 다니며 손가락질이나 받던 천한 유방이 무 엇으로 황제가 되었는지 알 수 있을 것이다. 그것은 단 한 가지였 다. 바로 능력을 가진 인재들을 주위에 모여들게 하는 인품과 각자 의 능력에 맞게 적절한 역할을 주고 전체를 통솔하는 능력이다. 여 기서 유방의 리더십의 대상은 전체 구성원이 아니라 장수들, 즉 간 부들이다.

이처럼 관리는 통치의 그물코와 같은 중추적 역할을 한다. 중앙 집권제는 백성은 법法으로 다스리고 관료는 술術로 다스리는 통치 체제다. 그래서 모든 백성이 법을 알 수 있게 하는 법의 공개성은 필수적이지만, 반대로 술은 군주의 마음속에 감춰두어야 한다. 간 부들이 리더의 마음과 의지를 쉽사리 알아챌 수 없게 해야 한다.

술치의 은밀성은 군주의 측근에 자리한 관료들이 군주의 지위와 권력을 침탈하고 위협할 수 있기 때문에 이들을 남모르게 견제하 기 위해서다. 따라서 관료제의 발달과 더불어 술치의 강화는 필연 적이었다.

군주가 중요하게 여겨야 할 것은 법과 술이다. 법은 문서로 만들어 관청에 비치해 백성들에게 공포하는 것이다. 술은 가슴속에 감추어 두고 여러 가지 상황에 대처하면서 몰래 신하들을 부리는 것이다. 그러므로 법은 분명하게 밝혀야 하며 술은 드러내 보여서는 안 된다. 이런 까닭으로 현명한 군주가 법을 말하면 미천한 자들까지도 들어서 알게 되며, 술을 쓰면 군주가 친애해 가까이하는 자들도 그 술에 대해 들을 수 없다.

술術은 맡은 임무에 맞게 관직을 수여하고 나서 신하가 내건 목표와 그 실제 공적을 비교해 평가하는 등 죽이고 살리는 권력을 움켜쥐고 여러 신하들의 능력을 시험하는 것이다. 이것은 군주가 장악해야 하는 것이다. 법이란 군주의 명령은 관청을 통해 밝히고, 형벌은 반드시 백성의 마음에 각인시키며, 포상은 법을 지키는 자에게 내리고, 벌은 법령을 어기는 자에게 가하는 것이다. 이것은 신하가 모범으로 삼아야 한다. 군주에게 술이 없으면 윗자리에 있다 하더라도 제대로 다스릴 수 없게 되며, 신하에게 법이 없으면 아래가 어지러워진다. 그러므로 술과 법은 둘 중 하나도 빠짐없이 모두 제왕이 갖춰야 할 것들이다.

법은 공개성이 핵심이지만 술은 독점성과 비밀성이 그 핵심이다. 술은 관리를 대상으로 하되, 군주가 독점해 아무도 모르게 은밀히 행해야 한다. 이러한 술만이 군주의 안위를 지키게 할 수 있으며 나라를 잘 다스릴 수 있게 한다.

군주가 술을 독점해야 하는 이유는 나누면 나눌수록 약해지는 권력의 속성 때문이다. 음식의 맛을 군주의 입으로 맛보지 않고 주방장에게 맡긴다면 주방에서 일하는 사람들은 군주보다 주방장의 입맛에 맞추려고 할 것이며, 다양한 소리를 군주의 귀로 판단하지 않고 지휘자에게 맡긴다면 연주자들이 지휘자만 좇게 된다. 마찬가지로 일의 옳고 그름을 군주의 술로써 판단하지 않고 신하에게 맡기면 신하들이 군주는 가볍게 보고 그 신하의 주위에만 사람들이 몰려들게 될 것이다. 그러므로 군주는 신하에게 일은 위임하되 최후의 결정은 군주 홀로 해야만 권력이 약화되지 않는다.

술치의 기술

장딴지가 넓적다리보다 굵으면 달리기 어렵다

술치術治는 군주가 관리들을 다스리는 데 필요한 통치술이다. 나라는 관리가 다스리고, 관리는 군주가 다스린다는 말은 군주에게 술치가 왜 필요한지를 드러낸다. 술치를 적절히 사용함으로써 관리들이 군주의 의도대로 움직이게 하고, 나아가 관리를 통해 군주의 통치가 백성에게까지 도달하도록 할 수 있다. 군주가 신하를 필요로 하고 신하 또한 군주가 있어야 한다는 점에서 공생 관계지만, 여기서 바로 군주와 신하 사이의 문제점이 발생한다. 법가는 인간 관계를 이익을 두고 다투는 관계로 파악한다. 부모와 자식 간에도 이익에 따라 행동하는 것이 인간일진데, 군주와 신하 사이는 두말할 나위가 없다.

군주는 계산으로 신하를 기르고 신하도 계산으로 군주를 섬긴다. 군신 관계는 서로가 계산하는 사이다. 신하는 스스로 손해를 보면서까지 나라에 이익이 되는 일을 하지 않으며, 군주는 나라에 손해를 끼치면서까지 신하에게 이익이 되는 일을 행하지 않는다. 신하의 진심은 스스로에게 해가 되는 일이 이로울 수는 없는 것이며, 군주의 진심은 나라에 해가 되는 일을 가까이할 수는 없는 것이다. 이처럼 군신 관계는 각자의 계산을 가지고 서로 결합하는 것이다.

이는 『논어』에 "임금은 예禮로 신하를 부려야 하고, 신하는 충忠으로 임금을 섬겨야 한다"는 말과 완전히 반대다. 군주에게 신하란 계산으로 기르는 대상이고, 신하도 자신의 이익을 위해 군주를 섬기는 것이다. 이러한 한비자의 말이 가장 극명하게 드러난 시대는 역설적이게도 유교가 확고한 통치사상으로 자리 잡은 조선시대였다. 11대 왕인 중종 시대에 이르러 벌써 군약신강君弱臣强, 군주는 약하고 신하는 강하다이라는 말을 신하가 대놓고 중종에게 할 정도로 조선은 신하의 권력이 강성한 나라였다. 이런 현상은 당파 싸움을 통해 신하들의 세력이 더욱 강성해졌고, 실제로 인조반정 등을 통해 자신들의 힘으로 마음대로 군주를 폐하고 올릴 수 있다는 것을 깨닫게 되면서 더욱 심해졌다.

이 시대야말로 한비자가 말한 군신 관계가 계산하는 관계이자 이익을 놓고 다투는 관계임을 명확히 보여준다. 군주의 지위와 권력을 신하들이 끊임없이 침탈하고, 신하들을 억누르기 위해 군주는 대규모 살육을 서슴지 않았다. 대표적인 예가 숙종과 영조 시대에 발생한 4대 환국사건 등이다.

유교의 나라에서 일어난 군신 간의 충돌은 예와 충이 얼마나 허울과 명목뿐인지를 잘 보여주고 있다. 물론 예와 충으로 서로를 대하던 시기가 없었던 것은 아니겠지만, 역사에서 그러한 시기는 아주 짧은 기간에 불과하다.

『황제서』에 "군신 사이는 하루에 백 번 싸운다上下一日百戰상하일일백전"는 말이 있다. 신하는 마음속의 사심을 숨기고 군주를 시험해보고자 하며, 군주는 세勢와 법法으로 신하를 억누른다. 그러므로 법이 세워지는 것은 군주에게 소중하며, 당파를 만드는 것은 신하에게 소중하다. 신하가 군주를 시해하지 못하는 것은 아직 당파가 만들어지지 않았기 때문이다.

영·정조 시대의 탕평책이란 사실은 당파 간의 싸움이 너무 극심해 정치가 어지러워서라기보다 당파의 힘이 너무 강성해 군주의 권력을 침해하자 이를 억누르기 위한 방책이었다. 하지만 이미 당파가 만들어진 후에는 어떠한 방법으로도 군주의 권력을 되찾기는 어렵다. 현명한 군주의 탕평책이 있다 하더라도 정조 시대에 노론들이 시파와 벽파로 나뉘어 당파싸움이 그치지 않았던 것도 이와 같다. 따라서 한비자는 신하들이 세력을 모으지 못하도록 적극적으로 견제해야 한다고 주장했다.

장딴지가 넓적다리보다 굵으면 달리기 어렵다. 군주가 귀신같은 신

령한 권위를 잃으면 호랑이 같은 신하들이 그 뒤를 노린다. 군주가 윗자리에 앉아 알아차리지 못하면 호랑이는 장차 개떼처럼 그 숫자가 늘어날 것이다. 군주가 재빨리 막지 못하면 그 개떼는 점점 늘어만 갈 것이고, 호랑이와 같은 신하들이 한 무리를 이루게 되면 그 어미인 군주를 죽일 것이다.

달리기를 잘하기 위해서는 무릎 위쪽인 넓적다리가 무릎 아래쪽인 장딴지보다 굵어야 하는 것은 당연한 이치다. 신하의 권력이 군주보다 강하다면 나라가 어지러워진다. 신하들이 제멋대로 법을 어긴다면 정치가 혼란스러워지며 어지러워질 뿐만 아니라 결국 나라가 망하게 될 지경에 이를 것이다. 그러므로 군주는 신하가 부귀하게 되도록 내버려두어서는 안 된다. 한 사람만을 신임해 그 사람에게 권력이 집중되도록 해서도 안 된다. 부귀해지고 권력을 가진 신하는 언젠가 군주와 맞서려고 하기 때문이다.

군주는 나무를 자주 베어 가지가 무성하게 자라지 못하게 해야 한다. 나뭇가지가 무성하게 뻗으면 장차 공동으로 이용하는 출입문을 완전히 가로막게 될 것이다. 신하의 집에 사람이 모여들면 조정은 차츰 텅 비게 될 것이며, 끝내 군주의 눈과 귀는 가려지고 갇히게 될 것이다. 그러므로 자주 나무를 베어 가지가 밖으로 자라지 못하게 해야 한다. 나뭇가지가 자라나면 장차 군주의 자리를 위협하게 될 것이다. 나무를 자주 베어 없애면 당파를 이룬 신하들이 곧 흩어지게 될 것이다. 뿌리까지 파내 버리면 나무는 귀신같은 위세를 잃게 된다. 물이 세차게 솟아나는 못을 메워 물이 맑아지지 않도록 하라. 신하의 마음 속을 살펴서 그 위세를 빼앗아버려라. 군주가 권력을 사용하는 것은 번개와 천둥이 치는 것과 같이 두렵게 하면서도 재빨라야 한다.

무위지치無爲之治

앞서 한비자의 철학에서 무위無爲와 허정虛靜이 어떠한 개념으로 정의되는지 파악해보았다면, 술치에서는 무위와 허정이 실제 통치 속에서 어떻게 구현되는지 보여준다. 한비자가 군주는 무위의 자세를 견지해야 함을 주장한 이유는 무엇보다도 신하들에게 파악되지 않게 하기 위해서다. 술術은 군주 혼자만 장악해서 그것을 부려야 하므로, 누구도 군주의 마음이나 앞으로 어떻게 움직일 것인지를 미리 알게 해서는 안 된다. 나를 간파당하지 않고 신하를 파악하기 위해서는 스스로 움직이지 않고 조용히 있으면서, 신하들이 나보다 먼저 움직이게 해야 한다.

도道는 만물의 시원始原이며 옳고 그름을 가리는 규칙이다. 그러므로 현명한 군주는 그 시작을 지킴으로써 만물의 근원을 알게 되며, 일의 근본을 다스림으로써 성패하는 조짐을 안다. 따라서 마음을 비우고 고요히 기다려, 신하로 하여금 스스로 행위의 명분을 제시토록 하고 저절로 일이 정해지게 한다. 마음을 비우면 실제 정황을 알 수 있고, 고요히 하면 올바르게 행동하는지 알 수 있다.

허정의 상태란 마음속의 모든 것을 비우고 고요히 만물을 바라보며 일의 추이를 지켜보는 것이다. 앞장서서 일을 추진하는 적극적이고 능동적인 리더십이 아니라, 우선 일의 흐름을 가만히 지켜보고 나서 어떠한 방향으로 움직여야 할지 정확히 판단하는 것을 뜻한다. 한비자는 군주가 허정의 상태가 되어야 하는 이유를 다음과 같이 밝히고 있다.

> 윗사람이 재능을 보이면 일은 방향을 잃게 된다. 자신의 능력을 자랑하기를 좋아하면 아랫사람은 그 자랑하는 마음을 이용해 윗사람을 속이게 된다. 윗사람이 말을 잘하고 은혜를 베풀기를 좋아하면 아랫사람은 오로지 윗사람의 재주에 의지하게 된다. 윗사람과 아랫사람이 각자가 해야 할 역할을 서로 바꾸면 나라는 다스려지지 않는다.

리더는 이끄는 사람이고, 그 구성원들은 실제로 일을 해야 하는 사람들이다. 따라서 리더의 역할이란 아랫사람이 재능을 발휘하도록 환경을 만들어주고, 일을 잘 하도록 이끌어주는 것이다. 하지만 거꾸로 윗사람이 아랫사람의 해야 할 일을 맡아 하며, 스스로의 능력을 과시하고 자랑한다면 이는 리더의 역할이 아닐 뿐만 아니라 그로 인해 조직의 체계와 기강이 무너지게 된다. 따라서 군주는 스스로 리더임을 망각하지 않기 위해서라도 허정과 무위의 자세를 갖춰야 한다. 또한 허정과 무위를 육체적인 영역뿐만 아니라 정신적인 영역으로까지 확장해야 한다.

성인의 도는 지혜와 기교를 버리는 것이다. 기교를 버리지 않으면 군주의 지위를 유지하기가 어렵다. 백성이 지혜와 기교를 사용하면 스스로에게 많은 재앙이 닥칠 것이며, 군주가 그것을 쓰면 나라가 위태로워지고 끝내는 망하게 된다.

군주는 지혜를 버림으로써 오히려 명철해질 수 있고, 어진 마음을 버림으로써 오히려 공적을 세울 수 있으며, 용기를 버림으로써 오히려 강해질 수 있다.

나를 완벽히 버리고 비움으로써 오히려 내가 원하는 것들을 가질 수 있게 된다는 역설이야말로 한비자의 논리가 철저히 모순론의 바탕 위에 서 있음을 보여준다. 리더는 만인의 위에 있으므로 내 한 몸의 지혜와 용기를 사용하기보다는 구성원들에게서 지혜와 용기를 끌어내고 완벽하게 조직의 목표에 일치하도록 하는 것이 중요하다는 점을 말하고 있다. 리더 한 사람의 지혜와 용기를 버려 더 많은 사람들의 더 크고 더 많은 지혜와 용기를 얻으라고 조언하고 있는 것이다. 또한 한비자는 지혜와 용기뿐만 아니라 호오好惡를 버리라고 충고한다.

옛사람이 말하기를 "좋아하고 싫어하는 마음을 버려라. 그리하면 신하들이 그 본바탕을 드러낼 것이다"라고 했다. 신하들이 본바탕을 드러내면 군주가 속임수를 당하는 일은 없을 것이다.

윗사람이 좋아하는 것이 있다면 아랫사람들은 당연히 그가 좋아하는 것만을 하려 할 것이며, 싫어하는 것은 하지 않으려 할 것이다. 오월동주吳越同舟의 고사로 유명한 월나라 왕 구천이 용맹한 자를 좋아하자, 백성들 가운데 죽음을 가볍게 여기는 사람이 많아졌다. 또 초나라의 영왕은 허리가 가느다란 여자를 좋아했는데, 여자들 중에 굶어 죽는 자가 속출했다. 허리를 억지로 가늘게 하려고 무리하게 밥을 굶다가 죽은 것이다.

춘추시대를 제패한 다섯 명의 패후 중 첫째로 꼽히는 제나라 환공이 맛있는 음식을 좋아하자, 요리사인 역아가 자기 아들을 삶아서 바쳤다. 훗날 재상 관중이 병에 걸려 자리에 눕자 환공은 관중에게 역아를 재상으로 삼아도 좋은지를 물어보았다. 관중은 자기 자식도 사랑하지 않는 사람이 군주에게 충성을 다하겠냐며 오히려 멀리하라고 충고했다. 하지만 관중이 죽은 후 역아는 여전히 환공의 총애를 받았으며, 끝내는 간신들과 모의를 해 늙은 환공을 방에 가두어 죽였다. 게다가 죽은 지 여러 날이 지나도록 환공의 시신을 수습하지 않아 구더기가 문 밖으로 기어 나오기까지 했으나 아무도 찾아보지 않았다.

이와 같은 역사적 사례를 통해 알 수 있듯이 군주가 호오好惡를 드러내는 것은 매우 위험하다. 신하들이 그 호오를 이용해 자신들의 권력을 강화하고 군주의 권위를 침해하기 때문이다.

군주는 자신의 지혜, 용기, 호오를 버린 후에는 신하들이 능력을 발휘하도록 이끌어내야 한다. 그것이 바로 리더의 능력이자 리더십의 핵심이다.

현명한 군주는 지혜로운 자가 그 지혜를 모두 다 발휘하도록 하며, 그 지혜를 이용해 일을 판단하므로 지혜가 고갈되지 않는다. 또한 현명한 자의 재능이 드러나게 해, 능력에 맞는 직책에 임명하므로 군주로서의 능력이 부족하지 않게 된다. 신하가 공적을 세우면 리더로서의 군주의 현명함이 더욱 빛나며, 신하가 잘못을 저지르면 그 죄를 물으므로 군주의 명성이 손상되지 않는다. 이렇게 처신한다면 현명하지 않은 군주도 현명한 자를 이끌 수 있으며, 지혜롭지 않은 군주도 지혜로운 자의 리더가 될 수 있다. 신하는 그 노고를 다하게 되고, 군주는 신하의 노고를 바탕으로 성공에 다다르게 된다. 이러한 것을 가리켜 현명한 군주의 경經이라 한다.

지혜 있는 자는 지혜를 충분히 사용할 수 있도록, 능력 있는 자는 가진 능력을 백분 발휘할 수 있도록 환경을 조성해주고 독려하는 것이 리더의 역할이다. 아랫사람이 그 능력을 충분히 발휘해 공을 세운다면 그 공은 결국 리더의 능력과 명성을 더욱 빛나게 해주는 것이다. 하지만 못나고 능력 없는 리더는 아랫사람이 공을 세우는 것을 시기하고, 나아가 아랫사람과 사사건건 맞대결을 하면서 조직에 분란만 일으킬 뿐이다. 한비자의 무위지치의 핵심은 리더가 직접 일을 해 공적을 쌓는 것이 아니라, 아랫사람들을 이끌고 환경을 조성해주는 것이다. 오케스트라의 지휘자는 어떠한 악기도 직접 연주하지 않고, 오직 각각의 연주자들이 최고의 음율을 뽑아낼 수 있도록 할 뿐이다. 리더는 연주자가 아니라 지휘자가 되어야 한다.

한편, 무위와 허정은 권모술수의 바탕이 된다. 나를 모르게 하는 것이 지략과 책략의 출발점인 것이다.

군주의 도道는 눈으로 볼 수 없는 곳에 있으며, 도의 쓰임은 누구도 알 수 없는 데서 이루어진다. 군주는 허정虛靜의 상태에 있으면서도 남몰래 신하의 허물을 알아차린다. 보고도 못 본 척, 들어도 못 들은 척, 알면서도 알지 못하는 척한다. 그러면서 신하가 그동안 한 말들을 다 파악하고, 또 그 말이 사실과 다름이 없음을 신하에게 확인받은 후 신하가 실제로 처리한 일이 그 말과 일치하는지를 조사하고 비교해본다. 또한 하나의 관직에는 한 사람만 임명하고 관료들끼리 군주를 속이기 위해 말을 맞추지 못하게 한다면, 모든 신하들이 힘을 다해 일하게 된다. 군주가 어떻게 움직이는지 그 행적을 누구도 알 수 없게 하고 어떤 마음을 품고 있는지 짐작할 수 없도록 감춰두면, 신하는 군주가 어떤 사람인지 알 수 없게 된다. 군주가 지혜를 버리고 재능을 내보이지 않으면 신하는 군주의 의도를 파악할 수 없게 된다.

능력 있는 인재를 가리는 방법

지금도 기업이나 행정기관 등 많은 조직에서는 어떻게 하면 능력 있는 인재를 채용할 수 있는지 수많은 고민을 하고 있고, 능력 있는 사람들이 몰릴 수 있도록 다양한 제도를 실시하고 있다. 이러한 점은 한비자에게도 고민거리였다. 한비자 스스로 법가의 사상을 집대성할 만큼의 탁월한 능력을 지녔으면서도, 한 번도 등용되지 못한 채 자살로 삶을 마감했다는 점에서 당시 능력 있는 사람이 관직에 등용되기가 얼마나 어려운지 스스로의 삶으로 증명하고 있다. 그의 저서 『한비자』는 총 55편으로 구성되어 있는데, 그중 「고분孤憤」편에서는 법가의 사상가들이 등용되지 못하는 현실에 대한 한비자의 분노가 드러나 있으며, 능력 있는 사람들이 왜 등용되지 못하는지 그 이유를 파헤치고 인재 채용을 강력히 주장하고 있다.

중인重人은 군주의 명령을 따르지 않고 마음대로 행동하고, 개인의 이익을 위해 법을 어기며, 가문의 편익을 위해 국가 재정을 마음대로 낭비하고, 힘으로 군주를 억누를 수 있는 신하다. 지술지사智術之士는 명확히 꿰뚫어보므로 그의 의견을 듣고 등용한다면, 중인의 감춰진 정황이 분명히 드러날 것이다. 또한 능법지사能法之士는 굳세고 곧은 사람이므로 그의 의견을 듣고 등용한다면, 중인의 간악한 행동을 바로잡을 수 있다. 그러므로 지술지사와 능법지사가 등용되면 신분이 높고 권세가 무거운 신하들이라도 반드시 제거될 수밖에 없다. 따라서 지술·능법지사와 중인은 함께 존립할 수 없는 적대관계다.

중인이란 권간權奸, 즉 권력을 지닌 간사한 신하를 뜻한다. 반면에 지술지사智術之士, 술을 잘 아는 사람, 능법지사能法之士, 법으로 다스리는 데 유능한 사람란 법가의 사상에 능통한 사람을 가리킨다. 이런 법가의 인재들이 등용되지 못하는 이유를 한비자는 중인이 권력을 잡고 그들이 군주에게 다가가는 것을 가로막기 때문이라고 보고 있다.

따라서 인재를 구하기 위해서는 군주의 측근들을 가장 경계해야 한다. 군주의 이익은 능력 있는 사람을 골라 관리로 임용하는 데 있고, 신하들의 이익은 현재의 기득권을 유지하고 잠재적인 경쟁자가 등용되지 못하게 하는 데 있기 때문이다.

당시는 과거제도와 같은 공개 채용제도가 없었기 때문에 신하들의 추천을 통해 인재를 구하는 것이 일반적인 방법이었다. 따라서 관직에 뜻이 있는 자들은 우선 그 나라에서 군주와 가까운 권력자를 찾아 뇌물을 주는 것이 가장 빠르고 확실한 방법이었다.

현명한 군주가 관직官職과 작위爵位와 봉록俸祿을 마련하는 까닭은 훌륭한 인재를 등용하고 공로를 세우도록 장려하기 위해서다. 현명한 사람을 관직에서 임명할 때는 그 능력을 헤아리고, 봉록을 내릴 때는 공로에 걸맞게 한다. 그렇기 때문에 현명한 사람은 능력을 속여 임금을 섬기지 않는다. 자기의 일에만 열심히 노력함을 즐겁게 여기므로 일은 완성되고 공로가 있게 된다. 하지만 지금은 그렇지 못하다. 현명함과 어리석음을 따지지 않고, 공로가 있는지 없는지 가리지도 않으며, 다른 나라의 제후들이 중하게 여기는 자라고 해서 등용하며, 좌우 측근의 청탁이라고 해서 그대로 받아들인다. 군주의 부모, 형제나 중신들은 군주에게 작위와 봉록을 청해 받은 후 그것을 내다 팔아 재물을 끌어모으고 마침내는 당파를 만든다. 그러므로 재물이 많은 자는 관직을 돈으로 사서 높은 신분에 오르고, 군주의 측근과 교제가 있는 자는 청탁을 일삼아 권세를 얻는다. 이렇게 되면 공로 있고 청빈한 신하는 인정을 받지 못하게 되고, 관직의 이동은 원칙이 없어 정당성을 잃고 만다. 관리는 자기가 해야 할 본분은 뒤로 미룬 채 다른 나라와의 교제에만 힘쓰게 되며, 맡은 일은 팽개친 채 재물과 권력을 가진 자와 친분을 맺기 위해 힘쓴다. 그래서 현명한 사람도 덩달아 자기 일에 게으름을 피워 힘쓰지 않고, 공로가 있는 사람도 나태해져 자기가 맡은 일을 소홀하게 여긴다. 이것이 곧 나라가 망해가는 풍조다.

사법고시와 같은 공개 공무원 채용제도나 기업의 공개채용이 인재를 구하는 제도로 정착된 현대에도 위와 같은 실태는 사라지지 않고 있다.

문제는 이러한 각종 연줄에 의한 특채가 많아지다 보면 한비자의 지적처럼 인재들이 점차 일할 의욕을 잃어갈 뿐만 아니라 부정부패가 만연해지게 된다는 데 있다. 또 인재들이 몰리지 않게 되는 것도 자명하다. 그렇다면 어떻게 인재를 채용할 것인가?

현명한 군주는 자기의 생각대로 사람을 등용하지 않고 법에 근거해 사람을 고르며, 자기 판단에 따라 공적을 헤아리지 않고 법으로 그 공적을 헤아린다.

한비자가 말한 인재 채용에서의 법은 법률이 아니라 제도와 원칙 또는 시스템을 뜻한다. 즉 사람의 판단에 근거하지 않고 객관적인 기준을 마련해 그에 따라 인재를 구해야 한다는 것이다. 하지만 역설적이게도 법가의 사상으로 중원을 통일한 진나라는 이러한 인재채용 방식을 채택하지 않았다. 그렇지만 진나라의 뒤를 이은 한나라는 진나라의 멸망 원인 중 하나로 인재 등용을 제대로 하지 않은 것을 꼽으며 최초의 과거시험인 향공鄕貢을 실시했다.

하지만 한비자를 비롯한 법가의 사상가들은 과거시험과 같은 공개 채용제도를 주장하지 않았다. 인재 채용의 근거인 법이 구체적으로 무엇인지는 드러나지 않지만 몇몇 문장을 통해 인재 채용의 기준을 알 수 있다. 첫째는 '남의 칭찬과 비난에 휘둘리지 말라'다.

지금 만약 사람들 사이에서 전해지는 칭찬을 근거로 능력 있는 자라 여기고 신하로 등용한다면 신하는 군주를 떠나 아랫사람들과 당파를 만들어 사욕을 추구하게 될 것이다. 또한 만약 당파관계를 따져 관리를 등용한다면 백성은 사사로운 교제에만 힘을 쓰고 법에 의한 임용은 구하지 않을 것이다. 이렇게 되면 유능한 관리를 잃게 될 것이며 나라는 어지러워질 것이다.

신하들 사이에서 칭찬을 받는다고 해서 상을 주고, 비난을 받는다고 해서 벌을 내린다면 상을 좋아하고 벌을 싫어하는 것이 사람의 마음이니 사람들은 공적인 법도法度를 버리고 개인의 이익만을 추구하는 술책을 부리며 패거리끼리 결탁해 서로를 감싸게 될 것이다. 군주의 존재는 잊어버리고 밖으로 교제하는 데만 힘쓰며 소속 당파의 구성원만을 추천하게 되므로 군주를 위한 신하들의 충정忠情이 엷어질 것이다.

나아가 교제가 넓어지고 패거리가 많아져 조정 안팎으로 당파가 만들어지면 비록 큰 잘못을 저질렀다 해도 은폐되어 군주가 모르는 경우가 많아진다. 그러므로 충신은 죄가 없어도 위태로워지거나 죽음을 당하며, 간신은 공이 없는데도 편안히 살면서 이익을 누린다. 이처럼 죄가 없는 충신이 위태롭게 되고 죽음을 당하면 능력 있는 사람들은 몸을 숨길 것이며, 한편 공적이 없는 간신이 편안히 살면서 이익을 누린다면 조정은 간신으로 넘쳐나게 될 것이다.

'인사人事는 만사萬事다'라는 말처럼 어떻게 사람을 구하느냐에 따라, 또한 어떤 사람을 어떤 자리에 배치하느냐에 따라 조직의 흥망성쇠가 결정된다. 일체의 인위적인 요소를 배격하고 오로지 시스템에 따르고자 한다면 먼저 다른 사람의 칭찬과 비난을 멀리해야 한다.

또한 인재라면 비록 나의 원수라 할지라도 등용하고, 아무리 비천한 신분일지라도 마다하지 않아야 한다.

안으로 친척 가운데 뛰어난 인재가 있으면 친척이라 해도 멀리하지 않고 등용하며, 밖으로 자기의 원수라 할지라도 뛰어난 인재가 있으면 원수라 해서 피하지 않고 등용한다. 옳다고 여기면 등용하고 그르다고 여기면 처벌한다. 이렇게 하면 현명한 사람은 나아가게 할 수 있고, 간악한 자는 물리치게 된다. 현명한 군주는 비천한 신분을 부끄럽게 여기지 않고, 능력이 있는 자는 등용한다. 그 능력이 법을 밝히고 나라에 도움이 되며 백성을 이롭게 할 수 있다고 생각되면 주저하지 않고 등용한다.

인재라 판단해서 등용했다 하더라도 실제로 어떤 능력을 지녔는지 일을 시켜보기 전에는 알기 어렵다. 따라서 그 사람에 대한 정확한 판단은 일을 통해 내려야 한다.

사람들이 모두 눈을 감고 잠자고 있다면 그중에 눈 먼 자가 있더라도 알지 못하고, 모두 입을 다물고 있으면 그중에 벙어리가 있더라도 알지 못한다. 잠을 깨워 사물을 보게 하고 물음에 대답하게 하면 누가 벙어리고 누가 눈 먼 자인지 알게 된다. 그 말을 들어보지 않으면 술術을 익히지 못한 자를 알지 못하고, 일을 맡겨보지 않으면 어리석은 자를 알지 못한다. 그 말을 듣고 사실과 들어맞는지를 살피고 일을 맡겨 공적을 추궁한다면 술을 익히지 못한 사람과 어리석은 사람은 그만두게 될 것이다.

무릇 힘센 사람을 구하고자 하면서 그가 스스로 천거하는 말만을 듣는다면 비록 보통 사람일지라도 오획烏獲과 같은 역사力士를 구별할 수 없다. 또한 그에게 무거운 솥을 들어보게 하면 힘이 센지 약한지를 알 수 있게 된다.

관직이란 유능한 사람을 가리는 솥이다. 따라서 그 사람에게 일을 맡겨보면 그가 어리석은지 슬기로운지 분명해진다. 그러므로 술術을 익히지 못한 자는 실제로 쓸모가 없음을 알 수 있고, 어리석은 자에게 일을 맡기면 감당해내지 못함을 안다. 말이 현실에서는 쓰이지 못하는데도 스스로를 꾸며 변설辨說을 늘어놓고 실제 일이 맡겨진 적도 없는데 스스로를 꾸며 고결한 척한다. 그런데도 군주들은 그 변설에 현혹되고 그 고결함에 속아 그를 존귀하게 여긴다. 이는 물건을 보기도 전에 잘 본다고 판단하고 질문을 해놓고는 대답을 기다리지 않고 말을 잘한다고 판단하는 것으로 벙어리나 눈 먼 자를 알아낼 수 없는 것과 같다.

현명한 군주는 신하의 말을 듣고는 반드시 그것이 현실에 쓰일 수 있는지를 따지며, 신하의 행동을 보고는 반드시 공적을 요구한다. 그렇게 하면 신하는 공허하고 케케묵은 학설을 늘어놓지 못하게 되고, 거만하게 고결한 척하는 거짓 행동을 꾸미지 못하게 될 것이다.

일로써 사람을 판단해야 한다는 주장은 요즘의 경영이론으로 말하자면 성과 평가 시스템을 도입해야 한다는 것이다. 실제로 일을 맡겨보아야 어느 정도 능력을 지녔는지 알 수 있게 되므로 무능한 자를 가려낼 수 있다. 사람을 알려면 같이 일을 해보라는 만고의 진리를 인재 채용에 적용하고 있다. 그러므로 좌우 측근이나 친숙한 신하의 말만으로 사람을 판단해 채용하지 말고, 객관적 평가 시스템에 근거해 사람을 채용하고 일을 맡겨봄으로써 검증하라는 것이 한비자가 주장한 인재 채용 방식이다.

권한을 위임하라

일단 등용한 관리에게는 업무 평가를 통해 능력을 시험해본 후 능력에 적합한 직무를 부여한다. 어떤 일을 잘하는지 판단한 후 잘하는 분야에 배치하는 것이 리더의 역할이다.

군주가 사용해야 할 도道는 정명正名이 으뜸이다. 이름이 바로 서면 사물의 질서가 정해지고 이름이 바르지 않으면 질서가 정해지지 않는다. 그러므로 성군聖君은 고요히 정명의 도를 움켜쥐고 신하들이 직책에 맞게 스스로 해야 할 일과 목표를 제시하고 그에 따라 일이 정해지도록 할 뿐이다. 군주가 자신의 색깔을 드러내지 않으면 신하는 스스로를 꾸미지 않고 본바탕에 정직하게 된다. 각자의 자질에 따라 임용하면 스스로 힘써 일하게 되며, 능력에 따라 직책을 부여하면 스스로 성과를 올리려 노력한다.

사물의 실제에 걸맞게 이름을 올바로 지으면 질서가 정해지는 것처럼, 신하들의 능력과 성향을 판단해 그에 걸맞게 업무를 부여한다면 군주가 힘써 일하지 않아도 일이 저절로 운영된다는 것이 한비자의 정명론正名論이다.

오케스트라에서 연주는 전문 연주가에게 맡겨야 하는 것처럼, 리더는 실무자가 될 수도 없고 되어서도 안 된다. 야구감독이 주자 만루라 해서 위기를 막기 위해 직접 투수를 하겠다고 마운드에 오르는 것만큼 우스꽝스러운 꼴은 없다. 따라서 리더는 업무와 권한의 과감한 이양과 분담을 할 때만 지휘자가 될 수 있다. 한비자에게 무위지치無爲之治의 리더십은 군주 혼자 모든 것을 할 수 없다는 현실적 판단에서 비롯된 것으로 직접 일을 하지 않는다는 뜻도 담겨 있다. 신하의 능력에 맞는 직책을 부여했으면 일을 할 수 있도록 권한을 과감하게 넘기는 것이 필요하다.

군주는 자신이 지닌 권력을 휘두르지 않고 무위의 자세를 지켜야 한다. 일은 여러 신하들에게 나눠서 처리하도록 하며, 군주는 중앙에 자리 잡고 요체要諦를 장악한다. 현명한 군주가 그 요체를 단단히 장악하고 있으면 신하들이 그동안의 성과를 보고한다. 군주가 마음을 비우고 기다리면 신하들 스스로가 능력을 발휘한다.

무위지치를 위해서는 신하들에게 일을 나눠주어야 하며, 그 일을 잘할 수 있도록 권세를 갖게 해야 한다. 또 일을 나눠줄 때 업무와 권한의 범위를 명확히 구분해주어야 한다. 따라서 업무가 혼동될 수 있는 겸직을 금지해야 한다.

현명한 군주는 한 사람이 두 관직을 갖지 않게 하고, 한 관리가 2가지 일을 하지 못하게 한다.

현명한 군주는 신하들의 일에 간섭하지 않아 다툼이 일어나지 않게 하고, 신하들에게 겸직을 시키지 않아 그 기능을 향상시키며, 여러 사람에게 같은 일을 시키지 않아 서로 공을 다투지 않게 한다.

겸직을 하면 2가지 일을 해야 하므로 전문성이 떨어지게 되고 능력을 제대로 발휘하지 못하게 된다. 평가에서도 불분명한 업무 범위로 인해 제대로 평가하기가 애매모호해진다. 따라서 분명한 성과 관리를 주장했던 한비자에게 겸직 금지는 당연했다.

충성을 요구하지 마라

진나라 소왕이 병에 걸리자 백성들이 마을마다 소를 사서 왕의 병이
낫도록 빌고 있습니다. 공손술이 궁에서 나와 그러한 광경을 보고는
왕에게 축하의 말씀을 올렸다. "모든 백성들이 마을마다 소를 사서
왕의 병이 낫도록 빌고 있습니다." 그 말을 들은 왕은 다른 신하에게
사실인지 확인하니 과연 공손술의 말 그대로였다. 왕은 말했다. "벌
금으로 한 사람당 두 벌의 갑옷을 내도록 하라. 명령도 없이 마음대
로 빌고 있으니 이것은 과인을 사랑하기 때문이다. 백성이 과인을 사
랑하게 되면 과인 또한 법을 고쳐 서로 마음이 함께할 수 있도록 사
랑으로 대해야 하는데 이는 법이 확고하지 못하게 하는 것이다. 법이
확고히 서지 못하면 나라가 어지러워져 망하게 된다. 따라서 두 벌의
갑옷을 내도록 벌을 내려 법치를 회복시키는 것만 못하다."

군주가 아플 때 병이 낫기를 기원하는 백성을 싫어할 군주가 있을
까 싶지만 한비자는 법으로 다스리고자 하는 군주는 인간의 사사
로운 감정에 기대지 말아야 한다고 주장한다. 진나라 소왕의 이야
기는 인간의 당연한 성정과 상식을 뒤집는다는 점에서 법가 사상
의 냉혹함을 드러내기에 부족함이 없다. 한비자는 위의 이야기를
통해 "군주가 철저히 불인不仁하고 신하가 철저히 불충不忠한다면 왕
으로서의 역할을 할 수 있다"며 우리가 흔히 아는 군주론과 정반대
의 주장을 펴고 있다.

한비자는 모든 인간관계를 이익으로 맺어지는 관계라고 파악한

다. 모든 사람은 자신의 이익을 위해 행동한다는 것이 한비자의 인간관이다. 따라서 군주는 인재가 유혹당할 만한 이익을 제시하면서 인재를 구해야 하고, 신하들이 열심히 일할 만한 이익을 제시하면서 신하들이 공적을 쌓도록 독려해야 한다. 그렇지 않고 의리나 충성과 같은 인간의 감정에 기대는 것은 다스리는 방법을 모르는 군주인 것이다.

성군이 나라를 다스리면 신하들이 군주를 위해 일할 수밖에 없도록 하는 방법을 지니고 있으므로, 신하들이 군주를 사랑하기 때문에 일해줄 것을 바라지 않는다. 만약 남이 나를 사랑하기 때문에 나를 위해 일해줄 것을 바라는 사람은 매우 위험해질 것이며, 반대로 남이 나를 위해 일하지 않으면 안 되게 하는 사람은 안전해질 것이다. 무릇 군주와 신하 사이는 남남이기 때문에 혈육과 같은 친밀함이 없다. 그러므로 정직한 방법으로 이익을 얻게 한다면 신하들은 있는 힘을 다해 군주를 섬길 것이다. 반대로 정직한 방법으로 이익을 얻을 수 없게 된다면 신하들은 사사롭게 이익을 꾀하면서 중용되기를 바랄 것이다.

한비자의 인간관이 매우 비인간적으로 보이지만 철저한 현실에 기반하고 있다는 것을 부인하기는 어렵다. 현대사회를 본다면 수많은 기업에서 '가족 같은 기업'이라는 구호를 내걸고 있다. 이 구호는 중소 규모의 기업일수록 직원들에게 특히 강조한다. 하지만 실제로 가족 같은 기업은 존재할 수 없다. 허위의 이미지인 것이다. 기업이란 어떤 조직보다도 이윤 창출을 최고의 목표로 삼는 조직이다. 내가 경영하는 기업의 최고 목표를 전 직원이 가족과 같이 화목하기를 원하는 경영자는 없다. 생판 모르다가 같은 회사에 다닌다는 이유로 서로 알게 된 직원과 직원 사이에서도 불가능한데, 노동자와 경영자 사이는 더욱 불가능하다. 또한 노동자가 직장을 구하는 이유는 돈을 벌어 생계를 유지하고 가족을 부양하기 위해서다. 먹고살기 위해서 회사를 다니는 것이지 기업 분위기가 가족과 같기 때문에 다니는 것은 아니다.

따라서 최고의 인재를 구하고 최대의 매출을 원한다면 그에 걸맞은 임금과 후생복지제도를 마련해야 한다. '가족 같은 기업'이라는 구호나 이미지만으로는 능력 있는 인재를 구할 수도 없고, 직원들이 성실하게 일하도록 할 수 없다. 즉 한비자가 말한 충성을 요구하지 말라는 것은 능력에 걸맞은 임금과 보상체계를 제시해 일을 하지 않을 수 없도록 하라는 것이다. 이러한 점을 무시하고서 형편없는 임금만 주면서 충성과 성실을 요구한다면 그 기업은 아무도 찾지 않는 기업이 될 것이다.

위나라 장수 중에 악양이라는 사람이 있었는데 위나라 문후가 그에게 중산국中山國을 공격하라는 명령을 내렸다. 마침 악양의 자식이 중산국에 머물고 있었는데 중산국의 군주는 그 자식을 삶은 국을 끓여 악양에게 보냈다. 악양은 장막에 앉아 자식을 삶은 국을 마지막 한 그릇까지 다 먹었다. 이 이야기를 들은 위나라 문후는 대부 도사찬에게 "악양은 나를 위해 자식의 고기를 먹었다"고 말했다. 도사찬이 대답했다. "자기 자식의 고기를 태연히 먹은 사람이 누구의 고기인들 못 먹겠습니까?" 악양이 중산국을 함락하고 돌아오자 문후는 그의 공에 대해서는 상을 내리면서도 그의 마음은 의심했다.

이 이야기는 '악양식자樂羊食子'라는 제목의 이야기로 『한비자』「설림說林」편에도 실려 있고, 『전국책』이라는 중국의 역사서에도 실려 있는데, 당시에는 대의멸친大義滅親, 멸사봉공滅私奉公의 대표적인 이야기로 회자되었다. 하지만 한비자는 다른 각도에서 이야기를 바라본다. 한비자는 악양이 자식을 먹은 것은 겉으로는 군주를 위한 것처럼 보이지만 실제로는 스스로의 이익을 위해 자식을 먹는 극한 행동조차 서슴지 않은 것으로 봐야 한다는 것이다. 자신을 위해 행동하지 않는 사람은 없으므로 그렇지 않게 행동하는 사람은 언젠가는 군주를 속이고 해치게 되므로 주의해야 한다.

형명참동形名參同

한비자는 군주가 사용할 술術의 핵심을 4가지로 분류했다. 임명권, 형명참동形名參同, 이병二柄, 업무능력평가 등이 그것이다. 여기서 형명참동은 형과 명을 비교해 일치하는지 판단하는 술치 행위를 뜻한다. 형形은 드러난 일의 성과와 실적이고 명名은 목표다. 관리가 군주에게 제출해 약속한 일의 목표다. 형명참동이란 관리가 군주에게 약속한 일의 목표와 실제 일의 성과를 비교하는 것이다.

『한비자』에서는 형명참동과 비슷한 뜻을 지닌 순명책실循名責實이란 단어도 자주 쓰이고 있다. 둘 다 목표와 성과가 일치하도록 책임을 지게 하는 원칙이다. 한편으로는 군주의 주변을 차지하고 앉아 말만 늘어놓는 관료들에게 책임을 지워 함부로 혀를 놀려 군주를 속이지 못하게 하기 위한 방책인 것이다.

군주는 관리가 농간을 부리지 못하도록 하려면 형形과 명名이 일치하는지 잘 살펴야 한다. 형명形名은 말과 일이다. 신하가 의견을 말하면 군주는 그 말에 알맞은 임무를 주고 오로지 이룬 성과로 그 공적을 따진다. 공적이 그 일에 합당하고 일이 그 말에 합당하면 상을 내리고. 공적이 그 일에 부당하고 그 일이 그 말에 부당하면 벌을 준다.

형명참동을 위해서는 반드시 목표가 있어야 한다. 목표가 없다면 일의 성과가 있다 하더라도 그 성과는 의미가 없다. 따라서 군주는 반드시 관리들이 목표를 제출하도록 해야 한다.

사람의 말과 행동은 아무리 고상하더라도 반드시 실용성이 있어야 하므로 실제의 유익함을 근본으로 삼아 옳고 그름을 가리지 않으면 안 된다. 무릇 화살을 날카롭게 잘 갈아서 아무 곳에나 겨냥해 쏘아 그 화살이 매번 짐승의 털에 맞았다 하더라도 활 잘 쏘는 명궁이라고는 말할 수 없다. 이것은 마치 황소가 뒷걸음질 치다가 쥐 잡았다는 속담과 같이 일정한 표적이 없었기 때문이다.
만약 지름이 다섯 치인 표적을 만들고 백 걸음 떨어진 곳에서 그 표적을 향해 활을 쏠 때, 명궁이 아닌 이상 반드시 명중시킨다고 장담할 수 없는 까닭은 표적이 정해져 있기 때문이다. 정해진 표적이 있다면 명궁이 지름 다섯 치의 표적을 맞혔을 때 활을 잘 쏜다고 하겠지만 정해진 표적이 없이 마구 쏘아 짐승의 털을 맞혔다 한들 졸렬하다고 할 수밖에 없다.

지금 군주가 신하의 의견을 듣고 행동을 살피는 경우에 그 말과 행동의 성과가 목표와 일치하지 않는다면, 비록 그 말이 아무리 깊이 있고 그 행동이 아무리 확고하더라도 그것은 아무렇게나 쏘아댄 활의 경우와 같다.

마구 허공으로 쏘아댄 화살에 호랑이가 잡혔다 하더라도 이는 우연에 따른 것이지 예정된 목표를 달성한 것이 아니기 때문에, 오히려 그 신하에게는 벌을 내려야 마땅하다. 군주는 우연을 경계해야 하며, 반드시 신하가 목표를 제출하도록 해야 한다. 군주는 모든 신하에게서 제출받은 목표와 계획 하에 신하들이 움직이도록 조정한다. 또 한 가지 중요한 점은 목표는 강제로 할당하는 것이 아니라 신하 스스로가 제출토록 해야 한다는 것이다.

이렇게 제출받은 목표와 성과를 비교할 때 가장 중요한 점은 성과가 목표에 못 미치거나 넘치는 것이 아니라, 목표와 성과의 일치다.

목표는 크면서 성과가 작은 신하들은 벌을 내린다. 이는 성과가 작기 때문에 벌을 내리는 것이 아니라, 성과가 목표에 합당하지 않았기 때문에 벌을 내리는 것이다. 마찬가지로 목표는 작으면서 성과가 큰 신하들에게도 벌을 내린다. 큰 성과를 세운 것이 기쁘지 않기 때문이 아니라 이 역시 성과와 목표가 합당하지 않았기 때문이다. 비록 큰 성과를 세웠더라도 목표와 성과가 합당하지 않음으로써 발생할 수 있는 폐해가 더 심각할 수 있기 때문에 벌을 내린다.

상식을 뒤집는 관점이다. 목표보다 많은 성과를 세워도 벌을 받는다면 아무도 열심히 일하고자 하지 않을 것이며, 목표를 달성할 만큼만 일을 하게 될 것이다. 이러한 점을 한비자가 모르지는 않았을 것이다. 그럼에도 벌을 내리는 것은 신하가 군주를 속이는 것을 경계하기 위해서다. 애초의 목표를 초과해 성과를 달성해도 이는 군주를 속인 것이기 때문이다. 한비자에 가장 중요한 것은 신하가 군주를 속이지 못하도록 하는 것이었다.

한나라의 소후昭侯가 술을 먹다 취해 그대로 잠이 들었다. 관冠을 담당하는 신하가 추울 것이라고 여겨 군주의 몸 위에 옷을 덮었다. 소후가 잠에서 깨어 옷이 덮여 있는 것을 보고 기뻐하며 좌우 신하들에게 "누가 옷을 덮었는가"라고 물었다. 좌우 신하들은 "관을 담당하는 신하입니다"라고 대답했다. 그러자 소후는 옷을 담당하는 신하와 관을 담당하는 신하를 함께 처벌했다. 옷을 담당하는 신하의 죄는 맡은 일을 하지 않았기 때문이었다. 반면에 관을 담당하는 신하의 죄는 맡은 직무의 범위를 넘었기 때문이었다. 추운 것을 싫어하지 않아서가 아니라 다른 직무까지 침범하는 폐해가 추운 것보다 더 심하다고 생각했기 때문이었다.

그러므로 현명한 군주의 신하는 맡은 직무를 넘어서 공적을 세우지 않으며, 진술한 말이 실제와 들어맞지 않는 일도 없다. 월권 행위를 하면 죽이고, 말이 실제와 들어맞지 않으면 벌을 내린다. 그 관직에 부여된 일에 충실하고, 말이 올바르다면 신하들이 서로 붕당을 이룰 수 없다.

참오參伍

형명참동이 항상 신하가 제시한 목표와 성과가 일치하는지를 판단해야 한다는 다스림의 원칙이라면, 참오는 그 성과를 구체적으로 평가하는 다스림의 기술이다.

참오參伍하는 방법에서 참參은 여러 증거를 비교해 공적의 많고 적음을 자세히 살피는 것이며, 오伍는 여러 증거를 헤아려 잘못을 따지는 것이다. 증거를 비교해 반드시 확인하고 증거를 헤아려 반드시 추궁한다. 확인하지 않으면 신하가 군주를 만만히 보게 되고, 추궁하지 않으면 신하들이 서로 한통속이 된다. 증거를 비교해 확인하면 공적의 많고 적음을 알 수 있게 되고, 미리 책임을 추궁하면 신하들끼리 한통속이 되지 못하게 할 수 있다.

참오는 신하들이 제출한 일의 증거와 군주가 수집한 증거 등을 모아놓고 일일이 분류한 후 실제 일과 비교해 그 일의 공과를 따지는 것이다. 참參은 공적을 평가하고, 오伍는 잘못을 평가함을 뜻한다. 즉 공과를 동시에 비교평가하는 것이다. 또한 참오는 신하의 말을 그대로 믿는 것이 아니라, 반드시 증거와 대조하는 과정을 거쳐 진실을 확인하는 일이다.

참오의 구체적인 방법은 다음과 같다.

첫째, 여러 신하들이 하는 말을 다 듣고 종합한 후 하늘의 때와 땅의 이로움과 사물의 이치와 사람의 성정에 비추어 평가한다. 즉 일을 둘러싼 환경과 그 일을 진행하는 사람들의 성격과 기질, 그리고 사람들 간의 관계 등을 평가 요소로 삼아야 한다.

둘째, 신하가 하는 말은 증거와 맞춰보고 그 진실을 가린다.

셋째, 분명히 알고 있는 것도 신하에게 다시 물어 미처 알아차리지 못한 것을 알아낸다.

넷째, 일부러 반대되는 말을 해 의심했던 바를 확인하고, 일부러 반대되는 주장을 펴 숨겨진 신하의 악행을 찾아낸다.

다섯째, 먼 곳의 일은 잘 경청하고 가까운 곳의 일은 직접 눈으로 관찰해 조정 안팎에서 일어나는 신하들의 실수를 잘 살펴본다.

여섯째, 감찰하는 관리를 두어 신하들의 독단을 바로잡고 법령을 시행해 잘못을 지적함으로써 간신들의 움직임을 낱낱이 살핀다.

일곱째, 신하의 비위를 맞추어 그 신하가 정직한지, 아첨하는지를 알아낸다.

여덟째, 한 가지 일을 깊이 따져 신하들의 마음을 긴장시킨다.

아홉째, 일부러 다른 일을 누설시켜 신하의 생각을 바꾸게 한다.

열째, 신하들의 의견을 듣고 같은 의견과 다른 의견을 잘 살펴 어느 붕당에 속해 있는지 알아낸다.

열한째, 여러 사람의 말의 단서를 가지고 서로 비교하고 참고해 진실을 파악한다.

이병二柄

현명한 군주가 신하를 제어하고 이끄는 방법으로는 2개의 권병權柄 이 있을 뿐이다. 2개의 권병이란 형刑과 덕德이다. 그렇다면 무엇을 일컬어 형과 덕이라 하는가? 죽이는 것을 형이라 하고, 상賞주는 것 을 덕이라 한다.

병柄은 자루, 손잡이란 뜻에서 파생된 권력의 도구라는 뜻을 지 니고 있다. 그러므로 이병二柄은 '2개의 권력의 도구'라는 뜻으로, 구체적으로는 형刑과 덕德을 가리킨다. 다만 법가에서의 덕은 유가 에서 말하는 덕이 아니라 군주가 시혜施惠를 내리는 은상恩賞을 뜻 한다. 형은 사형뿐만 아니라 다양한 형벌의 의미를 지니고 있다. 즉 형은 벌을, 덕은 상을 뜻한다.

형명참동形名參同과 참오參伍를 통해 파악한 신하의 공적과 허물에 대해 각각 형과 덕을 내려, 더는 허물을 짓지 않고 공적을 쌓기에 최선을 다하도록 질책하는 군주의 방법이 바로 이병이다. 상과 벌 은 신하들이 일을 하도록 하는 수단으로, 군주만이 이 권한을 독점해야 한다. 신하가 일을 할 수 있도록 해당 직무에 대한 권한은 위임해야 하지만 상과 벌을 내리는 권한은 어느 누구에게도 위임해서는 안 되는 군주만의 것이어야 한다.

신하는 형벌을 두려워하고 상 받는 것을 이익으로 여긴다. 그러므로 군주가 직접 형과 덕을 사용하면 신하들은 군주의 위세를 두려워하면서 이익을 향해 움직일 것이다. 하지만 간신들은 그렇지 않다. 미워하는 자가 있다면 군주에게 벌을 내릴 수 있는 권한을 얻어 미워하는 자를 직접 벌주고, 친애하는 자가 있다면 군주에게 상을 내릴 수 있는 권한을 얻어 친애하는 자에게 직접 상을 내린다. 이처럼 형벌의 위세와 포상의 이익이 군주에게 속하지 않고 신하가 상벌을 내리는 권한을 행사한다면 백성은 그 신하만을 두려워하고 군주는 우습게 여길 것이다. 이러한 현상은 군주가 상벌의 권한을 잃어서 생기는 환란이다.

군주는 형과 덕으로 신하를 다스려야 한다. 군주가 형과 덕의 권한을 신하에게 위임해 신하로 하여금 쓰게 한다면 군주는 도리어 신하의 통제를 받게 될 것이다.

법가의 사상에서 중요한 위치를 차지하는 형과 덕은 춘추전국시대 당시의 구체제를 개혁하고자 하는 법가의 의도가 담겨 있는 개념이다. 구체제란 '왕王 - 제후諸侯 - 대부大夫 - 사士 - 백성百姓'으로 나누어지는 사회 신분 질서다. 한비자가 활동했던 전국시대 말기는 수많은 전쟁과 수많은 나라의 흥망성쇠를 거치면서 지배계층의 구분이 사라져 가고 있었으나, 토지와 백성을 장악한 대부계층이 여전히 막강한 권력을 휘두르며 개혁에 저항하고 있던 시기였다. 법가의 사상가들이 보기에 대부 계층은 아무 하는 일 없이 관직만 차지하고 있으면서도, 경제력의 원천인 토지와 백성을 장악하고 있어 부국강병의 목표에 가장 큰 걸림돌로 작용하고 있었다.

이러한 대부들의 권력을 타파하기 위해 법가들이 꺼내 든 핵심 카드가 형과 덕이다. 형과 덕으로 공적이 있는 자에게 상을 내리고, 없는 자에게 벌을 내린다면 아무 하는 일 없던 세습 대부들의 지위와 재력이 가장 먼저 흔들리게 될 것이었다. 법가는 공적에 따라 권력, 관직, 봉록을 재분배할 것을 주장해 개혁의 걸림돌인 대부 계층을 제거하고, 나아가 부국강병의 길을 닦고자 했던 것이다.

그런데 왜 법가는 형과 덕을 선택했을까?

천하를 다스릴 때는 반드시 사람의 본성에 근거해야 한다. 본성에는 좋아하고 싫어하는 2가지 마음이 있기 때문에 그 마음을 이용해 상벌을 쓸 수 있다. 상벌을 쓰면 금제禁制와 법령이 확립되어 나라를 다스리는 길이 갖추어진다. 군주는 권병權柄을 움켜잡음으로써 세위를 확고히 하게 되고, 군주의 명령에 따라 행해지고 금지된다. 병柄은 사람을 죽이고 살리는 권력이며, 세勢는 백성을 다스리는 바탕이다.

사람은 이익에 따라 움직인다는 것이 한비자의 인간관이다. 상을 받는 것은 좋아하지만, 자신에게 해가 되는 벌은 싫어하는 것이 인지상정이다. 사람의 이러한 마음을 이용해 상을 받고 싶은 자는 공적을 쌓도록 독려하고, 벌을 받기 싫어하는 자는 군주가 법으로 금지한 일들을 하지 않도록 하는 것이 이병인 것이다.

한비자의 이미지가 냉혹함, 잔인함으로 고착된 이유가 바로 여기에 있다. 반면에 유가에서는 인치仁治나 덕치德治로 다스릴 것을 주장한다. 한비자가 주장한 형刑에 대해 공자는 다음과 같이 비판한다.

계강자가 공자에게 정치에 대해 물었다.
"무도無道한 자를 죽여 백성들을 올바른 길로 나아가게 하는 것이 어떻습니까?"
공자가 대답했다.
"그대는 정치를 하면서 어찌 사람을 죽이는 방법을 쓰려 하는가? 그대가 선善을 원하면 백성들도 선해질 것이다. 군자의 덕德은 바람이며 소인의 덕은 풀이다. 풀 위에 바람이 불면 풀은 반드시 눕는다."

한비자는 바람과 풀과 같은 비유보다는 현실을 근거로 냉철하게 덕치를 비판한다.

자애로운 어머니가 어린 자식을 기르는 데 사랑만을 앞세워서는 안 된다. 그러므로 어린 자식이 잘못을 저지르면 스승의 가르침을 따르게 하고, 나쁜 병에 걸리면 의원을 찾아간다. 스승을 따르지 않고 계속 잘못을 저지르다 보면 형벌을 받게 되고, 치료를 받지 않으면 죽을 수도 있다. 어머니의 자식에 대한 사랑이 극진할지라도 형벌을 면

하거나 병을 치료하는 데는 전혀 도움이 되지 않는다. 그렇다면 자식의 목숨을 부지토록 하는 것은 사랑이 아니다. 자식과 어머니 사이의 본성은 사랑이고 신하와 군주 사이의 권력 관계는 계책計策에 있다. 어머니가 사랑만으로 집을 보존할 수 없는데 군주가 어찌 사랑만 가지고 나라를 유지하겠는가?

현명한 군주가 부국강병하게 하는 술치에 통달하면 바라는 대로 성과를 얻을 수 있다. 그러므로 정치에 대해 널리 듣고 신중히 행하는 것이 부국강병의 법이다. 법령과 금제를 명확히 하면서 책모와 계략을 치밀히 하는 것이다. 법령이 명확하면 안에서 변란이 일어날 근심이 없으며, 계략이 맞으면 전쟁 중에 죽거나 포로가 되는 화가 없을 것이다.

인仁은 사랑하고 베푸는 마음이 있어 재물을 가볍게 여기는 것이며, 포악暴惡은 마음이 잔인해 쉽게 벌을 내리는 것이다. 동정심이 많아 잔인하지 않으면 처벌받을 사람이 용서되는 경우가 많고, 베풀기를 좋아하면 공로 없는 사람에게 상을 주는 경우가 많아지며, 증오심이 쉽게 드러나면 아랫사람들이 그 윗사람을 원망하게 되고, 함부로 형벌을 행하면 백성들이 장차 배반할 것이다.

그러므로 인한 사람이 군주가 되면 신하들이 제멋대로 법령과 금제를 범하게 되고 구차하게 요행만을 바라게 된다. 만약 포악한 자가 군주가 되면 법과 명령이 어지러워져 군주와 신하 사이는 멀어지게 되고 백성은 군주를 원망해 모반의 마음이 생긴다. 그러므로 말하기를 "인과 포악은 다 같이 나라를 망하게 한다"고 했다.

한비자는 인치의 문제점인 자의성, 주관성을 비판하며 객관적 통치술인 법치法治, 술치術治를 적극 주장한다. 이러한 한비자의 주장에 전부 동의하지는 않더라도 자식을 키울 때 어머니의 사랑뿐만 아니라 때론 스승과 의사가 필요하듯이 인과 덕만으로 나라를 다스릴 수 없다는 것은 분명하다.

한편 상을 좋아하고 벌을 싫어하는 것이 사람의 본성이긴 하지만 본성대로 움직이지 않는 것이 사람이다. 옳다고 생각하는 것을 위해 죽음도 마다하지 않는 사람들이 있기 마련이다. 그런 사람들은 어찌해야 할까? 한비자의 대답은 명쾌하다. 상과 벌을 이용해 움직일 수 없는 사람들은 아예 등용하지 말라고 한다.

이익을 보고도 기뻐하지 않는다면 군주가 상을 후하게 내린다 하더라도 힘써 일할 것을 권장할 수 없다. 또한 아무리 어려운 임무를 맡겨도 두려워하지 않는다면 군주가 비록 엄한 형벌을 내린다 하더라도 위엄이 서지 않을 것이다. 이러한 자들을 명령에 따르지 않는 백성이라 한다. 이러한 백성들은 옛날 성군이라 할지라도 신하로 삼아 따르게 할 수 없었는데 지금 세상의 군주들이 어떻게 그들을 신하로 쓸 수 있겠는가?

공자가 칭송해 마지않은 백이와 숙제와 같은 현인도 한비자에게는 말 안 듣는 골칫덩어리에 불과하다. 아무리 빼어난 재주와 능력이 탁월하더라도 군주의 지시와 명령에 따르지 않고 상과 벌에도 꿈쩍하지 않는다면 신하로 쓰기에는 어려우므로 과감히 등용하지 말아야 한다.

이처럼 상과 벌은 유능한 신하를 발굴하고, 그 신하들이 더욱더 열심히 일하도록 독려하고, 법을 어기지 않도록 하는 수단이다. 수단이 그 역할을 제대로 하려면 포상과 벌을 내리는 것이 분명해야 한다. 분명 상을 받을 만한 공적을 쌓았는데도 불구하고 상을 내리지 않거나, 벌을 받을 짓을 했는데도 불구하고 벌을 내리지 않는다면 상과 벌은 그 효용성을 잃게 된다. 따라서 한비자는 신상信賞과 필벌必罰을 주장하기에 이른다. 한비자는 군주가 신하를 다스리는 7가지 술(七術)을 제시했는데 그중에 신상과 필벌의 술이 포함되어 있다.

필벌은 필벌명위必罰明威를, 신상은 신상진능信賞盡能을 줄인 말이다. 필벌명위는 '반드시 처벌해 군주의 권위를 떨침', 신상진능은 '공적을 쌓은 사람은 반드시 상을 주어 그 능력을 다하게 하는 것' 이다. 한비자는 공자의 입을 통해 필벌의 필요성과 효용에 대해 밝히고 있다.

은나라의 법률에는 재를 길바닥에 버리는 사람을 처벌하게 되어 있었다. 자공이 이를 너무 무거운 벌이라고 생각해 공자에게 물으니 공자는 다음과 같이 대답했다. "그것은 나라를 다스리는 도를 터득한 것이다. 무릇 재를 길바닥에 버리면 바람에 날려 반드시 사람의 몸에 붙게 될 것이고, 재가 몸에 붙게 되면 사람은 반드시 화를 내게 된다. 화를 내면 서로 다투게 될 것이고, 다투면 반드시 양편의 삼족三族이 죽고 다치는 일이 생길 것이다. 이렇게 삼족이 서로 죽이고 다치는 원인이 되는 것이니 사형에 처해도 마땅하다.

또 무거운 형벌은 사람이면 누구나 싫어하는 것이요, 재를 길바닥에 버리지 않는 일은 사람이면 누구나 할 수 있는 쉬운 일이다. 사람이 쉽게 할 수 있는 일로 인해 누구나 싫어하는 중형에 걸리지 않게 하는 일, 이것이야말로 나라를 잘 다스리는 도다."

공자가 이와 같은 말을 했다고 보기에는 매우 어렵지만, 적수인 공자의 입을 빌려 필벌의 정당성을 피력함으로써 더욱 설득력을 얻고자 하는 의도가 엿보인다.

필벌은 죄를 저지르면 반드시 벌을 내린다는 의미도 있지만, 죄를 저지른 자는 모두 처벌해야 한다는 의미도 있다. 똑같은 죄를 저질렀는데, 벌을 받지 않는 자가 있다면 법이 지켜지지 않기 때문이다.

옛날 형나라에 있는 여수麗水라는 강에서 사금이 많이 나자, 사람들이 몰래 금을 채취해 훔쳐 갔다. 이에 나라에서는 금을 훔치지 못하도록 금령을 내리고, 잡히면 고책형辜磔, 육신을 갈기갈기 찢어 죽이는 형벌형에 처한 후 저자거리에 효시한다고 밝혔다. 그럼에도 불구하고 사금을 훔치는 사람은 줄어들지 않고 더욱 많아져 형을 받고 죽은 시체가 강물을 막을 정도였는데, 금을 훔치는 사람이 없어지지 않았다. 무릇 형벌 중에서도, 고책형보다 무거운 형벌은 없는데도 금 도둑이 없어지지 않은 까닭은 범인이 모두 다 잡히는 것은 아니기 때문이었다.

만약 어떤 사람에게 말하기를 "너에게 천하를 다 줄 테니 그 대신 너의 목숨을 달라"고 한다면 아무리 어리석은 사람이라도 천하를 가지려고 하지 않을 것이다. 천하를 가지는 것은 큰 이익이지만, 그렇게 하지 않는 까닭은 반드시 죽을 것임을 알기 때문이다.

이와 반대로 비록 무시무시한 고책형에 처한다 하더라도 반드시 붙잡히지는 않는다는 것을 알게 되면 사금을 훔치는 자는 사라지지 않을 것이다.

필벌이 금령을 지키게 하고 군주의 권위를 세우기 위한 것이라면, 신상은 죽을힘을 다해 일하도록 하는 동기부여 수단이다. 그 목적을 확실하게 이루기 위해서는 신상과 필벌이 함부로 이루어져서는 안 된다. 이러한 점에 유의해 한비자는 신상과 필벌의 몇 가지 원칙을 제시하고 있다.

첫째, 상을 줄 때는 기뻐하며 주어야 동기부여가 확실하게 된다. 포상에 인색하게 굴면서 마지못해 준다면 상을 받는 신하들의 믿음을 얻지 못한다.

둘째, 벌을 내리고 나서는 사면이나 감형을 해서는 안 된다. 법치는 철저한 인정人情의 배제를 바탕으로 이루어져야 하므로, 인정에 이끌려 벌을 감해주는 일이 없어야 한다. 감형은 군주의 권위가 흔들리게 되는 원인이 된다. 죄 지은 자들을 용서하기 시작하면 이러한 약점을 이용해 간신들의 발호가 시작되기 때문이다.

셋째, 친소親疏와 귀천貴賤에 구애받지 말라. 친소는 가까운 관계와 버성긴 관계를 아울러 이르는 말이다. 공이 있다면 멀고 낮은 직위에 있는 사람일지라도 반드시 상을 주어야 하며, 허물이 있다면 가깝고 높은 직위에 있는 사람일지라도 반드시 벌을 내려야 한다. 신상과 필벌이 그 효용을 다하지 못하게 되는 가장 큰 이유는 군주가 친소와 귀천에 구애받아 사사로이 남발하기 때문이다.

넷째, 열심히 일하면 누구나 다 받을 수 있는 상을 제정하고, 누구나 다 피할 수 있는 벌을 설정하라. 포상은 동기부여 수단이므로 그 효과를 발휘하기 위해서는 실현 가능한 목표가 제시되어야 한다. 또 벌을 내리는 이유는 신하를 괴롭히기 위해서가 아니다. 지키기 어려운 법을 내세워 그 법을 어겼다는 이유로 처벌한다면 원망이 쌓이게 된다. 따라서 법은 지키기 쉬워야 한다.

다섯째, 포상은 적어야 하고 벌은 무거워야 한다. 포상과 처벌을 내릴 때는 그 효과를 생각해야 한다. 신하 한 명이 공적을 세워 그 개인에게 상을 내리지만, 그 포상은 신하 전체를 분발하게 하는 효과를 불러온다. 마찬가지로 벌은 죄 지은 자에게만 내리지만, 죄를 짓지 않는 사람들에게 두려움을 심어 앞으로도 죄를 짓지 않도록 하는 효과가 있다. 따라서 포상과 처벌이 최대한의 효과를 거두기 위해서는 포상은 무분별하게 남용되어서는 안 되고, 처벌은 무거워야 한다. 특히 한비자는 이형거형以刑去刑의 방법론을 제시하며 중형重刑을 강조한다. 이형거형은 형벌로 형벌을 없애는 것이다. 그러려면 형벌이 무거워야 한다. 백성이 두려워할 만큼 형벌이 무거워야 다시는 죄를 짓지 않게 된다. 죄를 짓는 사람이 없으면 형벌이 필요하지 않게 된다. 따라서 진정으로 백성을 사랑하는 군주는 벌을 가볍게 만들지 않고, 무겁게 만들어야 한다는 것이 한비자의 논리다.

성인의 다스림은 그 근본을 생각해, 백성이 욕망을 좇지 못하게 한다. 이것은 백성에게 이로운 것이다. 그러므로 백성에게 형벌을 가하는 것은 백성을 미워해서가 아니라 사랑하기 때문이다. 형벌로 다스리면 백성이 복종하게 되며, 포상이 너무 많으면 어지럽히는 자들이 나타난다. 그러므로 백성을 다스리기 위한 형벌은 다스림의 도이며, 지나친 포상은 혼란의 원인이다. 백성의 본성은 혼란을 좋아하며 법을 따르고자 하지 않는다. 그러므로 현명한 군주가 나라를 다스릴 때는 상을 명시해 백성들에게 공적 쌓기를 권장하고 형벌을 엄격히 해 백성이 법을 따르도록 한다.

부모가 자식에게 회초리를 드는 것은 자식의 잘못을 꾸짖고 앞으로 올바른 길을 가도록 하기 위해서다. 이러한 논리의 연장에서 한비자는 군주가 무거운 형벌로 나라를 다스리는 것은 백성을 사랑하기 때문이라고 주장함으로써 비인간적이라는 이유로 중벌을 반대하는 유가의 사상가들을 비판한다.

권모술수

권모술수權謀術數의 사전적 정의는 '목적 달성을 위해 수단과 방법을 가리지 않는 온갖 모략謀略이나 술책術策'이다. 제자백가의 사상서 중에서 모략과 술책의 단어가 가장 많이 등장하는 책이 『한비자』다. 하지만 『한비자』에 권모술수라는 제목을 단 별도의 편이 있는 것은 아니다. 다만 여기서는 권모술수에 해당된다고 판단되는 것만을 모아보았다.

궤사詭使_상대를 속여라

주나라 군주는 일부러 옥비녀를 잃어버린 후 관리들에게 찾게 했으나 사흘이 지나도록 찾지 못했다. 그러자 군주는 직접 사람을 구해 찾게 했고, 어느 대부의 집 지붕에서 잃어버린 옥비녀를 찾아왔다. 군주가 말했다.

"나는 관리들이 직무에 충실하지 않다는 사실을 알게 되었다. 관리들은 잃어버린 비녀를 사흘이 지나도록 찾지 못했는데, 내가 직접 사람을 시켜 찾게 했더니 하루도 지나지 않아 찾아내니 말이다."

그러자 관리들은 황송해하며 군주에게 신과 같은 현명함이 있다고 했다.

협지挾智_알면서도 모르는 체 질문을 던져라

한나라 소후가 말을 타는 관리로 하여금 지방 현縣을 돌아보게 했다. 임무를 마친 관리는 돌아와 결과를 보고했다. 소후가 물었다.

"무엇을 보았느냐?"

"아무것도 보지 못했습니다."

소후가 다시 물었다.

"그렇지 않을 것이다. 무엇인가 본 것이 있을 것이다."

관리가 대답했다.

"성의 남문 밖에서 누런 송아지가 길가 왼쪽 밭에 난 어린 싹을 먹고 있었습니다."

그러자 소후가 말했다.

"그 말을 다른 사람에게는 말하지 말라."

그리고 나서 관리들을 모아 놓고 다음과 같은 명령을 내렸다.

"요즘 한창 곡식의 싹이 자랄 때인데 소나 말 등의 짐승이 밭에 들어가서는 안 된다는 법령이 있음에도 관리들의 단속이 소홀해 소와 말이 함부로 밭에 들어가는 모양이다. 시급히 그 숫자를 조사하여 보고하라. 그렇지 않으면 무거운 벌을 내릴 것이다."

이에 동, 서, 북에 위치한 세 곳의 마을을 조사한 보고가 올라왔는데, 소후가 말했다.

"아직 철저하지 못하다."

관리들이 다시 조사해보니, 남문 밖에 누런 송아지가 있었다. 이 것을 본 관리들은 소후의 명찰력을 몹시 두려워하게 되어, 맡은 직무를 소홀히 하거나 비리 행위를 저지르지 않았다.

도언倒言_일부러 말과 행동을 거꾸로 하라

산양군山陽君이 위나라의 재상으로 있을 때의 일이었다. 어느 날 군주가 자기를 의심하고 있다는 말을 듣고는 왕의 마음을 알기 위해 일부러 왕이 총애하는 규수樛豎라는 자를 비방했다. 화가 난 규수가 군주가 산양군을 의심하고 있다는 말을 하는 것을 듣고, 왕의 진심을 알게 되었다.

상과 벌로 변화시키지 못하는 자는 제거한다

태공망(유명한 강태공을 가리킨다)이 동쪽에 있는 제나라 땅의 제후로 봉해졌다. 제나라의 동쪽 바닷가에 광율과 화사라는 거사居士가 있었는데, 둘은 형제 관계였다. 그들은 다음과 같이 뜻을 내세웠다.

"우리는 천자의 신하가 되지 않으며, 제후의 벗도 되지 않고, 스스로 농사지어 먹고, 스스로 우물을 파서 마시니 남에게 바랄 것이 없다. 군주가 주는 봉록과 작위도 없으니 벼슬할 일이 없고 단지 농사에 힘써 생활할 것이다."

태공망은 영구營丘에 도착하자 관리를 시켜 두 사람을 죽여 처벌의 본보기로 삼았다. 주공周公 단旦은 노나라에서 그 소식을 듣고 급히 사자를 보내어 태공망에게 물었다.

"그 두 사람은 현자賢者다. 그런데 제후로 봉해져 그 땅에 들어서자마자 현자들을 죽이다니 그 이유가 무엇인가?"

태공망이 대답했다.

"두 형제는 '우리는 천자의 신하가 되지 않으며 제후의 벗도 되지 않고 스스로 농사지어 먹고 스스로 우물을 파서 마시니 남에게 바랄 것이 없다. 군주가 주는 봉록과 작위도 없으니 벼슬할 일이 없고 단지 농사에 힘써 생활할 것이다'라고 주장했습니다. 그들이 천자의 신하가 될 수 없다고 했으니 저도 그들을 신하로 삼을 수 없고, 제후의 친구가 될 수 없다고 했으니 저도 그들과 가까워질 수 없습니다. 또한 스스로 농사지어 먹고 우물을 파서 물을 마시고 남의 도움을 바라지 않았으니 저도 그들을 상으로 권장하고 벌로 금할 수 없습니다. 작위를 받지 않겠다 했으니 그들이 아무리 현자라 해도 저에게 쓸모가 없고, 봉록을 받지 않겠다 했으니 제 일에 협조할 리가 없습니다. 저를 섬기지 않을 것이니 다스릴 수 없고, 벼슬을 받지 않으니 충성하지도 않을 것입니다.

선왕들이 신하와 백성을 부리는 수단은 작위와 봉록이 아니면 상과 벌이었습니다. 이 4가지로 그들을 부리지 못한다면 제가 앞으로 누구의 군주가 될 수 있겠습니까? 그들이 현인이라고 자처하지만 군주에게 도움이 되지 않고, 행실이 훌륭하다고 할지라도 군주에게 소용이 없으니 현명한 군주는 그러한 자들을 신하로 두지 않을 것입니다. 이런 까닭에 두 형제를 죽인 것입니다."

누구도 믿지 마라

군주의 재앙은 남을 믿음으로써 시작된다. 남을 믿으면 그 사람에게 제압을 당한다. 신하는 군주와 핏줄로 이어진 육친의 관계가 아니다. 단지 그 위세에 얽매여 어쩔 수 없이 섬기고 있을 뿐이다. 그러므로 남의 신하된 자는 언제나 군주의 마음을 파악하기 위해 잠시도 쉬지 않는데, 이러한 사실을 모르는 군주는 게으름을 피우며 오만하게 그 자리에 앉아 있다. 이것이 군주를 위협하고 시해하는 신하가 생기게 되는 까닭이다.

군주가 자기 아들을 많이 믿으면 간신은 그 아들에게 빌붙어 사사로운 욕심을 성취하려고 한다. 군주가 아내를 많이 믿으면 간신은 왕후에게 빌붙어 사사로운 욕심을 채우려 한다. 아내와 자식처럼 가깝고 친애하는 사람마저 믿을 수 없다면 그 밖에 믿을 만한 사람은 없다.

신하의 비밀을 누설하지 마라

대신의 실책, 정사를 처리하는 과정에서의 허물, 명성 있는 신하의 비밀을 군주에게 말하는 신하가 있다. 그런데 군주가 그 말을 자기 마음속에만 숨겨 두지 못하고 측근이나 총애하는 다른 신하에게 누설하게 되면, 어떤 일이든 군주의 의견을 구하고자 하는 신하는 먼저 군주 측근의 마음에 들고 난 후에야 군주에게 말할 수 있게 된다. 그렇게 되면 바른 말을 하고 정직하게 처세하는 신하는 군주를 만날 수 없게 되고, 충직한 신하는 더욱 군주와 멀어진다.

발언과 침묵, 모두 책임을 지운다

군주의 도는 신하로 하여금 발언에 반드시 책임을 질 수 있게 하고, 또한 마땅히 말해야 할 것을 말하지 않은 것에 대해서도 그 책임을 질 수 있게 해야 한다. 신하가 한 말의 앞뒤가 맞지 않거나, 그 말이 좋다 할지라도 실질적인 효과가 없을 때는 그 말에 책임을 지워야 한다. 좋은 계획이 있음에도 책임을 피하기 위해 말하지 않고 자리만 보존하려는 사람은 말하지 않은 것에 대해 책임을 지워야 한다.

군주는 신하가 말할 때 반드시 처음의 말을 기억해 실제의 성과에 따라 책임을 지게 해야 한다. 또 말을 하지 않고 침묵하는 신하는 찬성하는지 반대하는지 반드시 물어서 책임을 지게 한다. 이리하면 신하는 함부로 말하지 않을 것이며, 침묵하지도 않게 될 것이다. 왜냐하면 말을 하든, 침묵을 지키든 모두 책임을 져야 하기 때문이다.